KB115002

RESILIENT

RESILIENT
12가지 행복의 법칙

RICK HANSON | FORREST HANSON
마음을 다루는 방식이 삶의 차이를 만든다

릭 핸슨·포러스트 핸슨 지음 | 홍경탁 옮김

WINNER'S BOOK

"저자 릭 핸슨은 신경심리학자이면서 동시에 수십 년째 명상을 지도하고 있는 명상 전문가다. 명상은 신비로운 체험을 위한 종교적인 수단이 아니다. 몸의 건강을 위해 누구나 운동해야 하듯이 마음의 건강을 위해 누구나 해야 하는 것이 명상이다. 전통적인 명상 훈련법을 뇌과학과 심리학의 이론을 바탕으로 쉽게 따라 할 수 있도록 12가지 주제에 따라 정리해놓은 훌륭한 안내서다. 이 책의 원제는 "회복탄력성: 결코 흔들리지 않는 평온함과 강인함과 행복감을 기르는 법"이다. 평온함과 강인함과 행복감은 별개의 것이 아니라 한 덩어리다. 이 세 가지를 모두지닐 수 있는 마음의 근력이 곧 회복탄력성이다. 저자의 친절한 안내를따라가다 보면 누구나 강력한 회복탄력성과 흔들리지 않는 행복감을길러갈 수 있을 것이다."

_ 김주환 연세대학교 교수, 《회복탄력성》의 저자

"요즘 스트레스와 불안, 우울증이 급속히 확산되고 있다. 이러한 사회에서 생존하고 번영할 수 있는 비결은 회복탄력성을 키우는 것이다. 릭 핸슨은 여러 해 동안 쌓은 경험을 최신 과학과 결합하여 회복탄력성을 개발하기 위한 지침서를 만들어냈다. 이 책은 사려 깊고, 근본적이며, 실용적이다."

_ 제임스 도티 의학박사, 스탠퍼드대학 연민과 이타주의 연구 및 교육센터 창립자이자
소장, 《닥터 도티의 삶을 바꾸는 마술가게》의 저자

"품위 있고 우아한 필치가 느껴지는 이 책은 역경에 처했을 때 든든하게 대처할 수 있는 풍부한 통찰과 실용적인 기법을 제공한다. 과학적 연구를 바탕으로 저자의 개인적인 관찰 결과를 솔직하게 설명한 이책은 누구에게나 성실한 삶의 길잡이가 되어줄 것이다."

_ 크리스토퍼 거머 박사, 하버드 의학대학 강사, 《오늘부터 나에게 친절하기로했다》
의 저자

"릭 핸슨은 뇌에 긍정적인 신경가소성을 생성하는 도구를 이용해서 많은 사람의 삶을 바꾸었다.《12가지 행복의 법칙》은 과학을 새로운 수준으로 올려놓았다. 이 책을 읽으면 자기 안에 미처 몰랐던 내면의 힘이 있었음을 깨닫고 이를 이용해서 매일 최선을 다해 살아가는 방법을 배우게 될 것이다."

_ 엘리사 에펠 박사, 캘리포니아대학 샌프란시스코 교수, 《늙지 않는 비밀》의 공동저자

이 책에 쏟아진 찬사

"불확실성과 역경의 혼돈 속에서도, 침착한 인간은 방 안에서 모든 것을 바꿀 수 있다. 릭 핸슨은 어떻게 하면 그런 사람이 될 수 있는지 보여준다. 《12가지 행복의 법칙》은 뇌의 부적 편향을 극복하고, 지치지 않고 회복할 수 있는, 누구나 따라 할 수 있는 방법을 알려준다. 이 책은 방대한 자원이며, 행복을 위한 선물이다."

_ 프랭크 오스테이스스키, 《The Five Invitations》의 저자

"명쾌하고, 포괄적이며, 친절한 이 길잡이는 우리가 매일 직면하는 도전적인 세계에 대하여, 과학적 근거를 바탕으로 간단한 실천과 지혜로운 통찰을 제시하는 개론서이다."

_ 대니얼 J. 시겔 의학박사, 《Mind: A Journey to the Heart of Being Human》의 저자

"《12가지 행복의 법칙》은 지혜롭고 따뜻한 책이다. 균형감, 행복, 건강을 증진하기 위해 따라 할 수 있는 멋진 지침서다. 이 책을 읽으면 말 그대로 릭과 포러스트의 진심 어린 친절한 목소리가 우리를 더 현명하고 흔들리지 않는 사람이 되도록 이끌어주는 것을 느낄 수 있다. 이 책은 정말 특별하고 귀한 선물이다."

_ 밥 스탈 박사, 《MBSR 워크북》의 공동 저자

"뇌과학과 긍정적인 심리학에 근거한 이 책은 지속 가능하고 훼손되지 않는 즐거움을 얻기 위한 모범 사례를 담은 보물 상자다. 우리가 릭 핸슨에게서 기대했던 실용적이고, 실증적이며, 읽기 쉽고, 심오한 지혜를 담은 책이다."

_ 로버트 A. 에먼스 박사, 《The Little Book of Gratitude and Gratitude Works!》의 저자

"핸슨 박사는 읽기 쉬우면서도 풍부한 어휘와 지혜가 담긴 언어를 구사하며 많은 양의 유익한 정보를 다루고 있다. 또한 이 책에는 자원을 성장시키는 방법에 대한 구체적인 사례가 소개되어 있어 읽을 만한 가치가 있다."

- 샌드라 프린스 엠버리 박사, 앨런허스트 회복탄력성 연구소 개발자, 《Resilience in Children, Adolescents, and Adults》의 공동 편자

"릭 핸슨은 이 시대의 완벽한 길잡이다. 그는 《12가지 행복의 법칙》에서 현명하고 과학적이며, 실용적인 태도로 광범위한 주제를 다룬다. 그리고 많은 사람이 가진 무의식적인 부적 편향과, 우리의 뇌를 재설계할 수 있는 한 가지 방법(그리고, 우리가 살아남기 위한 전반적인 방향)을 제시한다. 그는 편안한 표현 방식으로 유익한 내용을 전달할 뿐만 아니라 실제로 쉽게 실천할 수 있도록 방법을 제시한다. 만약 우리가 앞으로 이

이 책에 쏟아진 찬사

험난한 시대를 헤쳐 나아갈 수 있다면 회복탄력성 덕분일 것이다. 이 책을 가까이 두기 바란다."

_ 게넨 로스, 뉴욕타임스 베스트셀러 1위 《Women Food and God and This Messy Magnificent Life》의 저자

"핸슨 박사는 유머와 따뜻함, 성실함, 그리고 복잡한 생각을 재미있게 표현하는 재능을 이용하여, 신경생물학과 현대심리학, 고대의 지혜에 바탕을 둔 통찰을 한데 엮어 우리의 몸과 마음을 보살피는 유용한 도구를 만들어냈다. 이 책은 험난한 시대에서 생존하고 성장하기 위한 필수적인 자원이다."

_ 로널드 D. 시걸 심리학 박사, 하버드 의과대학 심리학 조교수, 《The Mindfulness Solution: Everyday Practices for Everyday Problems》의 저자

"뇌과학은 매우 실용적이다. 《12가지 행복의 법칙》은 지혜롭고 유익하다. 뇌를 위한 기술서이자 마음을 위한 의학서이고, 아름답고 즐거운 삶을 위한 지침서이다."

_ 잭 콘필드 박사, 《마음의 숲을 거닐다》의 저자

"우리는 상세한 사례와 연습을 통해서 침착해지는 법과 남들과 교

감할 기회를 최대한 활용하는 법을 배울 것이다. 유려하게 쓰인 이 이야기의 바탕에 깔린 것은 우리 뇌가 긍정적인 경험을 통하여 자비, 관용, 감사, 연민을 고취할 수 있게 재설계된다는 관점이다."

_ 스티븐 포지스 박사, 노스캐롤라이나대학 정신의학 교수

"우리는 급격히 변화하는 세상에 살고 있다. 때로는 매일 새로운 위기와 재난이 찾아오는 것처럼 느껴지기도 한다. 이런 시대를 살아가려면 현실 혹은 가상의 위험에 직면했을 때 집중해서 용기와 지혜를 활용할 수단을 마련해야 한다. 릭 핸슨은 우리에게 어떻게 하면 되는지 보여준다."

_ 크리스틴 카터 박사, 《아이의 행복 키우기Raising Happiness》의 저자

"핸슨 박사의 명쾌한 생각과 글은 어떻게 해야 연민과 침착성, 회복탄력성을 습득할 수 있는지에 대한 깊고 심오한 이해에서 나오는 것이다. 이 책을 읽는 사람은 모두 소중하고 유익한 무언가를 발견할 것이다."

_ 로버트 D. 트루옥 소아과 의사와 프랜시스 글레스너 리 하버드 의과대학 교수

"릭 핸슨은 유익하고 즐겁게 번영을 추구하는 학습 방법을 통해 우리에게 행복을 일구는 방법을 말해준다. 이 책에는 헤아릴 수 없는 지혜와 실용성이 담겨 있다. 명쾌하고, 흥미롭고, 친절하게 설명된 이 책은

이 책에 쏟아진 찬사

우리 모두에게 자신과 타인을 위한 행복을 추구하는 마음가짐을 알려
줄 것이다."

_ 폴 길버트 박사, 연민 집중 치료CFT의 창시자, 《The Compassionate Mind》의 저자

"릭 핸슨은 이론과 직접적인 경험을 결합하여 자신의 삶에서 겪은 사
례들을 솔직하게 제시함으로써 독자들이 자유롭게 자신만의 탐험을 할 수
있도록 유도한다. 이를 위해 간단하고 실용적인 연습 방법도 공유한다."

_ 샤론 샐즈버그, 《Real Happiness》의 저자

"릭 핸슨은 현명하고 다정할 뿐만 아니라 복잡한 자료를 쉽게 이해
할 수 있게 체계화하는 재능이 있다."

_ 대니얼 엘렌버그 박사, 리와이어 리더십 연구소 창립자

"마음 챙김과 뇌과학에 관한 수많은 책의 정글에서, 릭 핸슨은 우
리의 복잡한 마음을 이해할 수 있는 통찰력을 선사하는 동시에 포괄적
이고 계몽적인 길을 개척하고 있다. 만일 그것으로 충분하지 않다면 마
음의 평화와 행복을 얻을 수 있는 도구를 우리에게 선물할 것이다. 뭘
더 바라겠는가?"

_ 루비 왁스, 《Sane New World》와 《How to Be Human: The Manual》의 저자

"《12가지 행복의 법칙》은 갈수록 혼란스러워지는 세상을 헤쳐나갈 지혜를 제공하는 친절하고 유용한 책이다."

_ 마이클 D. 얍코 박사, 《Mindfulness and Hypnosis》의 저자

"두 저자는 지속 가능한 행복을 만드는 능력을 탐구하여 우리 삶을 바꿀 수 있는 실용적인 도구를 선사한다."

- 엘리샤 골드스타인 박사, 〈A Course in Mindful Living〉 코칭 프로그램 창립자

"명쾌하고, 이해하기 쉽고, 지혜로운 이 책에는 자신을 비난하는 대신 친구가 되는 법이 정리되어 있다. 자신과 가족의 인생을 바꿀 수도 있는 책이다."

_ 마크 윌리엄스 박사, 《우울증을 다스리는 마음챙김 명상》의 공동저자

"행복에 관한 최근의 뇌과학에 바탕을 둔 《12가지 행복의 법칙》은 깊은 통찰과 흥미로운 연습 방법이 담겼을 뿐만 아니라 아주 명쾌하다. 이것이야말로 요즘 같이 스트레스가 심한 세상에서 꼭 필요한 덕목이다. 이 책을 읽으면 회복탄력성이라는 엄청난 보석을 발견하게 될 것이다."

_ 대커 켈트너 박사, UC버클리 심리학 교수, 《선의 탄생》과 《선한 권력의 탄생》의 저자

이 책에 쏟아진 찬사

나는 1970년대에 감수성 훈련인 인간 잠재력 운동human potential movement을 시작했다. 그리고 임상심리학자로 일하지만 줄곧 뇌과학과 마음 챙김 훈련에 깊은 관심을 두고 있었다. 이 책은 사람들이 과거의 상처를 치유하고, 현재의 어려움에 맞서 이겨내며, 밝은 미래를 건설할 수 있게 도와주면서 얻은 깨달음을 정리한 것이다.

심리학과 의학에는 한 가지 기본 개념이 있다. 우리가 가는 인생의 길이 불과 세 가지 이유에 따라 달라진다는 것이다. 어떻게 역경에 대처하는지, 어떻게 약점을 보호하는지, 어떻게 자원을 증가시키는지가 그것이다. 각각의 이유가 그 사람의 세계, 마음, 몸에 따라 달라지므로 이들을 조합하면 인생을 개선하는 방법은 모두 아홉 가지이다.

모두 중요하지만 마음의 자원에는 특별한 힘이 있다. 우선 마음의 자원이 성장하면 많은 기회를 얻을 수 있다. 또 몸이나 세계를 바꾸는 데는 한계가 있지만 마음은 다르다. 마음은 우리가 무엇을 하든 늘 함께 하기에 큰 영향력을 가지기 마련이다. 세계와 타인은 언제든 변할 수 있으며 때로는 자신의 몸조차 의지대로 되지 않을 수 있다. 하지만 신경계에 각인된 튼튼한 내면의 힘은 언제든 의지할 수 있다. 이 책은 그 내면의 힘을 키우는 방법을 다룬다.

결단력이나 자존감, 친절 같은 마음의 자원은 우리가 역경에 대처하고, 기회를 찾아 나아갈 수 있도록 회복탄력성을 키워준다. 회복탄력성은 우리를 상실과 상처에서 회복할 수 있게 도와줄 뿐만 아니라, 그보다 훨씬 많은 것을 제공한다. 진정한 회복탄력성은 행복과 사랑, 평화에 깔린 웰빙(건강하고 편안한 느낌)을 키워준다. 여기서 주목할 점은, 웰빙의 경험을 내면화할수록 내면의 힘이 강해지고 그로 인해 회복탄력성이 더 향상한다는 것이다. 즉 웰빙과 회복탄력성은 선순환을 일으킨다.

핵심은 일시적인 경험을 지속적인 뇌의 내부 자원으로 바꾸는 방법을 알아내는 것이다. 이것이 긍정적인 신경가소성positive neuroplasticity 이며, 이 신경가소성을 이용해 웰빙의 회복탄력성을 성장시키는 방법을 보여줄 것이다.

마음을 개선한다는 것은 뇌를 개선한다는 뜻이다. 뇌는 경험을 통해 학습하면서 스스로 끊임없이 개조해나간다. 뇌에 있는 '회로circuit'를 반복해서 자극하면 그 회로는 강해진다. 따라서 침착하거나 열정적인 태도를 기르는 방법도 다른 것을 배우는 방법과 근본적으로 같다. 반복적으로 연습하는 것이다.

우리는 정신적 자원을 두 단계로 개발한다. 첫째, 우리가 키우고 싶어 하는 감사의 마음과 사랑받는 느낌 그리고 자신감 등을 경험해야 한다. 둘째, (아주 중요하다) 일시적인 경험을 신경계의 지속적인 변화로 변환해야 한다. 그렇게 하지 않으면 치유나 성장, 학습은 일어나지 않는다. 단순히 유용하고 재미있는 경험을 하는 것만으로는 충분하지 않다. 유용한 경험을 많이 하더라도 지속적으로 이어지지 않으면 뇌에서 낭비될 뿐이다. 다행히 약간의 노력만으로 뇌에 지속적인 흔적을 남길 수 있다. 이를 위한 효과적인 방법(대부분 일상 속에서 사용할 수 있는)을 소개할 것이다.

복잡하게 들릴지 모르겠지만, 실제로는 간단하고 직관적이다. 뇌가 단순하고 직관적으로 움직이는 이유는 매번 1분 이하의 시간을 써서 하루에 여러 번씩 회복탄력성과 삶의 질을 높이기 위해서이다. 이는 일시적인 응급조치가 아니다. 근육을 기르는 것처럼 뇌도 똑같은 일을 반복해야 회복탄력성을 키울 수 있다. 시간을 들여 조금씩 여러 번 쌓아가는 것이다.

마음의 길을 걷다

상투적인 표현이지만, 인생은 여행이라는 말은 분명한 사실이다. 머나먼 길을 가려면 여러 자원과 도구가 필요하기에, 지금까지 나는 최선의 자원과 도구에 관해 말해왔다. 이제부터 이러한 내면의 힘을 키우고 이를 이용해 각자 욕구를 충족하는 방법을 알아본다. 그러면 자신에게는 물론 다른 사람에게도 많은 것을 베풀 수 있을 것이다.

우리는 모두 욕구가 있다. 욕구가 충족되지 않으면 자연스럽게 스트레스와 걱정이 찾아오고, 화를 내거나 상처를 받아 삶의 질이 떨어진다. 그런데 회복탄력성이 향상하면, 난관에 부딪혔을 때 욕구를 해소할 능력이 올라가 삶의 질이 높아진다.

모든 사람에게는 안전, 만족, 교감이라는 세 가지 기본 욕구가 있다. 이러한 욕구는 진화의 역사에 따라 발전해왔다. 지난 20만 년 동안 환경은 어마어마하게 변화했지만, 우리 뇌는 대부분 그대로 남아 있다. 선조들이 주거할 곳을 찾아 안전 욕구를 해소하고, 음식을 구해 만족 욕구를 해소하며, 타인과 관계를 형성하여 교감 욕구를 해소하게 했던 신경 기제가 오늘날까지도 뇌에서 활동한다.

욕구를 충족하는 방법은 크게 네 가지로 나눈다. 무엇이 진실인지 알아보는 인식, 자신에게 공급되는 자원, 생각이나 감정, 행동 등을 바로잡는 조절, 타인을 비롯한 더 넓은 세상과 맺는 관계 등이 바로 그 방법들이다. 욕구를 충족하는 이러한 네 가지 방법을 세 가지 기본 욕구에 적용하면 열두 가지 주요 내적 힘이 도출된다.

열두 가지 힘은 각각 이 책의 장을 구성한다.

	인식	자원	조절	관계
안전	연민	투지	침착함	용기
만족	마음 챙김	감사	동기부여	열망
교감	배움	자신감	친밀감	관용

우리는 이러한 심리적인 자원을, 마치 길을 걷듯이 난계석으로 성장시킬 수 있다. 첫걸음은 연민, 그중에서도 자신을 향한 연민으로 시작한다. 자신의 깊은 욕구를 인식하고 그 욕구를 해소하려는 마음이 반드시 생겨야 하기 때문이다. 그리고 그 길의 끝은 관용이다. 자기 안에서 선이 성장할수록 남에게 베풀기 때문이다.

이러한 힘을 키워 회복탄력성이 강해지면 불안, 좌절, 실망, 분노, 외로움, 상처, 후회를 덜 느낀다. 그리고 밀려오는 인생의 파도를 우리 존재의 중심에 있는 평화, 만족, 사랑으로 맞이할 것이다.

이 책을 이용하는 방법

우리는 회복탄력성을 키워 삶의 질을 높이기 위해 마음의 자원을 경험하고 성장시키고 이용하는 실질적인 방법을 알아볼 것이다. 또한 뇌에 관한 유용한 생각과 경험에 기반한 실천 방법, 특별할 힘을 기르는 도구, 일상에 적용할 수 있는 방법과 개인적인 사례도 살펴볼 것이다. 사람마다 효과가 다르기에, 다양한 선택지를 제시하고자 한다. 자신에게 가장 좋은 것을 찾기 바란다.

이 책은 다양한 방법으로 이용할 수 있다. 1년 동안 개인의 성장을 위해 열두 가지 내적 힘 중에서 매달 하나씩 볼 수도 있다. 또는 특별히 자신에게 중요한 욕구, 이를테면 안전을 선택한 다음 그와 관련된 내용을 집중적으로 살펴볼 수도 있다. 열두 가지 힘은 네트워크에 연결된 점처럼 서로 도움을 준다. 몇몇 힘이 특히 자신과 관련이 있어 보인다면 그 부분부터 보는 것도 좋은 방법이다. 〈마음 챙김〉과 〈배움〉에서는 나머지 내용의 근거가 되는 기본 원칙과 기법을 다룬다.

이 책은 심리 치료나 어떤 증상을 치료할 목적으로 쓴 것이 아니다. 그보다는 문제의 본질에 접근하는 데 주안점을 두었고, 그 때문에 혼란을 느낄 수도 있다. 가장 중요한 점은 자신을 소중히 여기는 것이다.

과학, 임상심리학, 명상의 전통 등 여러 곳에서 유용한 정보를 찾을 수 있을 것이다. 다루는 분야가 많아서 신경학에 관한 설명은 단순화했고, 특정 심리치료와 훈련은 제외하거나 회복탄력성, 웰빙 및 관련 주제에 관한 학술 문헌은 많은 부분 요약하려고 했다. 더 깊이 알고 싶다면 책 뒷부분에 있는 참고 자료와 홈페이지(www.RickHanson.net)에 있는 발표 자료와 연구 논문 등 무료로 제공되는 기타 자료를 참고하기 바란다. 최고의 전통 명상법은 불교에서 실천하는 방법이다. 그래서 몇 가지 개념과 불교에 기반한 방법론을 소개할 것이다. 이 책은 직접 만든 경험적

　　　　　　　　　　　　　　　　　　　머리말

프로그램, 파운데이션스 오브 웰빙(www.thefoundationsofwell-being.com)에 기초하지만 그 구조를 그대로 따르지는 않는다.

이 책에서 릭 핸슨인 '나'는 물론 모든 페이지에 아들 포러스트의 생각과 표현이 담겨 있다. 포러스트 덕분에 이 책은 놀랄 만큼 명료해졌고, 뛰어난 통찰을 담게 되었다. 그리고 아들과 함께 이 책을 쓸 수 있어 큰 영광이었고 즐거웠다. 우리는 합심하여 당장 읽어야 하는 유용한 책을 쓰려고 노력했으며, 실로 이 책은 함께 노력한 결과이다.

즐거운 독서가 되기 바란다.

PART 1 인식하기

사람들은 나에게 말하곤 했다. "이봐, 너의 감정을 느껴, 너만의 경험을 하라고." 그들이 미쳤다고 생각했다. 왜 내가 그걸 느껴야 할까. 그래도 문을 열어야 했다.

PART 2 자원 모으기

인생에 계속해서 기대야 할 만큼 중요한 것이 있을까? 규칙적인 운동, 명상, 배우자나 십 대 자녀와의 점진적인 관계 회복 등이 계속할 만한 일인지 모른다. 작은 행위가 지속되어야 큰 업적을 이룰 수 있다.

PART 3 조절하기

새로운 것에 대한 갈증 때문에 우리는 소유한 것의 가치를 제대로 이해하지 못하고 가지지 못한 것을 원한다. 늘 만족을 찾아다닌다. 하지만 완전한 만족은 언제나 손에 닿지 않는 곳에 있다.

PART 4 관계 맺기

우리는 여기서 상대방을 설득하거나 변화시키는 것에 관한 이야기를 하려는 것은 아니다. 자유롭게, 두려워하지 말고, 자신의 편에 서서, 자기 의견을 공개적으로 표현하는 법에 관한 것이다.

PART 1

인식하기

연민

행복으로 가는 길은 따뜻한 마음에서 시작된다

내가 나를 돕지 않는다면 누가 나를 돕겠는가?
지금이 아니라면 언제?

_라비 힐렐

인생을 살면서 겪은 여러 중요한 경험 가운데 하나는 여섯 살 때 있었다. 우리 가족은 일리노이주의 어느 옥수수 농장 근처에서 살았다. 어느이른 저녁 바깥에 나와 있던 나는 트랙터 바퀴 자국에 고인 빗물을 내려다보다가 우리 집을 돌아보았다. 집 안의 분노가 우울하고 슬프게 했다. 저 멀리 언덕에 있는 다른 사람들의 집, 아마도 우리보다 행복할 것 같은 사람들의 집에서는 불빛이 반짝이고 있었다.

어른이 된 지금, 부모님은 자신의 스트레스를 통제할 줄 아는 다정하고 품위 있는 사람들이었고 내가 여러모로 운이 좋은 어린 시절을 보냈다는 것을 알고 있다. 아버지는 힘든 일을 했고, 어머니는 누이와 나를 키우느라 늘 손이 모자랐다. 그날 밤 집에서 무슨 일이 있었는지는 기억나지 않는다. 아마도 일상적인 말다툼이었을 것이다. 하지만 내가 나를 돌보려고 했던 느낌만은 마치 어제 일처럼 또렷하게 기억난다. 그때 무척 기분이 좋지 않았는데, 그것을 중요한 문제로 인식하고 기분이 좋아지려고 노력했다. 오랜 시간이 흐른 뒤에 이것이 연민(고통을 없애고자 고통을 인지하는 것)이며, 다른 사람을 연민하는 만큼 자신을 연민할 수도 있다는 사실을 발견했다.

분명하게 기억한다. 당시 나는 앞으로 다가올 시간을 헤치고 나아가 더 큰 행복을 찾는 것이 해야 할 일이라는 사실을 깨달았다. 그리고 나를 도와줄 사람은 나 자신밖에 없다는 것을 분명히 알았다. 나는 어린 아이(어른이 되어서도)가 할 수 있는 노력을 다해서 최대한 행복하게 살기로 했다.

이처럼 행복으로 가는 나만의 길은 대다수 사람처럼 연민에서 시작했다. 자신을 향한 연민은 필요하다. 어떤 기분인지, 무엇을 하고 싶은지 관심이 없다면 행복과 건강을 되찾기 위해 노력하기가 어렵기 때문이다. 연민은 따뜻한 감정인 동시에 신체의 운동과도 관련이 있다. 여러 연구 결과에서 연민을 느낄 때 뇌의 운동 계획 영역motor planning area이 행동에 대비하기 시작한다는 사실이 증명되었다.

연민은 심리적인 능력, 즉 내적 힘이다. 이 법칙에서는 연민을 키우는 방법과 자신을 위해 연민을 이용하는 방법을 다룬다. 그리고 다음 법칙에서는 연민을 다른 사람에게 베푸는 방법을 알아볼 것이다.

우리가 타인을 존중하고 배려하는 마음으로 대하면, 타인도 최선을 다한다. 자기 자신도 같은 방식으로 대한다면 비슷한 결과가 나타날 것이다. 하지만 우리는 대부분 자신보다는 타인에게 더 친절하다. 타인의 고통을 보살피고, 긍정적인 자질을 인정해주고, 공정하고 친절하게 대해준다. 그렇다면 자기 자신에게는 어떤 사람일까? 많은 사람이 자신에게 엄격하고 비판적이며, 오직 결과로 자신을 평가한다. 그러다 보니 자신에게 확신이 없어 자기 계발을 하기는커녕 자포자기하는 경우도 적지 않다.

친구를 대하듯 자신을 대한다고 상상해보자. 기운을 북돋아 주고, 따뜻하게 대하고, 공감해주고, 치유와 성장을 돕는 것이다. 이렇게 자신을 소중히 하면 평범한 하루가 어떻게 바뀔지 생각해보라. 자신의 선의와 성의를 인정해주고, 자기비판을 줄인다면 어떨까?

●

자신에게 잘하면 좋은 이유

자신을 위하는 것이 정당한 일이며 중요하다는 사실을 이해해야 한다. 그렇지 않으면 '자기 생각만 하는 것은 이기적인 일이야', '나는 사랑받을 자격이 없어', '내 속마음은 악해', '여기서 더 욕심을 낸다면 실패할 거야' 같은 믿음이 자리를 차지한다.

첫째, 모든 인간관계 원칙은 예의와 연민으로 사람을 대하는 것이다. 당연히 자기 자신도 예외는 아니다. 황금률("무엇이든 남에게 대접을 받고자 하는 대로 너희도 남을 대접하라"라는 성경 구절-옮긴이)은 서로 주고받는 것이다. 따라서 남을 대하듯 자신을 대해야 한다.

둘째, 우리가 누군가에게 영향을 많이 미칠수록 책임감이 커진다. 예를 들어, 외과의사는 환자에게 큰 영향력을 행사한다. 따라서 외과의사에게는 신중하게 수술해야 하는 막중한 의무가 있다. 당신에게 가장 큰 영향을 미치는 사람은 누구일까? 바로 당신 자신이다. 지금 이 순간의 자신이자, 몇 분 혹은 몇 주, 몇 년 뒤 미래의 자신이다. 이렇게 당신을 친절하게 보살필 의무가 있는 것은 다름 아닌 자신이라는 점을 상기한다면 자연스레 자신에게 말하는 방식과 생활 방식이 바뀌지 않을까?

셋째, 자신에게 잘하면 타인에게도 도움이 된다. 사람들은 행복해지면 대개 타인과의 관계에서도 인내심과 협동심, 배려심이 늘어난다. 스트레스와 걱정, 짜증 대신 평온과 만족, 기쁨을 느낀다면 다른 사람에게 얼마나 큰 도움이 될지 생각해보라.

존중과 연민의 마음으로 자신을 대하는 것이 가장 좋은 방법이라는 점을 진심으로 믿도록 도와줄 실용적인 방법이 있다. 간단한 문장, 이를테면 "나는 내 편이야", "내 의견에 동의해", "나는 소중한 사람이야" 같은 문장을 써서 소리 내어 읽거나 언제든지 볼 수 있는 곳에 붙여 놓는 것이다. 누군가에게 당신 자신을 소중히 여기는 이유를 설명하는 모습을 상상해보는 방법도 있다. 아니면 친구나 멘토가 당신 편을 들어주고, 당신 의견이 옳다는 확신을 주는 모습을 상상해보라.

●

자신을 보살피는 느낌

1969년 집을 떠나 캘리포니아대학교 로스앤젤레스캠퍼스UCLA에 갔을 때, 나는 지나치게 이성적이었다. 그리고 머리로만 모든 것을 판단했다. 이것은 슬픔이나 상처, 걱정 같은 감정을 피하는 방법이었지만, 그때 나는 아무런 감정조차 느끼지 못했다. 상처를 치유하고 성장하려면 우선 나 자신과 접촉해야만 했다. 1970년대 캘리포니아는 인간 잠재력 운동의 중심이었다. 해괴해 보인다고 생각하면서도 "언제든지 속마음을 털어놓자!"를 외치며 운동에 뛰어들었다. 점차 일반적인 내 감정과 육체의 감각을 이해하게 되었다. 특히 자신을 돕는다는 것이 어떤 느낌인지, 자신을 냉정하게 대하거나 비판하는 대신 따뜻하게 대하고 도움을 주는 것이 어떤 느낌인지 관심을 두기 시작했다. 이러한 긍정적인 경험에 계속해서 집중할 때마다, 근육이 단련되는 것처럼 그 경험이 강화되는 느낌이 들었다. 반복을 통해 자신을 위한 친절과 응원을 이해했고, 이내 자연스럽게 받아들였다.

심리학자가 된 지 여러 해가 지난 후에야 내 직관적인 행동이 어떻게 작용했는지 깨달았다. 심리적 자원(자신을 돕는 느낌)에 관한 어떤 경험에 집중하고 그 느낌을 간직하려고 노력하는 것은 뇌 안에 있는 자원을 강화하는 강력한 방법이다. 그렇게 강화한 내면의 힘은 어디서 무엇을 하든 활용할 수 있다.

마음 챙김과 배움에 관한 내용에서는 생각과 감정을 내면의 지속적인 힘, 즉 진정한 회복탄력성의 토대로 바꾸는 방법을 상세하게 설명할 것이다. 본질은 간단하다. 먼저, 성장하고 싶은 것(연민이나 감사)을 경험한 다음, 그것에 집중해서 신경계에 고정되도록 확장하는 것이다. 이것이 긍정적인 뇌 변화의 기본 과정이다.

고난을 연민하는 법을 배워야 하는 이유

연민은 (미세한 정신적, 육체적 불편함에서 괴로운 고통에 이르는) 고난에 대한 따뜻한 감수성이자, 도우려는 마음이다. 연민을 베풀면 스트레스가 사라지고 평온해진다. 그리고 연민을 받으면 강해진다. 크게 숨 쉬고, 발을 딛고 일어나, 계속해서 전진할 수 있게 된다.

자신에게 연민을 베푼다면 그것을 베풀 때와 받을 때의 이로움을 모두 얻는다. 다른 사람이 짊어진 짐과 스트레스를 볼 수 있는 것처럼, 자신에게도 그러한 짐과 스트레스가 있다는 사실을 스스로 깨달을 수 있다. 다른 사람의 고난을 느끼는 만큼, 자신의 고난도 느낄 수 있다. 다시 말해, 다른 사람에게 베풀 도움을 자신에게도 베풀 수 있다. 그리고 다른 사람에게 받는 연민이 많지 않다면 자신에게 베푸는 연민이 무엇보다 중요하다.

연민은 불평하거나 비탄에 빠지는 것이 아니다. 자기 연민은 상황이 어려울 때 출발점이 되어주는 곳이지, 종착점이 아니다. 크리스틴 네프Kristin Neff를 비롯한 여러 사람이 연구한 바에 따르면 자기 연민은 회복탄력성을 키워준다. 그리고 자기비판을 줄이고 자부심을 키워, 자기만족이나 게으름에 빠지지 않고 원대한 꿈을 품으며 성공하는 데 도움을 준다. 자신만의 고통에 대한 연민에는 인간이 공통적으로 느끼는 감정이 있다. 우리는 모두 고통을 받고, 병들고 죽어가며, 사랑하는 사람과 이별한다. 사람은 모두 약하다. 레너드 코헨은 이렇게 노래했다. "모든 것에는 틈이 있어. 그래서 빛이 안으로 들어갈 수 있지." 모든 사람의 마음에는 틈이 있다. 모두 연민이 필요하다.

●

자기 연민에 대한 도전

하지만 많은 사람에게 자기 연민은 쉽지 않다. 한 가지 이유는 신경계가 어떻게 작용하는지와 관련이 있다. 뇌는 경험, 특히 부정적인 경험 중에서도 어린 시절의 경험에 의해 변화하도록 설계되어 있다. 보통 부모와 다른 사람이 자신을 대했던 방식(무관심과 무시 등)을 내면화한 다음, 똑같은 방식으로 자신을 대한다.

부모님은 항상 성실하고 다정했다. 그 점은 매우 감사히 여기지만 나는 자라면서 꾸중을 많이 들었다. 그런데 연민은 그다지 많이 경험하지 못했다. 그리고 이러한 태도를 내면화했다. 나는 항상 타인의 고통에 마음이 움직였지만, 자신의 고통은 구석진 곳으로 밀어냈다. 그러고는 왜 고통이 계속 커지는지 궁금해했다. 나는 고난을 연민하는 법을 배워야만 했다.

●

연민의 학습

우리는 살면서 자전거 타는 법, 친구에게 사과하는 법, 화를 풀기 위해 자신과 대화하는 법 등을 많이 배운다. 배우는 데 필요한 것은 무엇일까?

연민을 비롯한 심리적 자원을 성장시키기 위한 열쇠는 그 심리적 자원을 반복 경험하며 신경 구조나 기능에 지속적인 변화를 이끌어내는 것이다. 그것은 마치 구식 테이프 녹음기에 음악을 녹음하는 것과 비슷하다. 심리적 자원을 경험하면 신경계 안에 흔적을 남길 수 있다.

이미 즐겁고 유용한 것, 업무 보고서 작성을 끝마쳤을 때의 만족감이나 기나긴 하루를 보낸 날 소파에 누워서 느끼는 편안함 등을 경험하고 있다면 그것에 주목하기만 하면 된다. 자신을 도와주는 느낌처럼 성장시키고 싶은 것을 의도적으로 경험할 수도 있다. 일단 경험하면 최대한 그것을 느낀다. 그다음 잠시 한두 번이나 열 번 정도로 크게 숨을 쉬면서 경험을 간직한다. 이런 식으로 자주 반복하면 더 많은 심리적 자원을 자신에게 각인할 수 있다.

내면의 문을 열고 받아들이자

언젠가 친구와 함께 이스트 버트레스 암벽을 등반하여 휘트니산 정상에 올랐다. 텐트가 있는 곳까지 돌아가는 길은 눈 덮인 도랑을 따라 나 있었다. 10월의 날씨는 눈을 얼음으로 바꿔놓았고, 우리는 조심스럽게 천천히 움직여야 했다. 날이 저물자 방향을 가늠할 수 없었다. 자칫하면 도랑에 떨어져 치명적인 부상을 당할 위험을 감수하기보다는, 작은 바위 위에 자리를 잡고 밤을 지새우기로 했다. 비상용 침낭으로 몸을 감싼 채 얼어붙을 것 같은 차가운 공기에 몸을 떨더라도 말이다.

인정은 다른 반응과 함께 나타날 수 있다. 예를 들어, 부당함에 분노하면서도 어쩔 수 없는 현실이라고 인정할 수 있다. 인정은 사기만족이나 포기를 뜻하는 것이 아니다. 그것을 개선하려는 동시에 받아들이는 것이다.

나 역시 내 안에 일어난 것을 인정해야 했다. 그때 나는 피곤하고 춥고 불안한 상태였다. 이러한 상태에서 벗어나려고 했다면 이미 스트레스를 받는 상황에 스트레스가 더해져 상태를 악화시켰을 것이다. 때로는 생각과 감정을 더 건강하고 행복한 방향으로 유도하는 것이 좋다. 하지만 먼저 우리의 반응을 인정해야만 효과가 있다. 자신에 대한 진실을 인정하지 않는다면 그것을 명확하게 보지 못할 것이고, 명확하게 보지 못한다면 진실을 제대로 다루지 못할 것이다.

당신이 커다란 집이라고 생각해보자. 자신이 누구인지 인정하지 않는 것은 일부 방문을 닫아버리는 것과 같다. "오, 이런. 약해 보이면 안 되지. 문을 닫는 게 좋겠어." "사랑을 구하려다 바보 꼴이 됐어. 다시는 그러지 말아야지. 마음을 닫을 거야." "나는 흥분하면 실수를 저지르지. 그래서 열정적이어서는 안 돼."

내면의 문을 스스로 모두 열면 어떨까? 그러면 여러 방 안에 무엇이 있는지 주시할 수 있다. 또한 어떤 기준에 따라 행동하거나, 무엇을 세상에 보여줄지 결정할 수 있다. 내면에 있는 것을 받아들이면, 그것의 영향력은 오히려 더 커진다.

소소한 인생의 즐거움을 느끼다

고양이를 쓰다듬거나, 갈증을 느낄 때 물을 마시거나 같은 즐거운 경험은 스트레스 호르몬을 줄이고 면역계를 강화한다. 또한 짜증이나 불안을 진정시키는 데 도움이 된다.

즐거움이 증가하면 도파민, 노르에피네프린, 천연 오피오이드 등 주요 신경 화학 물질의 활동도 활발해진다. 뇌 깊숙한 곳 기저핵에 있는 회로들은 증가하는 도파민을 이용해 보람을 느끼는 행동을 먼저 수행한다. 운동하거나 힘겨운 일을 처리해야 할 때처럼 동기부여를 받고 싶다면, 그 일의 즐거운 점에 집중하면 자연스럽게 할 수 있을 것이다. 노르에피네프린은 긴장을 늦추지 않고 몰두하는 데 도움이 된다. 따분한 오후 회의에서 즐거움을 느낄 만한 무언가를 찾으면 정신을 차리고 효율적으로 업무를 수행할 수 있다. 엔도르핀 같은 천연 오피오이드는 스트레스받은 몸을 진정시키고, 신체와 감정의 고통을 감소시킨다.

도파민과 노르에피네프린은 경험을 '관리자'로 표시하여, 뇌 안의 지속적인 자원이 되도록 강화한다. 가정이나 직장에서 인내심이 더 커지길 바란다고 해보자. 이처럼 인내심을 키우려면 인내를 경험할 기회를 찾아야 한다. 그런 다음 그 안에서 무엇이든 즐길 만한 것에 집중한다. 이를테면 침착하고 편하게 있는 상황이 얼마나 좋은지 같은 경험 말이다. 인내심이나 기타 심리적 자원은 정신 상태이며, 그것을 즐긴다면 뇌 안에 내재한 긍정적인 특성으로 바뀔 수 있다.

인생을 즐기는 것은 자신을 보살피는 효과적인 방법이다. 즐길 만한 것을 생각해보자. 나는 커피 향을 맡고, 아이들과의 대화를 즐긴다. 당신은 자신만의 즐길 거리가 있는가? 엄청나지는 않더라도 힘겨운 생활에서도 즐거움을 느낄 소소한 기회는 존재한다. 누군가에게 친근함을 느끼거나, 힘겨운 긴 하루를 마치고 침대에 뛰어드는 순간처럼 말이다. 바깥에서 무슨 일이 일어나더라도 내면에서는 언제나 즐거움을 찾을 수 있다. 이처럼 인생을 즐기는 소소한 방법에는 커다란 교훈이 담겨 있다. 작은 것이 모여 시간이 흐르면 커다란 차이가 된다. 티베트에는 이런 말이 있다. "1분을 잘 관리하면 1년은 알아서 흘러간다."

인생에서 가장 중요한 순간은 언제일까? 나는 다음 1분이라고 생각한다. 우리가 과거를 어떻게 할 수 있는 것은 아니다. 그리고 다가오는 시간이나 날들에 끼칠 수 있는 영향은 제한적이다. 하지만 다음 1분, 그리고 그다음 1분, 그리고 그다음 1분은 늘 가능성으로 가득하다. 다음 1분에는 자신을 인정하고, 할 수 있는 일을 즐길 기회가 있지 않을까? 치유하고 터득할 만한 무언가가 있지 않을까? 조금씩 차근차근 힘을 키우면 자신의 장점은 물론 타인의 장점까지 키울 수 있다.

✅ 연민에는 고난에 대한 따뜻한 우려와 고난을 벗어나게 해 주길 바라는 마음이 담겨 있다. 연민은 타인과 자신 모두에게 받을 수 있다.

✅ 연민은 시간이 흘러야 발달할 수 있는 심리적 자원(내면의 힘)이다. 내면의 힘을 기르려면, 신경계의 지속적인 변화로 이어지는 내면의 힘에 관한 경험을 해야 한다.

✅ 자신을 돕고 자신의 고통을 보살피면 회복탄력성과 자신감이 커지고 유능해진다. 자신을 잘 대하면 타인에게도 도움이 된다.

✅ 자신을 포함해, 있는 그대로의 것을 인정하면 저항과 스트레스를 덜 받으며 훨씬 효율적으로 일을 처리할 수 있다.

✅ 즐거운 순간은 하루를 풍성하게 한다. 또한 스트레스를 줄여주고, 타인과 교감하게 하며, 경험을 통해 많은 것을 배우게 한다.

✅ 시간이 흐르면서 작은 것들이 쌓여간다. 하루에도 여러 번 뇌를 더 좋아지게 할 수 있다.

마음 챙김

상처받은 나와 마주하는 시간

주의력 교육이 최고의 교육이다.

_ 윌리엄 제임스

마음 챙김mindfulness은 공상에 잠기거나, 무언가를 곰곰이 생각하거나, 딴생각하지 않고 지금 상태 그대로 있는 것이다. 지금 이 순간 마음 챙김이 지속되는지 의식하는 것은 쉽다. 핵심은 마음 챙김의 상태를 유지하는 것이다. 그렇게 하면 많은 연구 결과처럼 스트레스가 줄어들고 건강을 지킬 수 있으며 기분이 좋아진다.

손에 따뜻한 차 한 잔을 들고 쿠션에 앉아 있을 때 마음 챙김의 상태가 되기는 아주 쉽다. 스트레스를 많이 받거나 정서적으로 부담이 클 때, 이를테면 사랑하는 사람과 말다툼하는 동안에는 마음 챙김의 상태를 유지하기는 쉽지 않다. 마음 챙김은 가장 필요할 때 가장 멀리 있는 것처럼 느껴진다.

마음 챙김을 쌓기 위해, 자신에게 집중할 수 있는 실용적인 방법을 소개한다. 안정적이고 꾸준한 집중력을 키우고, 스트레스나 기분이 상하는 일에 정신이 팔리거나 산만해지지 않도록 말이다. 그런 다음 마음을 이해하고 이끌어줄 세 가지 주요 방법과 각각의 방법에서 마음 챙김의 역할에 대해 알아볼 것이다. 그리고 우리 모두에게 있는 기본 욕구인 안전, 만족, 교감을 해결하기 위해 마음 챙김을 이용하는 방법을 이야기한다. 마지막 부분에서는 힘겨운 상황에 뇌가 대처하는 두 가지 방법과 그러한 상황에 대응할 때 마음 챙김이 두려움과 좌절, 고통이 아니라 평온과 만족, 사랑으로 어떤 도움을 주는지 알아본다.

흔들리지 않는 마음

신경계는 경험에 의해 변화하도록 설계되어 있다. 이것을 전문 용어로 경험 의존적 신경가소성experience-dependent neuroplasticity이라고 한다. 그리고 경험은 우리가 무엇에 관심을 두는지에 따라 달라진다. 이런 속담이 있다. "먹는 것이 그 사람을 만든다." 육체에 대해서는 맞는 말이다. 하지만 당신이라는 사람은 관심을 두는 것에 따라 달라진다. 수많은 유익하고 즐거운 것에 계속 관심을 두는가? 아니면 걱정과 자책감, 분노에 몰두하는가?

　일시적인 경험을 지속적인 내면의 힘으로 바꾸기 위해서는 경험이 신경계에 통합될 수 있도록 충분히 오랫동안 집중할 수 있어야 한다. 안타깝지만 우왕좌왕하며 방황하는 마음을 가진 우리는 대부분 오랫동안 집중하지 못한다. 이유는 다양하다. 우리는 활기차고, 여러 가지 일을 동시에 하고, 가상세계를 뒤쫓아 가는 문화에서 산다. 개인적인 스트레스, 불안, 우울, 트라우마는 집중을 어렵게 한다. 그리고 선천적으로 다른 사람보다 집중하지 못하는 사람도 있다.

●

마음 챙김이 움직이는 방법

마음 챙김은 스트레스를 비롯한 해로운 경험의 영향은 제한하면서, 이로운 경험은 최대한 얻도록 관심을 통제할 수 있는 열쇠이다. 우리가 어디에 관심이 가는지 인식하게 해준다.

바늘귀에 실을 꿰는 것처럼 좁은 분야에만 관심을 두거나, 의식의 전체적인 흐름을 지속적으로 관찰하는 것처럼 아주 광범위한 분야에 관심을 둘 수도 있다. 그리고 누군가에게 받은 마음의 상처나 내 차 바로 옆에서 빗길을 달리는 트럭에 신경을 쓰듯 내면 세계와 바깥 세계 모두에 몰두할 수 있다.

상처받은 마음을 연민하거나 붐비는 고속도로에서 너무 가까이 달라붙은 트럭에 경고하는 것처럼 마음 챙김과 다른 일이 함께 일어날 수 있다. 하지만 마음 챙김 자체는 경험이나 행동을 바꾸려는 것이 아니다. 마음 챙김은 받아들이고 인정하는 것이지, 판단하거나 지시하는 것이 아니다. 그 무엇에도 절대 흔들리지 않는 넓은 인식을 바탕으로 반응을 자제한다. 마음 챙김을 하면, 반응하기 전에 한발 물러서 지켜보며 평온한 마음을 잃지 않을 수 있다. 있는 그대로 받아들이되 동화되지 않는 것이다. 물론 마음 챙김을 하는 것이 일이 어떻게 되는지 수동적으로 지켜봐야만 한다는 의미는 아니다. 남들과 대화하거나, 다른 일을 계속해 가면서도 마음 챙김을 할 수 있다.

●

마음 챙김 강화하기

마음 챙김은 일종의 정신적 근육이며, 매일 규칙적으로 근육을 단련하듯 강화할 수 있다. 오랫동안 끊임없이 발달시킨다면 탄탄하고 지속적인 자질이 될 것이다.

관심 두는 것에 관심 두기

돈 걱정을 하거나 친구가 당신을 어떻게 생각하는지 등 공상에 빠졌다가 '깨어난' 기분을 느껴본 적이 있는가? 이것이 마음 챙김이다. 또한 당신은 출근하는 길이나 잠시 창밖을 내다보거나, 잠이 들기 전 그날 하루를 생각하면서 그때 그 순간을 의식할 수도 있다.

그러한 순간을 경험할 때마다 마음 챙김이 어떤 느낌인지 깨닫는다. 당신이 당신에게 돌아온 것이다. 또한 언제 당신의 주의력이 산만해지는지 빨리 알아내려고 노력한다. 예를 들면, 임의의 시간에 휴대폰 알람을 맞춰 하루 내내 집중하도록 일깨워줄 수 있다. 조금만 연습하면 다음 알람이 울릴 때는 이미 그 순간에 집중하고 있을 것이다.

산만해지지 않기

또한 휴대폰의 '방해금지 모드' 기능을 사용해서 귀찮게 하는 메시지와 전화를 줄일 수도 있다. 어떻게 보면 관심은 당신의 재산이다. 다른 사람이나 바쁘게 돌아가는 세상 때문에 원치도 않는 곳에 관심을 두지 않도록 최선을 다해야 한다. 속도를 늦추고 한 번에 한 가지 일에만 전념하려고 해야 한다.

마음 챙김을 엮어 하루를 채우기

일할 때나 남들과 대화할 때 자기 호흡에 맞춘다. 이렇게 하면 당신 자신과 지금 이 순간에 집중하는 데 도움 된다. 하루에 여러 번 계속해서 호흡을 자각한다. 식사 시간처럼 규칙적으로 하는 일을 이용해서 잠시 자신을 추스르고 현재로 돌아온다. 그리고 공예나 십자말풀이 같은 집중력이 필요한 일을 해서 주의력을 강화할 수 있다.

명상하기

세속적인 형태의 명상과 종교적인 기도로써의 명상 모두 수많은 명상법과 전통 그리고 스승이 있다. 사람들은 묻는다. "최고의 명상은 어떤 건가요?" 최고의 명상은 어떤 사람이 실제로 꾸준히 하는 명상이다. 그러므로 자신에게 즐겁고 효과적인 명상을 찾아야 한다. 명상하는 시간이 매일 1분 정도일 수도 있다. 잠자리에 누워 잠이 들기 전까지의 시간이기는 하지만 말이다.

나는 명상하기로 나 자신과 약속했고, 솔직히 말하자면 이 약속이 인생을 바꿨다. 1974년 명상을 시작해서 알게 된 사실은 가장 강력한 명상은 보통 단순하게 하는 것이다.

간단하게 명상하는 법을 알려주고자 한다. 조용한 장소에서 몇 분 정도 시간을 내서 앉거나 서 있을 때, 혹은 누워 있을 때 어떤 자세가 편한지 찾아본다. 아니면 천천히 방 안 이곳저곳을 걸어보자. 현재를 유지하는 데 도움 되는 무언가에 집중한다. 나는 호흡을 이용할 것이다. 다른 방법을 이용한다면, 추천하는 방법을 참고하여 상황에 맞게 수정하면 된다.

호흡할 때 얼굴과 가슴, 배, 혹은 몸 전체에 느껴지는 감각을 지각한다. 숨을 들이쉬기 시작할 때를 주목한다. 들이쉬기 시작할 때부터 끝날 때까지 지각을 계속한다. 그리고 숨을 내쉴 때도 같은 식으로 계속한다. 호흡이 이어지는 동안 계속 집중한다. 도움이 된다면 마음속으로 호흡을 온전히 네 번 내지 열 번까지 세고 처음부터 다시 센다. 횟수를 놓쳤다면 그냥 처음부터 다시 센다. 아니면 들이마신다, 내쉰다, 올라간다, 내려간다 같이 자신에게 편한 말을 사용한다. 머릿속이 산만해지는 것은 정상이므로 그냥 다시 집중한다.

마음속을 조용하게 하려고 애쓰지 않는다. 불쾌한 것을 막아내거나 즐거운 것을 따라가지도 않고, 방해하는 것에서 벗어난다. 과거는 놓아버린 채, 미래를 두려워하거나 계획하지도 않으며 단지 지금 이 순간의 존재로 자리 잡는다. 해결할 것도 없고, 다른 곳으로 가거나 다른 사람이 되지 않아도 된다. 온몸이 숨 쉬는 동안 긴장을 풀고 휴식을 취한다.

부담이나 스트레스 없이 평온을 키우는 데 마음을 열 수 있는지 본다. 그런 다음 자신만의 속도로 만족감을 찾을 수 있는지 본다. 그리고 원하는 때 사랑의 감정에 마음을 연다. 고통이나 걱정 같은 다른 것도 의식할 수 있지만 괜찮다. 호흡을 의식하는 동안 다른 것은 그대로 둔다. 그러면 전체적인 행복감이 증가할 것이다.

도피처를 찾아라

마음 챙김은 마음 깊은 곳까지 드러내는 데 도움을 준다. 보통 이런 경우 아주 좋은 기분이 든다. 하지만 준비가 되지 않았다면 무서운 것이 있는 방문을 연 느낌을 받을 수도 있다.

1960년대 말 대학 생활을 시작했을 때 사람들은 나에게 말하곤 했다. "이봐, 너의 감정을 느껴, 너만의 경험을 하라고." 그들이 미쳤다고 생각했다. 왜 내가 그걸 느껴야 할까. 그래도 문을 열어야 했다. 하지만 분명 두려운 일이었다. 문에서 무엇이 나오든 나는 안전을 느낄 방법이 필요했다. 도피처가 필요했다.

어린 시절에는 집을 빠져나와 근처 오렌지 밭에 가곤 했다. 집 밖에 나와 나무 위에 올라와 있으면 긴장이 풀렸고 강해진 기분이 들었다. 집으로 돌아갈 때는 힘든 순간이 오면 언제든 나무를 찾아가 위로받을 수 있을 것만 같았다. 대학 생활을 한 지 몇 년 뒤, 어릴 때 발견했던 도피처에서 받은 기분을 다시 느꼈다. 그리고 그것은 어둡고 소름 끼치는 마음의 한 부분을 살펴볼 만큼 용감해지는 데 도움이 되었다.

●

내 도피처를 아는 것

자신을 보호해주고, 성장시켜주고, 용기를 주는 곳이면 어느 곳이나 도피처가 될 수 있다. 인생은 고달프며, 사람은 모두 힘들고 불편한 일을 겪는다. 우리에게는 모두 도피처가 필요하다. 자신만의 도피처는 어디에 있을까?

애완동물이나 타인이 도피처가 될 수 있다. 나에게는 아내가, 아들 포러스트에게는 친구가 도피처이다. 단골 커피숍이나 교회, 도서관, 공원 같은 장소가 도피처가 될 수 있다. 커피 한 잔, 따뜻한 스웨터, 긴 하루의 끝에 읽는 책처럼, 어떤 물건이 도피처와 같은 느낌을 줄 수 있다. 또한 다양한 활동에서 도피처를 발견할 수도 있다. 개와 하는 산책, 기타 연주, 잠들기 전 텔레비전 시청처럼 말이다.

형태가 없는 도피처도 있다. 어린 시절의 오렌지 나무를 비롯해 성인이 되어가면서 얻는 기억 등은 나에게는 소중한 도피처이다. 당신은 할머니의 부엌이나 손자가 무릎에서 잠들던 순간이 기억날 수도 있다. 많은 사람이 성스러운 것이나 신에 관한 것을 근원적인 도피처로 삼는다. 과학자의 발견이나 성자의 지혜, 혹은 아이들이 우리를 사랑한다는 단순한 생각이 도피처가 될 수 있다.

또한, 당신 안에 있는 선에 대한 신념은 중요한 도피처이다. 이것은 나머지를 간과한다는 뜻은 아니다. 당신의 품위와 따뜻함, 친절, 선의, 능력, 노력 등을 있는 그대로 본다는 것이다. 이것들은 당신 안에 있는 진실이며, 그 진실을 아는 것은 믿을 만한 도피처가 될 수 있다.

하루를 보내는 동안, 아침에 샤워하면서 갖는 시간, 함께 일하는 사람과의 동료애, 퇴근할 때 듣는 음악, 잠들기 전 감사의 마음 갖기 같은 도피처를 찾아보자. 도피처를 찾았다면, 서두르지 않는다. 그 도피처에서 어떤 기분을 느끼는지 인지한다. 아마도 휴식, 안심, 위로 등과 비슷한 느낌일 것이다. 그러한 경험에 잠시 집중한다. 무엇 때문에 그런 기분이 드는지 생각하고, 도피처의 느낌을 간직하도록 한다.

내 버 려 두 고 , 놓 아 주 고 , 들 어 오 게 하 라

임상심리학과 여러 나라의 전통 명상법 등에서는 행복하고 유능하고 현명해지는 수많은 방법을 제시한다. 하지만 다양한 접근법과 방법론에 따라 마음을 사로잡는 세 가지 주요한 방법으로 나뉜다.

첫 번째, 감정을 느끼고, 경험하고, 단맛과 쓴맛을 본다. 감각은 물론 감정, 생각, 욕구 등 경험의 다양한 측면을 탐구할 수 있다. 더 취약한 감정 상태를 들여다볼 수 있을 것이다. 분노나 마음의 상처처럼 말이다. 이 과정에서 경험은 변화할 수도 있지만, 의도적으로 변화시키려고 해서는 안 된다.

두 번째, 부정적인 측면(고통스럽거나 해로운 것)을 줄인다. 이를테면 친구에게 하소연하지 않고, 자기비판적인 생각을 멀리하고, 안 좋은 음식을 먹지 않으며, 휴식을 취하면서 긴장을 푸는 것이다.

세 번째, 긍정적인 측면(즐겁거나 유익한 것)을 늘린다. 친구와 함께했던 행복한 시간을 떠올리거나, 몸에 좋은 음식을 먹으면 얼마나 기분이 좋을지 상상하며 자신에게 동기부여를 한다.

바꿔 말하자면, 문제에 잘 대처하고 상처를 치유하고 행복해지려면 내버려 두고, 놓아주고, 들어오게 하는 것을 잘해야 한다. 마음 챙김은 이 모든 것에 필수적이다. 마음 챙김이 없으면 내버려 두고, 놓아주고, 들어오게 할 수 없기 때문이다.

마음이 정원이라고 상상해보자. 정원을 가꾸는 세 가지 방법이 있다. 정원을 관찰하고, 잡초를 뽑고, 꽃을 심는 것이다. 관찰은 기본적이며, 때로는 관찰만 하면 되는 경우도 있다. 무언가 끔찍한 사건이 일어났고, 반드시 어려움을 이겨내야 한다고 가정해보자. 하지만 마음만으로는 충분하지 않다. 마음을 이용했을 때 효과도 있어야 한다. 마음은 뇌에 바탕을 두고, 뇌는 스스로 좋아지지는 않는 물리적 시스템이다. 단지 정원을 쳐다보는 것만으로 잡초를 뽑거나 꽃을 심을 수는 없다.

●

난관을 이기고 나아가기

마음을 사로잡는 세 가지 방법은 난관을 이기고 나아가는 단계적인 지침을 제공한다. 가령, 스트레스와 상처를 받아 분노의 감정을 느낀다고 가정해보자.

첫째, 당신 안에서 일어나는 일을 이해하고 '내버려 두는 단계'이다. 몸에서 나오는 신호를 주의 깊게 살펴보라. 가슴이 답답하고, 속이 가리앉는 느낌이 들 수도 있다. 감정이나 생각, 욕구에도 귀를 기울인다. 또한 더 깊숙한 곳에 더 취약한 점은 없는지 찾아본다. 이를테면 다시 연애를 시작하는 것에 대한 걱정의 이면에 숨겨진 최근에 겪은 이별의 고통 같은 것 말이다. 자신의 경험을 거부하지 말고, 불편하더라도 있는 그대로 받아들이려고 노력해야 한다.

둘째, 별 다른 문제가 없으면 '놓아주는 단계'로 넘어간다. 몇 차례 숨을 들이마시고 천천히 내쉬면서 긴장감이 몸에서 빠져나가게 한다. 또는 친구에게 이야기하거나, 샤워하면서 소리를 지르거나, 한바탕 우는 등으로 슬프거나 언짢은 감정을 배출할 수 있다. 부정적인 생각의 악순환에서 빠져나오자. 과장되었거나 진실이 아닌 믿음이 틀린 이유를 생각하며 이의를 제기한다. 그리고 큰 그림을 보려고 노력한다. 어떠한 일이라도 인생이라는 두꺼운 책에서는 아마도 한 챕터에 불과할 것이다. 분노에 차서 폭언을 퍼붓고 싶은 마음처럼 비뚤어진 욕망이 자신과 타인에게 얼마나 큰 상처를 주는지 깨달아야 한다. 손에 든 돌을 버리듯 마음에 품은 욕망을 버리는 모습을 상상해보라.

셋째, 준비를 마쳤으면 '들어오게 하는 단계'로 넘어간다. 까다로운 과정을 극복했다는 사실을 인지하고 그러한 일을 해낸 자신을 인정한다. 긴장을 풀고 휴식의 느낌이 온몸에 퍼지게 한다. 당신이 놓아준 자리에 자연스럽게 어떤 감정이 들어왔는지 생각해보라. 이를테면 불안감이 사라지면서 안심이 내면에 자리 잡는 것처럼 말이다. 유익한 생각이 해로운 생각을 대체하는 데 집중한다. 그리고 약속 장소에 조금 일찍 가고, 아이에게 돈 이야기를 꺼내지 않는 것처럼 지금부터 달라지기로 한 것이 있는지 살펴보라.

때로 상황이 정말로 어려워지면 우리가 할 수 있는 일은 단지 상황을 감수하는 것뿐이다. 가령 배우자가 세상을 떠났다면 몇 년이 지나 첫 번째와 두 번째 단계(내버려 두는 단계와 놓아주는 단계)를 통과해야, 누군가 마음에 들어올 수 있을지도 모른다.

다른 사람은 당신이 서두르길 바랄 수도 있다. 하지만 자신의 속도를 지키며 가야 한다. 할 수 있는 일이 잠시 상처를 어루만지는 것뿐일 수도 있다. 그런 다음 잠시 뒤로 물러서서 다시 상처와 함께해야 한다. 나는 가슴 깊은 곳에서 터져 나오는 엄청나게 많은 눈물을 흘리며 성인기에 접어들었다. 한꺼번에 그런 감정을 느꼈다면 감당하기 어려웠을 것이었기에, 조금씩 점차 비워나갔다.

두 번째와 세 번째 단계가 피상적이고 비현실적이라는 느낌을 받는다면, 첫 번째 단계로 돌아가라. 또 충분히 느낄 만한 것이 있는지 살펴본다. 내버려 두고, 놓아주고, 들어오게 하는 과정에서 때로는 다음 단계의 심리학적 요소를 발견하기도 한다. 그러면 세 가지 단계를 이용해 더 깊은 곳에 있는 추가적인 단계로 이동할 수 있다. 지속적으로 관심을 주고, 잡초를 뽑고, 꽃을 심어야 정원을 잘 알게 되는 것이다.

욕 구 를 인 정 하 는 것 은 부 끄 러 운 일 이 아 니 다

포러스트가 태어나자마자 부모님이 찾아왔다. 어머니는 신이 나서 첫 손자를 안았다. 손자를 가슴에 껴안고 얼굴을 입으로 비벼댔다. "예쁘기도 하지, 우리 아기. 착하기도 해라!" 하지만 포러스트는 머리를 세우지 못해 할머니의 모습을 볼 수 없었고, 화를 내기 시작했다. 어머니는 아이에게 계속 말을 걸었지만 아이는 점점 기분이 나빠지고 있었다. 나는 작은 소리로 말했다. "아, 어머니. 이 녀석이 옆으로 안아주길 바라는 것 같아요. 그게 더 편한가 봐요." 어머니는 즐거워하며 말했다. "이 녀석은 자기가 뭘 원하는지 몰라." 그 말에 놀라 어머니가 안기 전까지는 괜찮았으니 아이가 다른 식으로 안아주길 바라는 것이라고 말했다. 어머니는 쾌활하게 대답했다. "아니, 아기가 뭘 원하든 누가 신경이나 쓴다니!" 그래서 신경은 내가 쓴다고 투덜대며 아들을 되찾아왔다.

이 이야기에는 많은 것이 담겨 있다. 어머니는 정이 많은 사람이었고, 포러스트에 푹 빠져 있었다. 그저 본인이 성장하는 데 길잡이가 되었던 두 가지 믿음을 드러낸 것뿐이었다. 아이는 자신이 원하는 것을 제대로 알지 못하는 존재이며, 안다고 하더라도 어른의 생각보다 중요하지 않다는 것이었다.

현실적으로 아이나 어른이나 매번 바라는 대로 하면서 살 수는 없다. 또한 그래서도 안 된다. 어떤 욕망은 해롭기 때문이다. 그렇지만, 원하는 것의 밑바탕에는 언제나 건전한 욕구가 있다. 어머니는 가족과 친한 감정을 느끼고 싶어 했다. 사랑을 베풀고 받아야 했다. 중요한 존재이며 존경받는 기분을 느끼고 싶었다. 이런 욕구는 너무나도 정상적이다. 어머니는 우리를 보고 신이 났고, 그녀 역시 누군가에게 키워졌기에 문제가 있는 방식으로 욕구를 충족하려고 했다. 하지만, 의도는 선의에서 비롯한 것이었다.

욕구와 결핍은 경계가 모호하다. 그리고 어떤 이에게는 욕구인 것이 다른 이에게는 결핍이 될 수 있다. 그래서 나는 둘 사이에 명확한 선을 긋고 싶지는 않다. 모든 생물은 결핍을 해소하고 욕구를 충족하려고 한다. 결핍은 근본적이며 어쩔 수 없는 것이다. 결과적으로 자신의 결핍과 욕구를 깊이 이해하는 것은 자신을 제대로 받아들이는 데 도움 될 수 있다.

●

결핍에 대해 배우기

결핍과 관련된 경험을 떠올려보자. 이러한 경험에는 무언가를 다른 것보다 특히 선호한다거나, 목적을 추구하고 주장하는 것 등이 있다. 특히 당신의 결핍과 욕구에 대한 다른 사람의 반응이 어떤 영향을 미치는지 생각해보자. 다른 사람의 반응이 당신에게 힘을 보태준다면 아마도 기분이 좋을 것이다. 하지만, 무시하거나 방해한다면 당황스럽고 불쾌하다는 생각마저 들 것이다. 더 나아가 당신 자신이 소중하지 않은 사람이고, 당신에게 문제가 있다는 생각이 들 수도 있다.

이러한 경험을 비롯하여 다른 경험의 잔여물은 뇌 안에 감정적, 사회적, 육체적 학습으로 저장된다. 이는 결핍과 욕구를 정확히 읽어내 적절하고 효과적으로 대처하기 위해서 남에게 많이 의존해야 하는 시기에 시작된다. 우리는 결핍 자체를 알게 된다. 어떤 결핍은 솔직하게 추구할 수 있고, 어떤 결핍은 몰래 추구해야 하고, 또 어떤 결핍은 수치스러워 거부해야 한다는 것을 말이다.

마음 챙김은 내면을 들여다보고 자신을 더 잘 이해할 수 있게 해준다. 잠시 시간을 내서 다음 질문에 대한 답을 생각해보자.

- 부모님은 내 결핍에 대해 어떻게 대처했나? 성장하면서 결핍에 대해 무엇을 알게 되었나?
- 성인이 되었을 때 다른 사람은 내 결핍에 어떻게 반응했는가? 어떤 측면에서 도움을 받았나? 무시하거나 트집을 잡거나 이해하지 못한 측면이 있다면 어떤 점이었나? 이 같은 경우에는 어떤 기분이 들었나?
- 이 모든 것을 고려했을 때 바꾸고 싶은 점이 있나? 아마도 원하는 것을 더 드러내야 했다거나, 더 솔직하게 찾아야 했다거나 하는 점들이 있을 것이다.

●

세 가지 욕구

과거에 대한 마음 챙김은 현재의 나를 더 잘 이해하게 하여 미래의 욕구에 효과적으로 대처할 수 있게 한다. 그렇다면 무엇이 필요한가? 심리학 이론은 욕구를 다양한 방법으로 분류한다. 나는 이러한 개념을 요약하여 세 가지 욕구로 분류했다.

1. 안전: 순수한 의미에서의 생존은 물론이고, 자기주장을 솔직히 하더라도 공격당하지 않아야 한다. 이를테면 가까이하지 말아야 할 사람을 피함으로써 이러한 욕구를 성취할 수 있다.

2. 만족: 배가 부를 정도로 먹는 것은 물론, 인생이 살 만하다는 생각이 들어야 한다. 향기를 맡거나, 빨래를 끝내거나, 또는 사업을 시작하는 것으로 이러한 욕구를 다룰 수 있다.

3. 교감: 성적 취향을 표현하는 것에서 내가 훌륭한 상대이며, 상대방에게 사랑을 받는다는 느낌이 들어야 한다. 친구에게 문자를 보내거나, 다른 사람에게 이해를 구하거나, 연민을 베풀어 이러한 욕구를 관리할 수 있다.

인간을 비롯한 모든 동물에게는 자기 나름대로 안전, 만족, 교감이 필요하다. 이러한 기본 욕구는 생명 자체에 기반을 둔 것이다. 오늘날 우리가 그러한 기본 욕구를 관리하는 방법은 지난 6억 년 동안 신경계가 어떻게 진화해왔는지에 바탕을 둔다. 길고 복잡한 과정을 단순화하자면 뇌는 3층 집을 지을 때처럼 밑바닥부터 쌓아 올려 만들어진 것이다.

뇌가 '집'이라면 가장 오래된 1층에는 진화의 파충류 단계에서 발달한 뇌간腦幹이 있으며, 뇌간은 안전에 중점을 둔다. 무엇보다 가장 근본적인 욕구는 생존이다. 2층은 대뇌피질 하부로 시상하부, 시상, 편도체, 해마, 기저핵 등을 포함한다. 이 부분은 약 2억 년 전에 시작된 진화에서 포유류 단계의 형태를 갖추었다. 대뇌피질 하부는 효과적으로 만족을 추구하는 데 도움을 준다. 가장 위층은 신피질이며, 신피질은 약 5천만 년 전에 등장한 최초의 영장류와 함께 커지기 시작했다. 250만 년 전 초기 인류가 도구를 만들기 시작한 이래 부피가 세 배 증가했다. 신피질은 인간이 지구에서 가장 사회적인 종이 되는 데 큰 역할을 했으며 공감, 언어, 연민 등 신경의 기저를 이룬다.

어떤 의미에서 우리는 머리에 동물원을 넣은 채 살아가고 있다. 고대의 선조가 어두운 바다를 헤엄치거나, 공룡을 피해 숨을 곳을 찾거나, 석기시대 때 다른 무리와 싸우면서 직면했던 생존 문제의 해답이 오늘날 우리 뇌에 생겼다. 인간이 진화하면서 뇌 일부분이 욕구를 충족하고자 특별한 기능을 가지게 되었다. 비유하자면 각자 몸 안에 체온을 낮추거나 위험을 피해 도망치는 도마뱀, 치즈 냄새를 맡으려고 킁킁거리는 생쥐, 부족을 찾는 원숭이가 한 마리씩 있다.

●

욕구 수용하기

자기 욕구를 인정하는 것이 부끄러울 수 있다. 어떤 나라 혹은 문화에서는 이 자립의 가치를 소중히 여길지도 모르지만, 현실에서는 모두 생존과 성공 그리고 행복을 위해 많은 것에 의존한다. 정말 어려운 것은 평범한 인간이 궁핍한 현실을 받아들일 만큼 용감해지는 일이다.

건강한 육체와 정신은 욕구를 거부하거나, '극복'하거나, 초월함으로써 얻어지는 것이 아니다. 자신의 욕구를 잘 보살피고, 타인의 욕구를 유념하여 얻어지는 자연스러운 결과이다. 결과적으로 우리가 밀어내는 욕구가 수용해야 할 중요한 욕구일 경우가 많다.

그러므로 충족되지 않은 욕구를 인지하려고 해야 한다. 마음이 바라는 것을 들어주어야 한다. 일상을 보내면서 다음과 같은 욕구를 명심해야 한다.

- 안전: 언제 불편과 짜증, 부담을 느끼는지 주목한다. 참되지 않은 신념 때문에 불안해하는 것은 아닌지 살펴본다. 괜찮다면 놓아주고 들어오게 하는 단계(가령 도피처를 찾아 평온한 곳에 정착한다든지)로 넘어간다.
- 만족: 지루함, 실망, 좌절, 상실 같은 기분을 인지한다. 이 같은 경험을 탐구하고 나면 고맙고 기쁜 일을 생각할 수 있을 것이다. 만족감이 드는지 살펴보라.
- 교감: 언제 고통스럽고, 화가 나고, 질투와 외로움 그리고 부족함을

느끼는지 알아본다. 그리고 언제 친절하게 자신을 돌봤는지 떠올려 보라.

대 처 하 느 냐   반 응 하 느 냐

인생은 언제나 우리 욕구에 도전한다. 하지만 우리는 힘겨운 도전에 맞서기 위해 실질적인 행동을 취하면서도 욕구가 충족되는 것을 경험할 수 있다.

예전에 암벽을 등반할 때, 연필 한 자루 정도 너비밖에 안 되는 곳에 서 있는 경험을 수없이 많이 했다. 이러한 경우에 안전 욕구는 분명히 위협받고 있었다. 하지만 나는 거의 언제나 안전하다고 느꼈다. 그전에도 등반 경험이 많았기에 불편하지 않았고, 반대편에 실력 있는 파트너가 내가 매달린 로프를 잡고 있다는 사실을 알았다. 온 신경을 집중하며, 조심스럽고 신중하게 극도의 위험 상태를 대처했다. 그리고 대개 이런 순간을 즐겼다.

아마도 힘든 상황을 차분하게 모면하거나, 심지어 그런 행동이나 상황을 즐기기까지 했던 경험이 있을 것이다. 인생은 혼란스럽고 변덕스럽지만, 그 안에는 많은 노력과 피할 수 없는 상실과 고통을 감수할 만한 놀라운 기회가 숨어 있다. 도전을 피할 수는 없다. 다만, 문제는 그 도전을 해결하는 방법이다. 욕구가 충족되는 경험을 하면서 도전을 맞이하는 것과, 욕구가 충족되지 않는 경험을 하면서 도전에 직면하는 것 사이에는 근본적인 차이가 있다.

●

녹색 구역과 적색 구역

욕구가 충족되면 충만함과 균형감이 생긴다. 몸과 마음은 기본적으로 휴지 상태가 되며, 나는 이 상태를 공감성 모드responsive mode, 혹은 '녹색 구역'이라고 부른다. 몸은 스스로 재충전하고, 치유하고, 스트레스에서 벗어난다. 마음에는 평온과 만족, 사랑이 있다. 이것은 행복의 구체적인 모습이다.

반면 욕구가 충족되지 않으면 무언가 빠진 것 같은 결핍과 잘못된 것 같은 불안감이 나타난다. 몸과 마음에 동요가 나타나면 휴지 상태에서 반응성 모드reactive mode, 혹은 '적색 구역'으로 바뀐다. 몸은 싸움하거나 도망치거나, 반응을 멈추며 면역 체계와 호르몬계, 심장혈관계, 소화계통을 자극한다. 마음에는 두려움, 좌절, 상처 같은 감정이 나타난다. 이것은 스트레스와 고민, 장애가 구체적인 모습으로 나타난 것이다.

공감성 모드와 반응성 모드는 본질적으로 구별하기가 어렵다. 하지만 우리는 어려움을 처리할 때나, 불안하고 걱정스러울 때 할 수 있다는 느낌과 자신감 사이에는 차이가 있다는 것을 모두 안다. 다음은 두 가지 모드를 요약한 것이다.

욕구의충족

욕구	충족	뇌	진화	공감성	반응성
안전	회피	뇌간	파충류	평온	두려움
만족	접근	대뇌피질	포유류	만족	좌절
교감	친밀	신피질	영장류/인간	사랑	상처

기본적인 한 가지 욕구는 충족되지 않는 반면 다른 두 가지 욕구는 충족되는 경험을 하는 경우가 있다. 예를 들어, 부모는 반항하는 청소년기의 자녀에게 정서적으로 단절감을 느낄 수 있지만, 동시에 육체적으로 안전하다고 느끼며 다른 영역에서 보상 받을 기회를 추구할 수 있다. 한 가지 욕구가 '적색 구역'에 있고 나머지는 '녹색 구역'에 있다면, 충족되지 않은 욕구에 대한 반응이 점점 퍼져 다른 욕구까지 연관된다. 앞 예시에서, 부모는 십 대 자녀의 안전을 걱정하기 시작하고 자녀를 고등학교까지 보내려는 목표가 좌절되는 기분을 느낄 수도 있다.

반대로, 다른 부분에서의 충만한 감정이 적색 불이 깜박이는 특정한 욕구 해결에 도움을 줄 수도 있다. 이들 부모는 십 대 자녀의 안전에 사명감을 발휘할 수도 있다. 또는 고등학교 과정에서 요구하는 조건에 만족시킬 효과적인 방법을 찾으려고 자신들의 모든 지식을 총동원할 수도 있다.

당신 안의 다른 부분은 엉망일 때, 할 수 있는 일이 강하고 평온한 상태의 이 자그마한 녹색 도피처를 지키는 것밖에 없을 때가 있다. 하지만 때로 작지만 강한 이 도피처가 커다란 차이를 만들기도 한다. 시간이 지나면 점차 차분해지고 자신을 돌볼 수 있을 것이다.

공감성 모드와 반응성 모드는 단지 욕구가 충족되거나 충족되지 않는 것을 경험한 결과가 아니라, 욕구를 충족하는 두 가지 다른 방법이기도 하다. 로버트 새폴스키의 책《스트레스Why Zebras Don't Get Ulcers》에 나오는 예처럼, 아프리카의 얼룩말 무리에 속한 얼룩말이라고 생각해보자. 당신은 풀을 뜯으면서 사자에 대한 경계를 풀지 않는다. 침착함을 유지하며 다른 얼룩말과 협력해 공감성 모드에서 나오는 욕구를 처리한다. 갑자기 사자 몇 마리가 공격하기 시작하면 얼룩말 무리는 순식간에 공황 상태에 휩싸여 도망치는 반응성 모드로 돌변한다. 하지만 그 상태에서 곧 빠져나온 후 공감성 모드로 돌아가 초원에서 삶을 이어나간다.

간단히 말하자면, 이것이 대자연의 청사진이다. 오랜 기간 관리되던 공감성 모드의 욕구가 반응성 모드의 스트레스가 필요할 때면 갑자기 나타났다가 빠르게 녹색 구역으로 되돌아간다. 공감성 모드에서 기분이 좋아지는 이유는 공감성 모드가 좋기 때문이다. 육체는 보호받고 재충전되며, 마음은 편안하고 만족스러운 상태가 된다. 반면 반응성 모드에서 기분이 나빠지는 이유는 반응성 모드가 좋지 않기 때문이다. 오랜 기간 동안 반응성 모드가 유지되면 특히 좋지 않다. 몸에 문제가 생기고, 체력이 고갈되며, 마음은 불안과 짜증, 실망감, 상처, 분노에 휩싸인다.

반응성 모드가 우리를 파괴하는 반면 공감성 모드는 우리를 강하게 한다. 역경은 회복탄력성, 스트레스에 대한 내구성, 외상 후 성장력을 키우는 기회임이 틀림없다. 하지만 역경을 겪으면서 성장하기 위해서는 결단력과 목적의식 같은 공감성 자원이 반드시 존재해야 한다. 그뿐만 아니라, 일상에서 정신적 자원을 경험하고 발달시킬 수 있는 기회는 대부분 역경을 수반하지 않는다. 단지 휴식과 감사, 열정, 자존감, 친절의 순간만이 있을 뿐이다. 한편 두려움과 좌절, 고통의 순간은 대부분 불쾌함과 스트레스를 유발할 뿐, 이로운 점은 남기지 않는다. 역경은 직면해야 하고 배워야 할 대상이지만, 때로 사람은 그 가치를 과대평가하고 있다. 전반적으로 반응성 경험으로 우리는 상처 입기 쉽고 연약해지지만, 공감성 경험으로 회복탄력성을 키운다.

반응성 모드는 삶의 방식이 아니라 생존의 즉각적인 위협에 대한 간단한 해결책으로 진화했다. 안타깝게도, 우리는 더 이상 육식동물에게 쫓기지 않지만 현대의 많은 일, 경쟁, 잦은 스트레스 등이 우리를 계속해서 적색 구역으로 밀어 넣고 있다. 그리고 과학자들은 뇌의 부적 편향negativity bias 때문에 적색 구역을 벗어나기가 쉽지 않다고 말한다.

부적 편향

선조들은 식량과 섹스 같은 '당근'을 얻어야 했고, 육식동물과 무리 내부 또는 무리 사이의 공격 같은 '채찍'에서 벗어나야 했다. 양쪽 모두 중요하지만, 대개 채찍은 위급한 경우가 많아 생존에 미치는 영향이 훨씬 컸다. 당근을 얻지 못하면 다음에 다른 당근을 얻으면 되지만, 채찍을 피하지 못하면 영원히 당근을 보지 못할 것이다. 결과적으로 뇌는 선천적으로 그리고 일상적으로 다음과 같다.

1. 세상과 몸과 마음 내부의 나쁜 일은 걸러 낸다.

2. 큰 그림을 보지 못하고 나쁜 일에만 집중한다.

3. 과대평가한다.

4. 경험을 빠르게 감정과 육체, 사회적 기억으로 바꾸어 놓는다.

5. 스트레스 호르몬 코르티솔이 반복해서 분비되면, 부정적인 경험에 더 잘 반응하게 된다. 이 때문에 뇌는 더 많은 코르티솔에 노출되는 악순환이 생긴다.

사실상 나쁜 경험은 우리 뇌에 찍찍이처럼 잘 들러붙지만, 좋은 경험은 고급 프라이팬처럼 잘 들러붙지 않는다. 예를 들어, 하루 업무 중에 열 가지 일이 일어났다고 하자. 그중 아홉이 긍정적인 일이고 하나가 부정적이라면 가장 많이 생각하는 것은 무엇일까? 아마도 부정적인 일일 것이다. 유쾌하고 유용하고 이득이 되는 경험, 즉 커피 한 잔을 즐기거나 해야 할 일을 마치고 책과 함께 침대로 기어들어 가는 것처럼 좋은 일이 일상 속에서 여러 번 일어난다. 하지만 그런 일은 대개 물이 체를 빠져나가는 것처럼 뇌를 지나쳐버리는 반면, 스트레스와 해로움을 유발하는 경험은 뇌에 남는다. 우리는 나쁜 경험에서 지나치게 많이 배우지만 좋은 경험에서는 지나치게 적게 배우도록 설계되었다. 부적 편향은 수백만 년에 걸쳐 진화하는 동안 인간이 살아남은 이유는 잘 설명했지만, 석기시대 환경에서 최고의 성능을 내도록 설계된 뇌의 부적 편향은 오늘날 보편적인 학습 장애가 되었다.

이러한 편향의 효과는 최근 정신적 시간 여행(과거를 돌이켜보고 미래를 설계하는)을 할 수 있게 하는 대뇌피질 중심부 신경망의 진화로 악화하고 있다. 이 신경망은 또한 부정적인 반추를 가능하게 한다. 인간의 사촌이라고 할 수 있는 영장류는 위기 상황을 통해 학습한다. 하지만 이러한 상황에 강박 관념이 나타나지 않는 것과 달리, 인간은 계속해서 걱정과 분노, 자기비판을 이어간다. "큰일 나겠어." "그 녀석들이 감히 나를 이런 식으로 대해?" "난 정말 바보천치야!"

우리가 과거를 반추하는 동안 생각과 감정은 다른 부정적인 경험처럼 뇌를 변화시킨다. 이러한 순환을 반복하는 것은 트랙을 한 바퀴 돌때마다 깊어지는 부드러운 흙이 깔린 운동장을 여러 바퀴 달리는 것과 비슷하다. 이처럼 부정적인 생각에 빠지기 쉽다.

집 에 오 기 , 집 에 머 무 르 기

요약하자면, 뇌가 욕구를 충족하는 방법을 형성하는 데 세 가지 욕구나 파충류-포유류-영장류 진화 단계가 어떤 영향을 미쳤는지 알 방법이 없다. 알 수 있는 것은 평온과 만족, 사랑이 바탕에 깔린 녹색 구역이나 두려움과 좌절, 상처가 깔린 적색 구역을 통해서 어떻게 욕구를 충족하느냐 하는 방법뿐이다.

공감성 모드는 우리의 집이며, 몸과 마음이 건강하게 균형을 이루는 곳이다. 행복의 정수이며 지속적인 회복탄력성의 기반이다. 하지만 우리는 집에서 쉽게 밀려 나와 적색 구역으로 들어간다. 그런 다음 부적 편향과 부정적인 반추 때문에 그곳에서 벗어나지 못할 가능성이 높다. 일종의 내적인 노숙자 상태이다.

이는 우리 잘못이 아니다. 생물학적으로 타고난 것으로 대자연이 주는 별 볼 일 없는 선물이지만, 그것에 대해 우리가 할 수 있는 일은 많다.

●

적색 구역 떠나기

때로는 반응성 모드를 이용해 어려움을 해결하는 것이 필요하다. 우리를 향해 돌진하는 자동차를 피해야 하거나, 지나치게 공격적인 누군가에게 화를 내야 하는 경우가 있다. 인간은 강하며, 우리는 적색 구역에 들어가는 것을 감내할 수도 있다. 하지만 최대한 빨리 그곳을 떠나야 한다. 마음을 사로잡는 다음 세 가지 방법은 이를 위한 좋은 청사진을 제공한다.

내버려 두기

부담이나 불편, 분노, 좌절, 스트레스, 당황스러운 기분이 들기 시작하는 순간을 깊이 생각한다. 이 경험을 간직하고, 여러 측면을 살펴본다. 이렇게 하면 전전두엽 대뇌피질의 활동이 늘어난다. 또한 경험한 일에 긴장, 걱정, 분노, 슬픔이라는 라벨을 붙인다. 그러면 기저핵(뇌의 알람 소리 같은 기능을 한다)의 활동이 줄어들고, 마음을 진정하는 데 도움이 된다.

이를테면, 업무 회의에 제외되었을 때 폭발했던 분노의 밑바닥에는 고등학생 시절에 느낀 소외감 같은 슬픈 감정이 깔려 있을 수 있다. 이러한 약한 감정을 더 깊이 탐구해야 한다. 다시 고치거나 바로잡으려고 하지 말고, 의식을 거쳐 흘러가는 대로 둔다. 적색 구역 반응에서 뒤로 물러나 반응을 관찰한다.

놓아주기

놓아주는 단계로 넘어간다. 반응성 사고와 감정이 일반적으로 자신에게, 그리고 다른 사람에게도 좋지 않다는 것을 이해해야 한다. 이러한 생각과 감정을 그대로 유지하고 싶은지 놓아주고 싶은지 판단한다. 숨을 천천히 내쉬며, 몸의 긴장을 푼다. 감정이 흐르게 한다. 지나치지 않는 한에서, 울고 소리치고 마음이 통하는 친구에게 불만을 털어놓는다. 아니면 불안과 짜증, 상처가 자신에게서 빠져나가는 것을 느끼기만 한다. 걱정과 스트레스, 좌절, 분노를 주었던 가정, 기대, 믿음에 대해 의심을 품는다. 당신이 부여했던 상황의 의미나 다른 사람의 의도를 어떻게 해석했는지 생각해보고, 진실이 아니거나 불필요한 걱정 등은 모두 놓아준다. 반응성 모드를 벗어나는 느낌을 간직한다.

들어오게 하기

욕구를 충족한다고 생각하면 무엇이든 받아들인다. 따뜻한 물로 샤워하거나, 사과를 먹거나, 음악을 듣는 것처럼 자신에게 즐거움을 준다. 즐거움은 스트레스를 완화해 뇌를 안정시킨다.

고맙게 느끼거나 기뻐한 일을 떠올린다. 좋아하는 사람에게 연락한다. 그리고 보살핌을 받는다는 느낌이 들게 한다. 또한 자신의 따뜻한 마음을 인지하고 장점을 찾아본다. 공감성 모드로 접어드는 느낌을 받아들인다.

●

공감성 자원의 구축

사람은 대부분 하루에도 여러 번 공감성 모드를 경험한다. 하지만 보통 이 경험이 내면에 들어올 기회를 얻기도 전에 곧바로 사라져버리고 만다. 그러므로 욕구가 충족되고 있다는 느낌을 주는 기회를 찾아야 한다. 예를 들어, 숨을 들이마시는 동안 숨 쉴 공기가 많다는 사실을 깨닫는다. 적어도 이 순간만큼은 안전하다. 이런저런 일, 이메일 보내기, 자동차 주유 등을 마치고 나면 잠시 만족감에 집중한다. 누군가가 당신에게 미소를 보내거나, 사랑하는 사람의 기억이 떠오를 때면 교감하는 느낌을 계속 유지한다. 녹색 구역의 경험에 집중하며, 그 경험을 소중히 여기고, 계속 유지한다. 그 경험이 당신 안에 들어와 뇌에 각인되도록 5, 6초 이상 기다린다.

이런 식으로 공감성 모드의 기초가 되는 잠재된 충만함과 균형감을 키울 수 있다. 녹색 구역의 경험을 내면화하면 내면의 힘을 구축할 수 있다. 선순환 과정으로 공감성 모드의 경험이 늘어나고, 결국 내적 자원을 성장시킬 기회가 많아진다. 그리하여 적색경보가 깜박이는 세상에서 녹색 구역에 머물며, 그 무엇도 꿰뚫거나 깨부수지 못할 정도로 회복탄력성이 강한 행복을 이용해 갈수록 커지는 난관을 해결할 수 있다.

도전에 직면했을 때, 안전과 만족 그리고 교감에 관한 특정 욕구가 위기에 처했는지 집중한다. 신중하게 특정한 욕구를 충족하는 데 관계된 내면의 힘을 불러낸다. 앞으로 이와 관련된 여러 가지 방법을 소개할 것이다. 그리고 정신적 자원을 경험하면서 신경계 안의 내면의 힘을 강화할 수 있다.

예전에 항해했을 때, 용골이 없는 배를 겨우 뒤집은 적이 있다. 마음이 한 척의 배라면 내적 자원이 성장하는 것은 배의 용골을 튼튼하고 크게 하는 것과 같다. 그렇게 된다면 삶의 깊은 곳까지 즐겁게 탐험하고 폭풍우가 불어와도 극복할 수 있다는 믿음이 생겨 삶은 더 대담해질 것이다.

☑️ 뇌는 경험에 의해 형성되고, 경험은 관심에 의해 형성된다. 마음 챙김을 이용하면 연민과 감사 같은 심리적 자원을 경험할 때 집중할 수 있다. 그리고 이러한 경험을 신경계에 각인할 수 있다.

☑️ 마음을 사로잡는 데 유용한 방법 세 가지가 있다. 마음 이해해주기, 고통스럽고 해로운 것 줄여주기, 즐겁고 유익한 것 늘려주기이다.

☑️ 우리에게는 세 가지 기본 욕구(안전, 만족, 교감)가 있는데, 해로운 것을 피하고, 다른 사람과 관계를 맺는 것 등으로 채울 수 있다. 이러한 욕구를 충족하는 방법은 각각 파충류의 뇌간, 포유류의 대뇌피질, 영장류의 신피질과 약간 관련이 있다.

☑️ 행복은 욕구를 거부하는 것이 아니라 충족하는 데서 온다. 욕구가 충분히 충족되는 경험을 하면 몸과 마음은 '녹색 구역', 즉 공감성 모드로 들어간다. 그리고 평온과 만족, 사랑의 감정이 나타난다. 욕구가 충족되지 않으면 우리는 불안해져 '적색 구역', 즉 빈응성 모드로 들어가고 두려움과 좌절, 고통의 감정이 나타난다.

✅ 공감성 모드는 우리의 본거지이지만, 우리는 본거지에서 쉽게 쫓겨난다. 게다가 뇌의 부적 편향 때문에 적색 구역에서 빠져나오지 못한다. 부적 편향으로 나쁜 경험은 찍찍이처럼 뇌에 잘 달라붙지만, 좋은 경험은 고급 프라이팬처럼 잘 들러붙지 않는다.

✅ 녹색 구역에 머무르려면 욕구가 충족되는 경험을 받아들여야 한다. 그 경험은 내적 자원을 성장시킨다. 또한 행복의 회복탄력성을 이용해 더 큰 어려움도 극복할 수 있다.

배움

인생의 비타민 C를 찾아라

"내게는 오지 않을 거야"라고 말하며, 선을 경시하지 말라.
물 한 방울이 모여 물통을 가득 채운다.
현명한 사람은 조금씩 자신을 선으로 채운다.

– 법구경

먼 곳으로 하이킹을 하러 갈 때는 음식과 물자가 필요하다. 이와 비슷하게 인생이란 길 위에서 우리는 연민과 용기 같은 심리적 물자가 필요하다. 이러한 물자를 어떻게 신경 '배낭'에 집어넣을 수 있을까?

인 생 성 장 곡 선 을 가 파 르 게 하 려 면

배움을 이용하면 된다. 배움은 구구단 암기 따위보다 훨씬 범위가 넓은 용어이다. 기분, 관점, 행동 등에 지속적인 변화가 생기려면 배움이 필요하다. 어린 시절부터 우리는 좋은 습관, 성격의 장점, 다른 사람과 어울리는 방법 등을 배운다. 치유, 회복, 발달 등도 배움의 형태이다. 인간의 속성 중 3분의 1은 타고난 DNA에 의한 것인 반면 나머지 3분의 2는 배움을 통해 습득한 것이다. 즉, 배움이 우리가 어떤 사람이 될지에 큰 영향을 미친다는 뜻이다. 당신이 현명하고 회복탄력성이 강한 사람이 되고 싶다면, 이는 아주 좋은 소식이다.

어린 시절 만화책을 많이 읽었던 나는 이와 같은 내면의 힘이 일종의 초능력이라고 생각한다. 배움은 나머지 초능력을 성장시키는 초능력이다. 인생 성장곡선의 기울기를 가파르게 하려면 배움에 관해 배우는 것이 좋다.

●

배움이 일어나는 단계

모든 유형의 배움은 신경 구조나 신경 기능의 변화를 수반한다. 이와 같은 변화는 두 단계로 일어나는데, 이를 '활성화'와 '자리 잡기'라고 부를 것이다. 첫 번째 단계 활성화에서는 호감을 느끼는 것과 같은 경험이 있다. 생각, 감정, 몽상, 걱정 등 의식을 거쳐 가는 모든 경험은 근본적인 신경 프로세스에 기반한다. 특정 경험은 특정한 정신 및 신경 활동의 상태를 말한다. 그리고 두 번째 단계 자리 잡기에서는 이러한 경험은 점차 뇌의 장기 저장소에 통합된다. 시간이 지나면서 일시적인 상태가 지속적인 특성으로 자리 잡는다.

도널드 헵의 연구를 바탕으로 하는 뇌과학 분야에는 이런 말이 있다. "함께 발화하는 뉴런은 함께 연결된다." 더 많이 발화할수록, 더 많이 연결된다. 본질적으로 뇌에서 지속적인 변화를 일으킬 경험을 지속 반복하여 심리적 자원을 개발한다. 자신감, 결단력 등에 관한 경험을 반복적으로 자리 잡게 하면 자신감, 결단력이 생긴다. 마찬가지로 안전, 만족, 교감에 관한 많은 경험을 쌓고 그 경험을 내면화하면 점차 공감성 녹색 구역에 중심을 잡는다.

●

자립의 본질

이 책은 치유와 수련, 개인 성장의 기본적인 '입문서'이다. 대인관계 기술, 동기 유발, 마음의 평온 등 내면에 있으면 좋은 것을 개발하는 데 응용할 수 있다. 그것이 자립의 본질이다. 아무리 성취감을 주는 상황이나 직업, 관계일지라도 변할 수 있다. 하지만 자기 내면에 있는 것은 그게 무엇이든 언제나 자신과 함께한다. 자전거 타는 방법을 배우지 않았던 상태로 되돌아갈 수 없는 것처럼, 오랜 시간에 걸쳐 성장한 내면의 힘을 학습하지 않았던 상태로 되돌릴 수는 없다. 삶이 고달플수록, 외부의 도움이 적을수록, 의식적으로 유용하거나 즐거운 경험을 자기 것으로 만들 기회를 찾아야 한다.

안타깝게도 이처럼 이로운 경험을 내면화하는 과정을 명시적으로 가르치는 곳은 거의 없다. 사람들은 학교, 직장 등에서 다양한 것을 배우지만 배우는 방법을 가르치는 곳은 없다. 이 방법을 배운다면, 회복탄력성 있는 행복의 다른 강점을 형성할 힘을 얻을 것이다.

●

자신을 HEAL 하기

뇌의 구조를 구축하는 과정을 4단계로 소개한다. 그 과정에 포함된 각 단계의 첫 글자를 따서 HEAL이라는 용어로 요약했다.

활성화하기

1. 이로운 경험을 한다Have a beneficial experience: 인식하거나 만들어낸다.

자리 잡기

2. 경험을 강화한다Enrich it: 완전히 느끼고, 간직한다.
3. 경험을 흡수한다Absorb it: 자기 내부로 받아들인다.
4. (선택적으로) 연결한다Link it: 고통스럽고 해로운 심리적 부분을 진정시키고 다른 것으로 대체하는 데 이용한다.

HEAL의 첫 번째 단계는 배움을 활성화하는 것이다. 먼저 유용하거나 즐거운 경험으로 시작한다. HEAL의 나머지 부분은 자리 잡기 단계이며, 이로운 경험을 뇌의 지속적인 변화로 바꾸는 과정을 시작한다.

네 번째 단계 연결은 긍정적인 부분과 부정적인 부분을 동시에 인식하는 것을 포함한다. 연결이 필수가 아니라 선택인 이유는 두 가지이다. 앞 세 단계만으로도 배우기에 충분하고, 아직 자신의 부정적인 부분을 받아들일 준비가 되지 않은 사람도 있기 때문이다.

이 법칙의 나머지 부분에서는 이로운 경험을 더 자주 하는 방법을 비롯해 HEAL의 각 단계를 자세히 살펴본 다음, 그 경험이 지속적인 가치를 지니도록 도움을 줄 것이다. 우리에게 가장 필요한 힘을 찾아내고 성장시키는 방법을 보여준다. 그리고 연결 단계를 이용해 어린 시절을 포함한 좋지 않은 생각과 감정, 행동을 완화하는 것은 물론 멈추는 방법을 알려준다.

이로운 경험을 매일 해야 하는 이유

평소에 주로 눈에 띄는 것은 무엇인가? 갑자기 끼어드는 자동차? 불만스러운 프로젝트? 아니면 즐거운 아침 식사? 또 다른 사람과 교류할 때 관심을 끄는 것은 무엇인가? 잘 진행되는 여러 가지 일인가, 아니면 가슴을 찌르는 한마디 말인가?

대다수 사람은 부정적인 것에 주목한다. 뇌의 부적 편향 때문에 고통스럽고 해로운 경험을 먼저 의식한다. 반면 즐겁고 유용한 경험은 존재가 희미해진다. 이는 힘겨운 상황에서 단기적으로 이로울 수 있지만,

시간이 흐를수록 몸과 마음이 소모된다. 사실상 생존에는 우호적이지만, 장기적인 건강과 행복에는 도움 되지 않는다. 그렇기에 긍정적인 경험에 더 귀를 기울여야 한다. 이는 좋은 측면만 보자는 말이 아니다. 인생은 힘들 때가 많다는 인식에 바탕을 둔 현실적인 실용주의이며, 이를 위해서는 정신적 자원이 필요하다. 그리고 뇌가 학습하는 과정을 이끌어줌으로써 내면의 힘을 키울 수 있다는 것이다.

이 과정은 내면에서 성장하길 바라는 선을 경험하는 것에서 시작한다. 이로운 경험을 하는 방법 두 가지가 있다. 첫째, 이미 했던 경험을 인식하고 거기에 집중하기만 하면 된다. 둘째, 자기 연민의 감정을 떠올리거나 명상처럼 의도적으로 경험을 생성할 수 있다. 이런 과정을 하나씩 살펴보기로 하자.

●
주변의 보석 찾기

거의 모든 사람이 날마다 여러 긍정적인 경험을 한다. 대부분 평범하고 잠시 스쳐 가는 경험이다. 예를 들자면 목이 마를 때 물을 마시거나 추울 때 스웨터를 입으면 기분이 좋아진다. 한 사람이 하루에 한 번이라도 좋은 감정을 느끼지 못하면 견디기가 어렵다. 이러한 경험을 인식하고 뚜렷이 의식하는가? 아니면 그저 지나쳐 보내는가?

매일매일은 수많은 작은 보석이 뿌려진 길과 같다. 보석은 작고 평범한 이로운 경험이라고 할 수 있다. 이러한 경험은 간과하고 지나치기가 쉽다. 그러고 나서 하루를 마치고 묻는다. "왜 이리 공허할까?"

보석은 이미 거기에 있다. 왜 보석을 줍지 않는가? 좋은 경험은 보통 자신에게도 좋고 타인에게도 좋다. 즐거운 경험을 가볍고 하찮게 여기지 말아야 하며, 지루하고 스트레스를 유발하는 경험이 좋은 삶의 토대라고 생각하지 말아야 한다. 긍정적인 경험이 우리를 채워주고 부정적인 경험은 우리를 약하게 한다. 물론, 단것을 너무 많이 먹는 것처럼 어떤 즐거움은 시간이 흐르면 어떤 사람에게는 좋지 않다. 그리고 일부 심리적 자산은 부분적으로 불쾌한 경험을 통해 성장한다. 예를 들어, 적절한 죄의식과 후회를 통해 윤리적 기준을 강화할 수 있다. 하지만 전반적으로 느낌이 좋다면 대개 손을 뻗을 만한 가치가 있는 보석이라는 신호이다.

경험은 다섯 가지 요소로 구성되며, 각각의 요소는 뇌와 삶의 구조를 구성하는 일종의 보석이다. 이 다섯 가지 요소는 생각(신념과 심상), 지각(감각과 느낌), 정서(감정과 기분), 욕망(가치와 목적), 행위(자세와 표정, 움직임, 행동) 등이다. 예를 들어, 친구에게 감사한 경험을 겪었다고 하자. 거기에는 친구가 자신에게 준 무언가에 대한 생각, 편안함을 느끼는 지각, 기쁨의 정서, 감사의 마음을 표현하고자 하는 욕망, 감사의 쪽지를 쓰는 행위 등의 요소가 있을 것이다.

이로운 경험을 하는 동안, 다른 것들도 인식할 수 있다. 이를테면 무릎에 앉은 고양이를 쓰다듬고 있는데, 등이 아플 수도 있다. 이 때문에 이로운 경험이 없었던 것이 되지는 않는다. 두 가지(부정적인 측면과 긍정적인 측면, 고통스러운 것과 달콤한 것) 모두 진실이다. 좋은 것을 받아들이는 동안 나쁜 것을 그대로 둘 수도 있는 것이다.

이는 긍정적인 사고가 아니다. 현실적인 생각이다. 자신을 둘러싼 세계를 구성하는 조각 전체와 경험의 복잡함을 보는 것이다. 하지만 뇌는 그 조각의 좋은 것을 간과하는 반면 극히 일부인 나쁜 것을 바로잡으려고 한다.

●

스스로 보석 만들어보기

이미 존재하는 즐겁고 유용한 생각, 지각, 정서, 욕망, 행위를 알아차리는 것은 이로운 경험을 하는 주요한 방법이다. 그 경험이 지금 여기 있고, 실재한다. 왜 거기에서 무언가를 얻으려고 하지 않는가?

또한, 운동하거나 좋아하는 사람을 생각하는 것으로 이로운 경험을 생성할 수도 있다. 이러한 유형의 경험을 생성하는 데는 몇 가지 방법이 있다.

먼저, 좋은 일을 찾는 것이다. 좋은 일이란 자신은 물론이고 다른 사람의 행복과 안녕에도 도움이 되는 것이다. 여러 곳에서 이런 좋은 일을 찾을 수 있다. 현재 상황, 최근 있었던 일, 지속되는 환경, 과거, 다른 사람의 삶 등등. 내면에서도 좋은 사실을 찾을 수 있다. 자신의 재능과 능력, 선의에 대해 생각해보라. 그리고 아픔을 겪을 때 다른 사람의 친절이 눈에 들어오는 것처럼, 힘들 때 좋은 일을 발견할 수도 있다.

둘째, 좋은 일을 생성하려면 행동해야 한다. 좀 더 편안함을 느끼기 위해 의자를 옮기는 것처럼 말이다. 혹은 남의 말에 귀 기울여주는 것처럼 인간관계에 도움이 되는 일을 하거나 등등.

사실은 사실이다. 당신은 사실에 의존할 수 있다. 좋은 사실을 찾아내면 그에 대한 인식을 경험으로 구체화해야 한다. 사실이 정말 진실이라고 믿어야 한다. 사실을 인식하면서 감각을 의식한다. 몸이 부드러워지고 열리는 느낌에 집중하며 경험을 감정적으로 풍부하게 한다.

셋째, 마음 편하게 휴식하거나 분노한 마음을 진정시키는 등 긍정적인 경험을 상기시킨다. 경험에 의존하는 신경가소성의 특성 때문에 과거의 특정한 경험을 반복하여 내면화하면 점점 수월하게 할 수 있다.

기존의 경험을 인지하든 새 경험을 하든, 하루에는 이로운 생각과 지각, 정서, 욕망, 행위를 얻을 기회가 가득하다. 이것이 사실이라는 것을 아는 그 자체만으로도 좋은 경험이다.

경 험 이 지 속 적 인 가 치 를 갖 게 하 라

때로는 스쳐 가는 생각과 감정에서 우연히 깨달음을 얻기도 한다. 하지만 일과 중에 얻는 이로운 경험 대다수에는 차이가 없다. 관점에 변화가 생기거나, 심경 변화가 있거나, 내면의 자원을 습득하는 일은 없다.

오랫동안 치료사로 일하면서, 환자들이 어렵게 얻은 경험이 대부분 실질적인 개선으로 이어지지 않았다는 사실이 기억에 오래 남는다.

이는 그들의 잘못이 아니라 내 잘못이다. 나는 전문가들이 일반적으로 마음의 다양한 상태를 활성화하는 데 능숙하지만, 이러한 상태를 뇌에 이로운 특성으로 자리 잡게 하는 데는 서투르다고 생각한다. 결과적으로 최고의 개선은 유익한 경험을 할 수 있는 더 좋은 방법을 찾는 데 있지 않고, 그들이 이미 얻은 경험을 신경의 구조와 기능에 지속 가능한 변화로 잘 전환하는 데 있다.

자신을 위해서든, 남을 돕는 것이든, '자리 잡기'의 본질은 단순하다. 경험을 강화해서 흡수하는 것이다. 마음속에서 어떤 경험을 강화한다는 것은 그 경험을 계속 유지하고 충분히 느끼는 것을 뜻하고, 경험을 흡수한다는 것은 안으로 받아들이는 것과 비슷하다. 뇌에서 강화는 정신과 신경 활동의 특정 패턴을 새기는 반면, 흡수는 점화priming와 민감화sensitizing, 뇌의 기억 생성 효율성 강화 등을 포함한다.

이는 처음에는 추상적으로 보일 수도 있지만, 자연스럽고 직관적인 과정이다. 우리는 모두 방법을 알고 있다. 모두 자신의 내부로 받아들인 경험이 있다. 실제로, 이러한 과정은 보통 숨을 한두 번 쉬는 동안 금세 지나가며, 경험의 강화와 흡수는 함께 일어난다. 하지만 새로운 것을 배울 때는 구성 요소를 나눠 개별적으로 집중하는 것이 좋다. 그런 다음 하루를 보내며 자주 좋은 경험을 안으로 받아들인다면, 분해된 요소들은 다시 잘 모일 것이다.

●

경험 강화하기

경험을 강화하는 다섯 가지 방법이 있다.

1. 늘이기: 5초, 10초, 혹은 그 이상 경험에 집중한다. 뉴런이 서로 발
   화하는 시간이 길수록 연결될 가능성이 커진다. 산만해지지 않도
   록 경험에 집중하고, 딴생각이 나면 다시 경험으로 되돌아온다.
2. 심화하기: 경험에 마음을 열고, 마음속 큰 부분을 차지하게 둔다.
   숨을 크게 쉬거나 감정을 자극해 '부피'를 키운다.
3. 확장하기: 경험의 다른 요소들을 인식한다. 예를 들어, 유익한 생
   각을 하고 있다면 관련된 느낌과 정서를 찾아본다.
4. 새롭게 하기: 뇌는 새롭고 예상치 못한 것에서 학습하도록 설계되
   었다. 따라서 경험의 흥미로운 점과 색다른 점이 무엇인지 찾아본
   다. 그리고 그 경험이 처음이라고 상상한다.
5. 소중히 여기기: 우리는 개인적으로 관련이 있는 것에서 배운다. 그
   경험이 자신에게 중요한 이유, 문제가 되는 이유, 도움이 되는 이유
   를 의식한다.

다섯 가지 방법에서 하나만으로도 경험의 영향을 증가시킬 수 있
으며, 많을수록 영향은 커진다. 그렇지만 매번 모든 방법을 사용할 필요
는 없다. 잠시 집중하고, 몸으로 느낀 후, 다음 경험으로 넘어간다.

●

경험 흡수하기

세 가지 방법을 이용해 특정 경험의 흡수를 증가시킬 수 있다.

1. 받기로 마음을 정하기: 의식적으로 경험을 받아들이기로 한다.
2. 자신에게 들어오는 경험 느끼기: 경험은 따뜻하게 마음을 진정시켜주거나, 마음의 보석 상자에 든 보석이라고 생각한다. 마음의 자리를 내어주고 자신의 일부가 되게 한다.
3. 자신에게 보상하기: 즐거움과 위안, 도움, 희망을 주는 경험이면 무엇이든 관심을 기울인다. 그 경험은 신경전달물질 도파민과 노르에피네프린의 활동을 증가시킬 가능성이 높다.

HEAL의 첫 세 단계(이로운 경험 하기, 강화하기, 흡수하기)는 배움의 본질이다. 불에 비유하자면 세 단계는 불씨를 찾아 불 붙이기, 불이 꺼지지 않도록 연료 공급하기, 불의 따뜻함을 받아들이기라고 할 수 있다. 그러한 경험을 하루에도 여러 번 그때그때 상황에 따라 이용할 수 있다.

이것은 경험에 집착하는 것이 아니다. 의식의 흐름은 계속 변화하기 때문에, 변화하는 의식에 매달리는 것은 불행하고 고통스럽다. 하지만 이로운 경험이라면 무엇이든 받아들인다. 행복은 숲의 가장자리에서 바라보는 아름다운 야생동물과 같다. 잡으려고 하면 멀리 도망갈 것이다. 하지만 모닥불을 피워놓고 앉아 있으면 행복은 다가와 곁에 머물 것이다.

가 장 필 요 한 힘 기 르 기

부모님은 다정하고, 오랜 시간 최선을 다해 삶을 살아왔다. 하지만 나의 회피를 비롯한 여러 가지 이유 등으로 부모에게서 그다지 많은 공감을 경험하지 못했다. 아이들은 부모의 '공감'이 필요하지만, 나에게는 그러한 공감이 부족했다. 또한, 생일이 늦어 한 학년을 월반한 데다, 얼간이 같은 성격 때문에 학교에서 무시당하고 버림받은 경험이 많았다. 안전과 만족에 대한 내 욕구는 충분히 잘 해결되었다. 하지만 교감은 아니었다. 시간이 흐르면서 작은 일들이 쌓여갔다. 대학에 입학하기 위해 집을 떠나면서 마음에는 텅 비고 아픈 커다란 구멍이 생긴 것 같았다.

어떻게 해야 할지 몰랐다. 매사에 신중하고 마음을 단단히 잡으며 걱정을 떨쳐버렸다. 그럼에도 그 구멍을 메꾸지는 못했다. 대학 생활은 즐거웠고 성적도 좋았지만, 이 역시 내면을 텅 비게 했다. 마치 괴혈병에 걸려서 비타민 C가 필요한데, 비타민 A와 B를 섭취하는 것 같았다. 나름대로 좋은 영양소였지만, 내게 부족한 필수 영양소는 아니었다.

그러다가 1학년이 반쯤 지났을 때, 손을 흔들며 함께 밥을 먹자고 부르는 사람이나 수업을 들으러 가는 길에 친근하게 말을 거는 누군가를 마주하자 모든 것이 바뀌었다. 이것이 바로 비타민 C였다. 조금씩, 하루하루, 작은 경험이 점차 마음의 구멍을 메꾸기 시작했다.

그렇다면 당신의 비타민 C는 무엇인가?

●

주요 자원 찾기

세 가지 기본 욕구는 가장 중요한 내적 자원을 찾아내는 데 유용한 틀을 제공한다. 자신의 내적 자원이 무엇인지 알면, 이를 경험하고 성장시킬 기회를 매일 쉽게 발견할 수 있다.

문제를 명확히 규정하기

사람 사이의 갈등, 스트레스가 많은 일, 건강 문제 같은 외부적인 어려움이 있다고 생각해보자. 아니면 가혹한 자기비판 같은 내적인 어려움에 직면하고 있을 수도 있다. 때로는 연속으로 타격을 받기도 한다. 예를 들어, 누군가와의 긴장 관계가 잠자던 자기비판을 깨울 수도 있다.

그중 한 가지 문제를 선택한다. 그다음에 시급한 욕구가 무엇인지 안전, 만족, 교감의 관점에서 고려해본다. 한 가지 이상의 욕구가 있을 수도 있다. 하지만 대개 두드러지는 한 가지가 있다. 고통, 위협, 움직이지 못하는 증세(불안, 분노, 무기력 등과 함께 나타난다)는 안전에 위험이 있다는 단서이다. 목표를 달성하는 데 장애물이 나타나거나 실패, 재산 손실, 즐거움이 없는 생활 등(실망, 좌절, 지루함 등과 함께 나타난다)은 만족에 관리가 필요하다는 의미이다. 대인 갈등, 거부, 상실, 지위의 격하 등(외로움, 상처, 분노, 시기심, 무능함, 수치심 등과 함께 나타난다)은 교감이 필요하다는 신호이다. 사람들이 당신을 학대할 때 자신을 탓하는 등 특정한 욕구를 밀어내는 경향이 있다면, 이는 당신이 특정한 욕구를 간과하지 않는다는 것을 더욱 확신하는 일이다.

도움 되는 자원 찾기

어떤 욕구는 그것에 부합하는 내면의 힘으로 가장 잘 충족된다. 자동차에 가솔린이 부족할 때 필요한 것은 예비 타이어가 아니라 가솔린이다. 다음은 기본 욕구에 대한 주요 정신적 자원이다. 한 가지씩 살펴보자.

- 안전: 자신의 편에 서기, 결단력, 투지, 행위, 보호받는 느낌, 평온함, 조용함, 휴식, 평화
- 만족: 감사, 기쁨, 즐거움, 성취, 명확한 목표, 열광, 열정, 동기, 열망, 충분함, 안도
- 교감: 타인과 자신에 대한 연민, 공감, 친절, 자부심, 자기주장, 용서, 관용, 사랑

추워서 몸을 따뜻하게 해야 한다면 어떤 재킷이라도 괜찮을 것이다. 같은 식으로 위에 있는 어떤 자원이든 욕구와 관련되어 있다면 도움이 되는 것이 보통이다. 그리고 문제는 대개 내면의 힘과 결합하여 접근하는 것이 가장 좋다. 이는 특정 자원과 특정 문제를 밀접하게 짝을 짓는 것이 매우 유용하다는 말이다. 예를 들어, 나는 학교에 다니는 내내 몸집이 작았고 스포츠팀을 구성할 때 가장 늦게 선택되는 경우가 많았다. 창피함과 약함에 관한 오랜 감정은 등산하면서 발견한 재능과 강인함을 여러 차례 경험하여 치유되었다.

위에 나온 자원 가운데 눈에 띄는 것이 있는지 본 후, 다음 질문을 자신에게 해본다.

- 내 마음에 정신적 자원이 더 자주 나타난다면 정말 도움이 될까?
- 공감성 모드를 유지하는 데 도움 되는 내면의 힘은 어떤 것인가?
- 이 문제가 과거에 생겼다면 그 당시에 무엇이 정말 도움 되었을까?
- 마음 깊이 아직도 간절히 바라는 경험은 무엇인가?

이 질문에 대한 답은 가장 중요한 자원인 당신의 비타민 C를 가리킨다. 또한 이것을 기억해야 한다. 사랑은 멀티비타민이자 보편적인 약이다. 사랑은 안전하다는 느낌을 주고 깊은 만족을 준다. 그리고 우리가 서로 연결되어 있다는 느낌을 준다. 어떤 문제에 중요한 자원을 찾기가 어렵다고 하더라도 걱정하지 않아도 된다. 어떤 형태이든, 사랑을 시도해본다.

●

주요 자원 내면화하기

주요 내면의 힘을 찾아냈다면 HEAL 단계를 이용해 신경계에 자리 잡은 내면의 힘을 경험한다.

마음 한구석에 이미 이 자원에 대한 느낌이 있을지도 모른다. 그러면 그것을 인식하고 눈에 잘 띄는 곳으로 옮기기만 하면 된다. 가령 업무 성과에 자신이 없는데, 동료에게 존중을 받으려면 업무 성과가 높아야 한다는 것을 깨달았다고 가정해보자. 동료들이 실제로 당신을 인정하거나 당신에게 고마워해도 말이나 행동으로 표현하지 않을 수 있다.

또 이런 순간의 느낌은 당신의 인식을 금방 지나칠 수 있다. 그렇기에 이런 일이 일어난다면 이런 경험을 더 염두에 두어야 한다.

중요한 내적 자원에 대한 경험을 새롭게 만들 수도 있다. 예를 들어, 동료들에게 존중받는 느낌을 더 받고 싶다면 동지애를 느끼거나 상대를 인정해주는 말투를 쓰는 등 의도적으로 하는 것이다. 또한 회의 자리에서 소신대로 말하며 자신을 더 빛나게 하는 행동을 할 수도 있다. 내면의 힘을 경험할 자연스러운 기회를 만났다면, 속도를 낮추고 거기에 집중하여 이로운 경험이 되도록 한다.

자원을 경험하고 있다면 배움의 자리 잡기 단계로 넘어간다. 반복해서 말하자면 경험을 강화하려면 경험에 집중하고, 경험을 마음에 채우고, 경험의 새로운 점과 중요한 점은 무엇인지 탐구해야 한다. 또한 자신의 안으로 들어오는 것을 느끼며, 어떤 점이 즐거운지 찾아 흡수한다.

●

조건이 아닌 경험에 집중하기

주요 정신적 자원을 느끼고 성장시킬 수 있다면 이는 소중한 기회이다. 찾고자 하는 것이 어떤 경험인지 알고, 그런 경험을 찾는다면 실제로 그 경험을 받아들여야 한다.

자신의 자원을 사람, 상황, 외부 환경의 관점에서 생각하는 것은 당연하다. 하지만 이런 조건이 내면에 어떤 영향을 미칠지 생각해야 한다. 다른 것에 미치는 영향을 포함하여 외부 조건 자체를 살피는 것은 중요하다. 하지만 그것은 대개 소중한 경험의 실질적 목적을 위한 수단이다. 예를 들어, 어떤 사람이 연애 상대를 찾는다고 가정해보자. 누군가 이런 '조건'을 찾으려는 이유는 무엇일까? 적어도 부분적으로는 사랑과 자부심, 즐거움 등을 비롯한 다른 좋은 경험을 할 수 있기 때문이다. 분명한 사실은 우리가 자신과 타인을 위한 삶의 조건을 개선하려고 노력해야 한다는 것이다. 그런데, 이런 조건은 변하더라도 천천히 변화한다. 반면 수단에서 목적으로, 조건에서 경험으로 초점이 이동하면 많은 가능성이 열린다. 연애 상대가 없는 사람도 사랑, 자부심, 즐거움을 경험할 수 있는 다른 방법을 찾을 수 있는 것처럼 말이다.

연애 상대나 다른 외부적인 조건의 가치를 최소화하려는 것이 아니다. 하지만 그러한 조건이 바꿀 수 없는 것이라고 해도, 조건의 다른 측면을 경험할 수 있는 방법이 존재한다. 그리고 자원을 뇌 안에 내면화하는 측면에서는, 경험을 일깨우는 조건과 경험은 무관하다. 노래가 아이팟에서 재생되어 어떻게 나오는지와 무관하게 '녹음'할 수 있듯이 말이다. 다른 무엇보다 이것이 의미하는 것은 젊었을 때 잃어버렸을지도 모르는 주요한 경험 일부를 내면화할 수 있다는 것이다. 어린 시절의 조건이 이미 너무 오래되었을지라도.

조건과 경험, 수단과 목적의 이러한 차이는 매우 중요하다. 그 차이를 구별하지 못하면 많은 스트레스와 불행을 초래한다. 예를 들어, 어떤 사람이 새 자동차나 승진에 집착하고 그것을 얻는 데 사로잡혔다면 조건을 성취했을 때 어떤 욕구를 만족시키는지 보지 못한다. 또한 다른 방법으로 충족할 수 있는 욕구를 경험할 기회를 놓칠 수도 있다. 자동차 자체가 중요한가, 아니면 편안함과 안전성이 가장 소중한가? 승진 자체가 중요한 문제인가, 아니면 성공과 만족이 중요한 문제인가? 약간 달리 말하자면 자동차가 없거나 승진하지 못해서 행복하지 않은 것이 아니다. 사람들이 행복하지 않은 이유는 편안함과 안전, 성공, 만족을 느끼지 못하기 때문이다.

진정한 목적과 가장 중요한 경험이 무엇인지 안다면, 그러한 경험이 언제 일어나는지 찾거나 의도적으로 새로운 경험을 만들 수 있다. 어린 시절 부모에게 느끼던 사랑이나 사랑하는 연인이 간직한 감정처럼 중요한 경험의 모든 면을 샅샅이 경험할 수는 없다. 하지만 내면화할 수 있는 경험의 측면은 언제나 찾을 수 있다. 친구에게 느끼는 우정이나 동료의 인정처럼 말이다. 상처를 완전히 치유하거나 가슴에 뚫린 구멍을 모두 채울 수는 없을지도 모른다. 그래도, 없는 것보다는 조금이라도 있는 게 낫다. 그리고 당신이 받아들인 것들이 결국 원하는 모든 것을 얻는 데 도움 될지도 모른다.

꽃을 이용해 잡초를 뽑다

대학에서 선을 내 안에 받아들이기 시작했을 때, 때때로 나는 한 번에 두 가지를 느꼈다. 쓸모없다는 생각이 들다가도 의식할 때는 감사하다는 마음이 든 것이다. 이럴 때면 긍정적인 물질이 부정적인 물질에 닿아 점차 빈 곳을 채우고 오래된 상처를 어루만지는 느낌이 들었다.

이것이 HEAL에서 '연결 단계'의 핵심이며, 우리에게 일반적으로 일어난다. 무언가 걱정거리가 있을 때 친구에게 이야기하면 안심이 된다. 그리고 업무에 차질이 생겼을 때, 과거 성공적으로 일을 완수했던 기억을 떠올리면 기운을 얻는다. 또 아는 사람이 무례하게 굴어 마음의 상처가 생겼을 때 다정하게 대해준 할아버지를 떠올리면 마음의 위안을 받는다. 이렇게 마음을 괴롭히는 경험은 자연스럽게 늘 본질적으로 평온한 인식과 연결된다.

●

배움의 신경심리학 이용하기

연결은 강력한 방법이다. 뇌는 연상을 통해 학습하며, 긍정적인 것과 부정적인 것 두 가지를 동시에 인식하면 서로 영향을 미친다. 핵심은 이로운 것이 고통스럽거나 해로운 것보다 더 중요한 것으로 유지되어야 한다는 점이다. 그러면 부정적인 것이 긍정적인 것을 오염시키기보다, 긍정적인 것이 부정적인 것을 순화할 것이다.

스트레스를 유발하는 경험은 부적 편향에 의해 우선으로 뇌에, 그중에서도 암묵적 기억이라는 곳에 저장된다. 과거의 잔재가 현재의 자신에 영향을 미치면, 연결을 이용해 그 잔재를 감소시키거나 없앨 수 있다. 부정적인 경험이 기억 저장소에서 재활성화하면 불안정한 상태가 되어, 현재 인식 중인 긍정적인 경험에 노출된다. 그러면 부정적인 경험은 긍정적인 영향을 통합할 수 있는 재강화 과정을 거친다. 마음이라는 정원에서 HEAL 과정의 첫 세 단계는 꽃을 심고, 네 번째 단계는 그 꽃을 이용해 잡초를 뽑는다.

●

연결에 능숙해지기

'연결'하려면 두 가지를 동시에 인식할 수 있어야 하고, 긍정적인 경험을 더 두드러지게 유지하여 부정적인 경험에 이용당하지 않게 해야 한다. 마음 챙김 훈련은 이러한 일을 할 수 있는 능력을 키워준다. 부정적인 경험에 이끌린다면 그것을 버리고 긍정적인 경험에만 집중해야 한다. 나중에, 부정적인 경험을 돌아오게 하여 긍정적인 경험과 함께 인식할 수 있다. 연결의 경험은 대부분 상당히 짧아 30초 이하에서 끝나지만, 원한다면 더 오래 경험할 수 있다.

앞에서 살펴본 특정 문제와 관련된 주요 자원처럼, 부정적인 경험에 자연적으로 짝지어진 긍정적인 경험을 찾아보자. 예를 들어, 침착함에 관한 경험은 불안이나 긴장을 완화해주는 해독제이며, 현재의 소속감은 과거의 소외감을 치유하는 데 도움을 준다. 부정적인 경험이 어린 느낌이라면 긍정적인 경험의 비언어적이고, 부드럽고, 다정스러운 측면에 집중해야 한다.

연결을 시작하는 방법이 있다. 대개 주요 자원에 대한 감각처럼 긍정적인 것과 함께 시작할 것이다. 그런 긍정적인 경험을 하는 동안, 그 경험에 도움이 될 부정적인 경험을 떠올릴 수 있다. 다른 방법은 발표하기 전에 느끼는 불안처럼 불편하고 스트레스를 유발하거나, 해로운 무언가에서 시작한다. 내버려 두기, 놓아주기, 들어오게 하기 과정에서 원하는 만큼 자신의 느낌을 내버려 둔 다음에 놓아준다. 그러면 놓아준 것을 대체할 긍정적인 경험을 찾을 것이다. 지금까지 HEAL의 첫 세 단계만 이용했다. 원한다면 네 번째 단계로 넘어가 부정적인 경험을 뿌리째 뽑아버리기 위해 긍정적인 경험을 부정적인 경험의 잔재에 접촉하게 한다.

부정적인 경험을 다루는 데 주의해야 한다. 부정적인 경험이 너무 강력하다면, HEAL의 첫 세 단계를 통해서만 정신적 자원을 성장시켜 부정적인 경험을 해결한다. 그런 다음 준비가 되면 더욱 강해진 세 가지 방법을 이용해 긍정적인 경험과 연결할 수 있다.

인지하기

강력하지는 않지만 부정적인 경험을 사로잡는 가장 안전한 방법은 어렸을 때 부모를 잃었다는 사실처럼 그 부정적인 경험을 인지하기만 하는 것이다. 그 생각을 마음 한쪽 구석 '저 너머에' 둔다. 반면, 풍부하고 즐거운 긍정적인 경험은 가장 인지하기 좋은 '여기 이곳에' 놔둔다.

느끼기

다음은, 불편하지 않다면 부모를 잃은 상실감이나 슬픔처럼 부정적인 감정을 느낀다. 이러한 경험을 긍정적인 경험보다 작고, 희미하고,

덜 활발하게 유지해야 한다는 사실을 잊지 않는다. 부정적인 경험이 당신을 끌어들이면 긍정적인 경험에 다시 초점을 맞춘다.

안으로 들어가기

마지막으로 긍정적인 경험이 부정적인 경험과 접촉하며 뚫고 들어가는 것을 상상하거나 느끼는 것이다. 이것은 부정적인 경험을 잡는 가장 강력한 방법이다. 가장 효과적인 방법이지만, 가장 위험하기도 하다. 그러므로 부정적인 경험을 감당하기 어렵다면 관심을 다른 곳에 둔다.

긍정적인 경험이 마음속 구멍을 메우거나, 멍들고 상처받은 곳을 어루만져 주는 치료제처럼 고통을 줄여줄 수도 있다. 유용한 관점이 고통스러운 생각을 대체할 수 있다. 그리고 나이가 들었을 때의 경험이 어렸을 때의 경험을 유지하고, 위로하고, 안심시킬 수 있다.

연결할 때는 능력과 창의성이 있어야 한다. 이롭다면 무엇이든 마음에 퍼지도록 해야 한다. 상상력을 발휘하고, 직관에 따른다. 언젠가 내가 연결하고 있을 때는, 마음속 해변에서 사랑의 파도가 찰랑거리는 이미지가 떠오르기도 했다.

●

연결의 과정

다음은 해로운 생각이나, 부정적인 요소라고 부르는 것을 해결하기 위해 이용할 수 있는 과정을 확장한 것이다. 이 과정을 거치면서, 부정적인 요소와 연관시키고 싶은 긍정적인 요소(이로운 경험, 내면의 힘, 비타민 C)가 무엇인지 인지한다. 부정적인 요소를 감당하기 어려우면 버린다. 그리고 필요에 따라 이 훈련을 수정해야 한다는 것을 잊지 말아야 한다. 시간은 몇 분 이상 걸릴 것이며, 당신은 원하는 시간만큼 써도 된다.

1. 경험하기: 자신의 편에 서는 느낌을 떠올린다. 그런 다음 긍정적인 요소에 대한 새로운 경험을 시작한다. 그것을 정말로 경험했을 때 안전하고, 만족스럽고, 연결되었다고 느꼈던 순간을 기억할 수 있을 것이다. 혹은 자연스럽게 이러한 경험을 떠올리게 하는 환경이나 관계를 상상한다. 혹은 몸속에 있는 감각 기억에 빠져들어 직접 경험을 접할 수 있다. 아니면 긍정적인 요소를 경험할 수 있는 다른 방법을 사용한다.

2. 강화화기: 긍정적인 요소에 집중한다. 마음이 혼란스럽다면 긍정적인 요소로 돌아온다. 긍정적인 요소를 더 강하게 해서 의식을 채운다. 이러한 경험을 살펴보고, 몸속에서 감지하고, 감정적인 측면에 마음을 연다. 이 경험이 얼마나 유용한지, 중요한지, 소중한지 인식한다.

3. 흡수하기: 이 경험이 자신의 일부가 되도록 하고, 그것을 느낀다. 따뜻함을 자신의 안으로 받아들인다. 경험의 어떤 점이 좋고, 유익하며, 즐거운지 인지한다.

4. 연결하기: 준비가 되면 부정적인 요소는 옆으로 빠지고, 크고 많은 긍정적인 요소는 인식의 전경에 펼쳐진다. 그런데, 긍정적인

요소와 부정적인 요소를 동시에 인지할 수 있는지 봐야 한다. 부정적인 경험과 긍정적인 경험이 잠시 나란히 공존한다는 발상에 집중해보자. 감당하지 못할 정도가 아니라면 부정적인 경험을 더 많이 느낄 것이다. 하지만 부정적인 요소는 긍정적인 요소보다 작고 힘이 세지 않다. 다시 한번, 잠시 이것이 어떠한지 살펴보고, 계속 긍정적인 요소에 머물면서 강력한 이 요소의 감각을 도피처로 삼는다. 그와 동시에 인식의 배경에는 부정적인 요소의 느낌이 존재한다.

마지막으로 그것이 옳다고 생각한다면 긍정적인 요소가 부정적인 요소 안으로 들어간다고 상상해보자. 아마도 파도처럼 퍼져나가 슬프고 상처받은 부분을 어루만져줄 것이다. 부정적인 요소를 분석하거나 그에 관해 큰 의미를 부여하지 않는다. 최대한 경험적인 수준으로 유지한다. 부정적인 요소가 너무 커지거나 그 안에서 방향을 잡지 못한다면, 부정적인 요소는 버리고 긍정적인 요소에만 집중한다. 긍정적인 요소를 통해 회복할 때 원한다면 다시 부정적인 요소를 인식할 수 있을 것이다.

마무리하면서, 부정적인 요소는 놓아주고 긍정적인 요소에 머무르자. 그리고 긍정적인 요소를 즐겨라. 그러면 그것을 얻을 것이다.

✅ 우리는 배움을 통해 정신적 자원을 얻는다. 이것은 활성화와 자리 잡기의 두 단계로 일어난다. 먼저, 자원이나 관련 요소에 관한 경험이 있어야 한다. 그리고 두 번째는 그러한 경험이 반드시 신경 구조와 신경 기능의 영구적인 변화로 전환되어야 한다.

✅ 자리 잡기가 없다면 배움이나 치유, 성장은 없다. 자리 잡기의 개선은 성장곡선을 가파르게 해준다. 그리고 이러한 능력은 당신 내부에서 성장하고 싶은 모든 것에 적용할 수 있다.

✅ 이것은 긍정적인 사고에 관한 것이 아니다. 현실적인 사고에 관한 것이다. 현실의 전체 모자이크를 고통뿐만 아니라 즐겁고 유익한 부분을 통해 보는 것이다.

✅ HEAL로 요약할 수 있는 네 단계를 거쳐 내면의 힘을 키울 수 있다. 긍정적인(즐겁거나 이로운) 경험을 하고, 그 경험을 강화하고, 흡수하고, (선택적으로) 부정적인 요소와 연결한다.

✅ HEAL의 단계를 이용해 현재 가장 도움이 되는 정신적 자원을 성장시킬 수 있다. 세 가지 기본 욕구(안전, 만족, 교감)에 관한 틀을 이용해 자신에게 닥친 문제와 짝을 이루는 내면의 힘을 찾는다.

☑ 연결 단계는 긍정적인 심리적 요소를 이용해 부정적인 요소를 어루만지고, 줄여주고, 대체할 수도 있는 강력한 방법이다.

☑ 우리는 배우는 방법을 배울 수 있다. 배움은 다른 모든 내면의 힘을 성장시키는 내면의 힘이다.

PART 2

자원 모으기

투지

갑작스러운 난관에도 당황하지 않는 법

강인함은 육체가 아니라 정신과 마음에서 나온다.

- 알렉스 카라스

투지가 있는 사람은 끈질기고 강인하다. 투지는 다른 힘이 모두 소진되더라도 마지막까지 남아 있다. 투지마저 사라진다면 큰 문제에 당면하게 된다.

어느 해 겨울 밥이라는 친구와 함께 캠핑을 갔을 때, 나는 투지에 관한 오싹한 교훈을 얻었다. 우리는 스노슈즈를 신고 세쿼이아 국립공원 근방 외딴 지역의 눈이 수북이 쌓인 길을 묵묵히 걸어 올라가고 있었다. 원시림을 비롯한 극한적인 환경에서의 경험을 이미 겪었기에, 우리 모두 인내심이 상당한 수준에 도달해 있었다. 게다가 별일 없을 것이라는 자신감도 있었다. 선천적으로 활기가 넘쳤던 밥은 앞장서서 오솔길을 헤치며 나아갔다. 날이 어두워져 텐트를 쳐야 했지만, 둘 다 기운이 없었다. 그리고 밥이 심하게 몸을 떨기 시작했다. 제대로 쉬지도 않고 너무 많은 힘을 쏟아부은 바람에 저체온증에 걸리고 말았다. 사실상 밥은 투지가 바닥나 안전에 대한 욕구가 사라질 상황에 처해 있었다. 기온은 빠르게 떨어졌고, 나는 급속도로 힘이 빠지기 시작했다. 우리는 서둘러 텐트를 설치하고 취사도구를 이용해 불을 붙여 따뜻한 물과 음식을 섭취했다.

곧 밥은 이를 부딪치며 떨기를 멈추었고, 얼마 지난 뒤 우리 몸은 정상으로 돌아오기 시작했다. 기나긴 추운 밤을 보낸 뒤 아침이 되어 텐트를 걷고, 천천히 왔던 길을 되돌아갔다. 이번에는 우리 내면에 있는 것이 모두 소진되지 않도록 훨씬 조심했다.

이 이야기는 기존의 난관이나, 혹은 갑자기 들이닥치는 난관을 해결해야 할 때는 무엇보다도 투지가 있어야 한다는 인상적인 교훈을 말한다. 밥과 내가 경험이나 훈련을 통해서 투지를 키우지 않았다면, 중대한 사고가 날 수도 있었다. 그리고 나는 이 일로 투지가 바닥나지 않게 관리하는 것이 얼마나 중요한지를 정신이 번쩍 들 만큼 크게 깨달았다.

투지의 토대가 되는 것이 몇 가지 있다. 내면의 투지를 키우고 재충전하기 위해 먼저 '행위agency'에 대해 알아볼 것이다. 행위는 우리가 무기력해지지 않고 일할 수 있게 해준다. 그리고 인내와 지독한 집념 등을 포함한 결단력의 다양한 측면을 볼 것이다. 마지막으로 육체를 수용하고 인정하여 생기를 키우는 방법을 다룬다.

행 위 없 이 어 떤 일 도 할 수 없 다

행위는 결과보다는 원인이 되는 의식이다. 행위는 자신의 의도에 따라 빨간 스웨터 대신 파란 스웨터를 고르거나, 누군가에게 "아냐, 내 생각은 달라"라고 말하며 자신의 의견과 생각을 표현할 때 나타난다. 행위는 수동적이기보다는 능동적이며, 휩쓸리지 않고 주도권을 쥐고 자기 인생의 방향을 결정한다. 행위는 투지의 핵심이다. 행위가 없으면 어떤 일에 대처하기 위한 내면의 자원을 움직일 수가 없기 때문이다. 쓰러졌을 때, 바닥에서 일어나는 순간에 우리는 먼저 행위에 의존한다.

●

무기력 해소하기

행위는 무기력의 반대이다. 마틴 셀리그만이 연구한 바에 따르면 무력감, 부동화, 패배 등을 경험할 때 '학습된 무기력learned helplessness'이 생기기 쉽다고 한다. 괴롭힘을 당하는 어린아이나 폭행을 당한 성인의 경우를 생각해보라. 혹은 규모가 축소된 기업에서 세 사람 몫의 일을 하느라 애쓰는 사람처럼 자원에 비해 책임이 지나치게 무거운 환경도 생각할 수 있다. 미묘한 형태의 무력감도 점점 사람을 지치게 한다. 상대가 지속적으로 자신을 이해해주고 관심을 주길 끊임없이 바라다가 결국 포기하는 사람도 그러한 예가 될 수 있다. 비관과 허무 그리고 절망 등이 커지면 침울해지고, 대응이 느려지며, 야망이 사라진다. 이것들은 우울증의 주요 위험 요인이다.

　한차례의 무기력한 경험을 상쇄하려면 행위에 관한 경험이 필요하다. 이는 뇌의 부적 편향에 대한 또 다른 사례이다. 무기력을 예방하거나 이미 학습된 무기력을 점차 없애나가려면 우선 당신이 선택하거나 결과에 영향을 미치는 일을 찾는다. 그런 다음 자신에게 집중하며 스스로 능동적 행위자, 못이 아닌 망치가 되었다고 생각한다. 특히 활기차고 능동적인 일을 찾아보자. 체육관에서 역기를 마지막으로 한 번 더 들어올리거나 요가 자세를 10초 더 오래 하기로 결심하는 것도 괜찮다. 남들과 함께 일하면서 이만하면 충분하니 그만하기로 결정하는 것도 좋다. 회의 시간에 다른 사람이 자신의 아이디어를 제대로 이해하지 못하고 무시했을 때, 다시 한번 손을 들고 의견을 말하는 것도 좋을 것이다.

　살다 보면 한발 물러나 당면한 문제(인간관계, 생활환경, 양육 등)를 날카롭게 관찰하고 중대한 변화가 필요하다는 것을 마음 깊이 깨달을 때가 있다. 그것이 힘들고 고통스러울 수도 있지만, 우리는 변화를 선택한다. 이것 역시 행위이다.

●

행위의 제약

　선택할 수 있는 경우의 수가 매우 적다면, 할 수 있는 작은 일을 찾아서 우리가 행사할 수 있는 행위를 느끼는 데 집중한다. 예를 들어, 건강이 좋지 않다면 그와 관련된 내용을 온라인으로 찾아 배운다. 가족과

토론할 때 할 말은 하고, 하지 말아야 할 말은 하지 않는지 스스로 결정하는가? 짊어진 부담이 클수록, 우리가 행사할 수 있는 행위를 느낄 방법을 찾는 것이 중요하다.

우리가 말과 행동을 이용해 '저 너머', 외부에 힘을 행사할 수 없다면 보통 '여기 이곳', 마음에 힘을 행사한다. 만일 육체적으로나 감정적으로 엄청나게 고통스럽지 않다면 우리에게는 더 즐겁고 유용한 곳으로 관심을 돌릴 힘이 있다.

치과에서 치료받을 때, 나는 일부러 요세미티 국립공원에 있는 고산지대를 걷던 기억을 떠올린다. 또한 상황과 관계에 대한 사고방식에 영향력(특정한 사건에 대해 상대적 중요성을 이해할 수 있는 능력이 있다면)을 행사할 수도 있다. 외부의 영향력이 적을수록, 내부에 행사하는 행위의 중요성은 커진다. 의도적으로 내부에 힘을 행사한다면, 사실을 인식하고 힘을 행사하기로 한 느낌을 기억해둔다.

사람에게는 많은 일이 일어난다. 우리는 그런 일에 반응하는 방식을 통해 행사하는 행위를 느낄 수 있다. 만일 끔찍하고 무서운 환경에서도 그러한 경험을 할 수 있다면 일상에서도 가능할 것이다. 빅터 프랭클이 홀로코스트에서 살아남은 뒤 썼던 다음 글을 생각해보자.

"강제수용소에서 살던 우리는 막사 사이를 걸어가며 사람들을 위로하기 위해 마지막 빵 조각을 나눠주던 사람들을 기억한다. 그들은 수는 적었을지 모르지만, 인간에게서 모든 것을 빼앗아 가더라도 단 한 가지는 빼앗지 못한다는 사실을 증명하고 있다. 그것은 어떤 환경에서도 자신만의 태도와 삶의 방식을 선택할 수 있는 인간의 마지막 자유이다."

●

원인 살피기

우리가 행위를 할 수 없는 곳보다, 행위를 할 수 있는 곳에 집중하는 것은 당연한 일이다. 예를 들어, 우리 집 뒤뜰에는 몇 년 동안 가지를 치고 물을 주며 보살폈던 오래된 사과나무 한 그루가 있다. 하지만 사과는 열리지 않는다. 대체로 이와 비슷하게, 인생에는 원인을 살필 수 있을 뿐, 결과를 마음대로 하지 못하는 일이 많다. 아이들을 양육하고 지도할 수는 있지만, 나중에 어른이 되어서 무엇을 하도록 강제할 수는 없다. 우리는 품위를 잃지 않고 다른 사람에게 다정하게 대할 수 있지만, 그들이 우리를 사랑하게 할 수는 없다. 영양가 있는 음식을 먹고, 운동하고, 병원에 갈 수는 있지만, 어쨌든 병에 걸리는 것을 완전히 막을 방법은 없다. 우리가 할 수 있는 것은 사과나무에 물을 주는 일뿐이다.

원하는 것을 직접 만들 수는 없을지 모르지만, 원하는 것이 만들어지는 잠재적 과정을 응원할 수는 있다. 이것을 인지하면 책임감과 평온함이 찾아온다. 책임감의 측면에서 볼 때, 영향을 미치는 원인을 살피고 가진 힘을 행사하는 것은 우리 모두에게 달려 있다. 시간을 들여 건강과 인간관계 등 삶의 주요 영역을 살펴보고, 개선하기 위해서 할 수 있는 간단하고 현실적인 것을 찾아보자. 아침을 든든하게 먹고, 적어도 한 시간에 한 번씩 책상에서 일어나고, 제시간에 잠자리에 든다면 큰 변화가 생길 수 있다. 잠시 일에서 벗어나 친구의 말을 들어주는 것만으로도 관계에 도움을 줄 수 있듯이 말이다. 겉보기에 작은 것이 종종 대단한 결과의 원인이 되기도 한다. 이런 식으로 자신의 인생을 생각할 때 더 많은 살핌이 필요한 무언가를 본다면, 그 무언가를 강화하고 흡수하고 싶은 생각이 들 때까지 있다가 행동으로 옮기도록 한다. 하루를 마칠 때마다 최선을 다했는지 마음속 깊이 생각해야 한다.

한편, 더 큰 평온함을 즐긴다. 많은 사람이 씨앗에서 사과가 나온다고 주장하며 인생을 살아간다. 그리하면 특정 결과에만 집중하여, 결과가 다르게 나오면 좌절하고 자책한다. 사실 이 순간 수많은 원인이 나오지만, 대부분 누구의 통제도 받지 않는다. 처음에는 이런 사실을 인식하고 인정하는 것이 마치 강을 따라 휩쓸려 떠내려가는 것처럼 놀랄 수도 있다. 하지만 익숙해지면 긴장과 압박이 완화되고 평정심을 느낀다.

힘 겨 운 일 을 견 뎌 내 는 힘

힘겨운 일은 모든 사람에게 일어난다. 결단력은 힘겨운 일을 인내하고, 대처하고, 극복하기 위한 불굴의 힘이다. 사람은 다치기도 하고, 약해질 때도 있고, 매우 단호해지기도 한다. 사실 내가 아는 단호한 사람들은, 끔찍한 가난에서 벗어나려고 일하는 젊은 친구나 점점 없어지는 미래를 되찾으려는 다른 친구처럼 무거운 짐을 지고 살아가는 사람 중에 있다. 결단력이란 말이 무겁게 들리기도 하지만, 사실 재미있고 부담 없는 것일 수도 있다.

결단력에는 네 가지 측면이 있다. 결심, 인내, 지속, 치열함이다.

HEAL 단계를 이용해 이 측면들을 더 강한 결단력으로 바꿀 수 있다.

●

결심

결심하려면 목표가 있어야 한다. 목표가 없으면 엔진은 크지만 목적지가 없는 자동차와 마찬가지이다. 결심이 어떤 것인지 구체적으로 알고 싶다면 진지하게 목표를 세우던 때를 생각해보라. 무언가에 완전히 몰입했을 때의 표정은 어떠한가? 진지해질 때는 언제인가? 당신에게서 강철 같은 목표를 가진 사람의 진지함이 있을 수도 있다. 결심할 때는, 그 마음을 10여 초 혹은 그 이상 속에 간직해야 한다. 훨씬 단단하고 단호해질 수 있도록 말이다.

목표를 추구할 때는 당연히 융통성이 있어야 한다. 사소한 일에 너무 깐깐하게 굴면 수단에 집착하게 되어 목적을 잊을 수도 있다. 진정한 결심은 항해와 같아서 목적지까지 가기 위해 바람 속에서 이리저리 방향을 바꾼다. 목적지까지 이어지는 길은 따뜻한 마음과 함께 해야 한다.

결심에는 열정이나 치열함은 물론 즐거움까지 수반한다. '해야' 하는 일에 대해 생각하되, 그 일만 붙잡고 있지 말아야 한다. 잠시 시간을 들여 진심으로 그 일을 하는 상상을 해보자. 이런 상상을 하며 사명감이 자연스럽게 커지는 데 주목한다. 이처럼 더 커진 결심이 당신 안으로 스며들게 한다.

인내

십 대 시절 좀처럼 잊을 수 없는 경험을 한 적이 있다. 밤늦게 아파트에서 아래를 내려다보는데, 한 인부가 인도를 따라 터벅터벅 걸어가고 있었다. 집에 가는 길인지 교대 근무를 하러 가는 길인지는 알 수 없었지만, 어쨌거나 지쳐 보였다. 발이 아픈 상황일 수도 있었고, 다른 인생을 살고 싶었는지도 모른다. 하지만 그는 계속 걸어갔다. 그를 보고 있으니 올바르게 살면서, 자기 의무를 다하고, 한 걸음 한 걸음 묵묵히 발을 옮기는 여러 사람이 떠올랐다.

내 인생에서 일어난 수많은 실수의 원인은 참을성이 없었기 때문이다. 너무 오래 걸린다고 짜증을 내고, 서두르라고 닦달하고, 성급하게 단정을 내렸다. 인내는 현실적인 문제를 무시하라는 의미는 아니지만, 인생은 지연과 불편으로 가득하다. 때로는 그냥 기다리는 수밖에 없다.

인내는 그리 대단치 않은 미덕처럼 들리지만, 정신 건강과 세속적인 성공에서 주요한 요소의 두 가지 본질이다. 첫 번째는 기쁨의 지연, 즉 미래의 더 큰 보상을 위해서 즉각적인 보상을 기꺼이 미루는 것이다. 두 번째는 고통의 용인, 즉 과식이나 술처럼 나쁜 일을 더 악화시키지 않으면서 고통스러운 경험을 참는 능력이다.

자기 인생에서 좌절과 분노를 느꼈던 때를 떠올려본 다음, 인내할 수 있는지 생각해본다. 더 참는 것은 어떤 기분일까? 스트레스와 고통을 참으며 한 단계, 한 단계 있는 그대로 받아들이는 느낌일까? 인내하는 데 어떤 마음이 도움 될까? 당신은 원하는 것을 얻지 못할 때조차, 아무런 문제 없이 살아 있다는 느낌에 집중한다. 짜증을 고의로 버리고 참아내는 것이 무엇이든 인생 전체로 보면 아주 짧은 순간에 불과하다는 사실을 유념한다. 인내심이 더 있었더라면 어떤 좋은 결과가 나왔을까? 아마도 기분이 더 좋아지고 더 유능해져 다른 사람이 행복해지는 데 도움을 주었을지도 모른다. 인내를 경험할 때 HEAL의 흡수 단계를 이용해, 실제로 인내심이 강해진다는 느낌으로 그것을 당신 안으로 받아들이도록 한다. 그리고 연결 단계를 이용해, 인내와 좌절을 모두 의식에 붙잡아두고 긴장하거나 자극받은 부분을 완화한다.

●

지속

여러 문화권에서 다음과 거의 유사한 우화를 볼 수 있다. 옛날 옛적에 개구리들이 크림이 가득 있는 양동이로 떨어졌다. 가파른 벽 때문에 탈출하지 못한 개구리들은 결국 포기해 크림에 빠져 죽었다. 하지만 한 마리는 계속 떠 있을 수 있게 요령껏 다리를 움직이며 헤엄을 치고 있었다. 그리고 천천히, 아주 천천히, 개구리가 휘저은 크림은 딱딱한 버터로 변했다. 그러자 개구리는 버터를 밟고 양동이를 폴짝 뛰어넘어 밖으로 나가 행복하게 오래오래 살았다.

나는 이 이야기가 좋다. 무슨 일이 있더라도 비록 마음속에서만은 자신을 포기하지 않고 버틴다는 발상이 좋다. 비록 노력의 대가가 없다고 하더라도 자신우 노력했으며, 그러한 노력 자체가 존중받을 만하고 위안을 준다는 사실을 마음속으로는 깨달을 것이다.

대부분 차이는 일반적으로 작고 평범하고 한결같은 노력이 오랫동안 지속될 때 나타난다. 부두에 정박한 커다란 배를 물에 띄우고 싶다고 생각해보자. 전속력으로 달려가 배에 부딪힌다고 해도 아프기만 하지 효과는 거의 없을 것이다. 부두 끝에 서서 배에 기대어 계속 버티면 어떨까?

인생에 계속해서 기대어야 할 만큼 중요한 것이 있을까? 규칙적인 운동, 명상, 배우자나 십 대 자녀와의 점진적인 관계 회복 등이 계속할 만한 일인지 모른다. 작은 행위가 지속되어야 큰 업적을 이룰 수 있다. 가령 책을 쓴다고 해보자. 그런데 도저히 엄두가 나지 않는다. 그럼 하루에 두 장씩 써본다. 며칠 동안 이런 식으로 계속한다. 1년이면 수백 장으로 불어나 책 한 권이 나올 것이다.

때로 지속해야 하는 가장 중요한 것은 생각과 감정이다. 아는 사람 중에는 험난한 외부 환경(이를테면 위험도가 높은 직업)에 맞서 용감하게 앞장서면서도, 여린 마음 때문에 그만둔 사람이 있다. 여기서도, 한 걸음 한 걸음이 더해져 변화가 생긴다. 평소보다 길게 심호흡하면서 두려운 마음에 집중한다. 혹은 다른 사람에게 자신을 솔직하게 털어놓으려고 노력한다. 그리고 결과에 주목한다. 나쁜 일은 거의 일어나지 않는다. 사실 기분이 좋아지고 다른 사람도 좋아할 것이다. 그런 다음 약간의 위험을 무릅썼더니 결과적으로 느낌이 좋았다는 내용을 마음속에 기록한다. 이것을 기반으로 삼아 다음 걸음을 내딛는다. 그리고 계속한다.

●

치열함

결단을 내릴 때는 내면에 있는 오래된 야생의 본능을 이끌어내야 한다. 19살 때 초등학교 학생들이 요세미티 고지대를 지나는 산행을 도우면서 깜짝 놀랄 만한 경험을 했다.

늦은 봄이었지만, 밤은 여전히 몹시 추웠다. 우리는 강가에 무질서하게 펼쳐진 커다란 바위 사이에서 점심을 먹고, 계속해서 걸었다. 2, 3 킬로미터 지났을 때, 한 아이가 점심을 먹었던 곳에 재킷을 놓고 온 것을 깨달았다. 그래서 내가 재킷을 가져올 테니 저녁 식사를 할 야영지에서 만나자고 일행에게 말했다. 나는 배낭을 내려놓고, 바위가 있는 곳으로 돌아가 재킷을 찾아냈다. 그런데 돌아가려고 하니 길을 찾을 수가 없었다. 사방을 살펴보았지만 바위와 나무, 험난한 지대만이 펼쳐져 있었다. 입은 옷이라고는 티셔츠 한 장뿐이었으며, 물도 음식도 없이 밤이 다가오고 있었다. 공황 상태에 빠지기 시작했다.

그때 기이한 생각이 들기 시작했다. 살아 돌아갈 수만 있다면 무슨 일이든 하겠다는 생각이었다. 잔인하거나 악한 것이 아니라 굶주린 매 한 마리가 토끼를 덮치려고 하강하는 것처럼 살기 위해 치열하게 사력을 다하는 동물의 강렬함 같은 것이었다. 그 강렬함은 공황 상태를 가라앉혔고, 희미한 길의 흔적을 찾을 힘을 주었다. 마침내 길을 찾았고 긴 시간을 걸어간 끝에 밤늦게 일행과 합류할 수 있었다.

이 상황을 견뎌내야 한다는 치열한 의지는 내 곁을 떠나지 않았다. 그 덕분에 포기할 위기를 여러 번 넘길 수 있었다. 역설적으로 필요하다면 그곳에 갈 수 있다는 믿음만으로도 이런 상황을 견딜 수 있었다. 결과적으로 동물적인 본능 덕분에 문명에 머무는 것이다. 우리는 동물이다. 먹이사슬의 가장 높은 곳에 오를 만큼 강하고 끈질긴 동물이다. 심리학이나 종교, 자녀 양육에 관한 설명을 보면, 모든 사람의 마음속 깊은 곳에는 더러운 괴물로 가득하다는 생각이 들 것이다. 물론 우리는 자신을 통제해야 한다. 하지만 내면에 있는 이 괴물을 두려워하거나 수치스러워해서는 안 된다.

좋았던 경험 가운데 격렬하고 강해졌던 경험을 떠올려보자. 아마도 험난한 곳을 헤치고 나아가거나, 위급한 상황을 처리하면서 겪었던 경험일 것이다. 그러한 강렬함이 현재 처한 힘겨운 상황에 어떤 도움이 될지, 어떤 기분이 들지 생각해보자. 돌이켜보면 나는 지나치게 순종적이었고 신중했던 적이 많았다. 나처럼 내면의 문을 열고 크게 도움을 주는 것에 의지하기를 바란다.

우 리 몸 을 친 구 처 럼 대 하 라

생각과 느낌은 육체의 감각과 운동에 기반을 둔다. 이를테면 심리학자들은 어린이의 인지 발달은 감각 운동 활동으로 형성되며, 성인의 관점과 기분은 쾌락과 고통, 힘과 피로, 건강과 질병에 큰 영향을 받는다는 점을 발견했다. 이와 비슷하게, 몸을 어떻게 느끼고 대하는지는 우리에게 큰 영향을 미친다. 나는 몇 년 동안 매일 오르막길을 달리는 말에게 박차를 가하듯 몸을 혹사하면서도 몸이 너무 말랐다, 너무 뚱뚱하다, 이렇다, 저렇다고 생각하며 살았다. 자신의 몸을 좋아하지 않는다면 몸을 돌보기는 어렵다. 생기는 사라지고, 이로 인해 투지와 회복탄력성도 줄어든다. 우리는 몸을 받아들이고 몸에 감사해하며 돌봐야 한다. 그리고 한 번 쓰고 버리는 물건이 아니라 친구처럼 대해야 한다.

●

내 몸 받아들이기

자신의 몸을 어떻게 생각하는가? 많은 사람이 자신의 몸을 비하하거나, 쑥스러워하거나, 수치스러워한다. 한 가지 이유는 우리는 어린 시절부터 줄곧 소년이나 소녀, 남성이나 여성, 보통 사람의 외모가 어때야 한다는 것에 대해 수없이 많은 말을 듣기 때문이다. 부모나 학교 친구는 물론이고, 광고와 미디어에서 보고 들은 것을 생각해보라.

이러한 기준을 충족할 수 있는 사람은 거의 없다. 하지만 우리는 어쨌든 거울을 보며 스스로 평가하고 압박하고 수치스러워하며, 그러한 기준을 내면화한다. 그러고는 너무나도 쉽게 음식이나 운동에 집착하고, 요요 현상을 경험하고, 섭식장애까지 일으킨다.

자신의 몸을 받아들이기 위해, 먼저 좋아하고 존중하는 사람을 몇몇 떠올려보자. 그들의 외모가 당신에게 얼마나 중요한가? 아마도 별로 중요하지 않을 것이다. 새로운 사람을 만나는 경우도 생각해보자. 아마 1분도 지나지 않아 외모에 대해 깊이 생각하지 않을 것이다. 우리는 남들이 우리 외모를 어떻게 생각할지 걱정하지만, 일반적으로 사람들은 우리가 남의 외모를 생각하는 만큼만 생각한다. 전혀 하지 않는다는 뜻이다.

당신의 외모가 대부분 사람에게 중요하지 않다는 사실을 알게 되니 기분이 어떠한가? 잠시 이런 생각을 하면서, 이러한 깨달음을 당신 안에 자리 잡게 한다. 당신의 몸무게를 흉보는 사람이 신경 쓰인다면, 대부분 사람이 당신을 어떻게 생각하는지 다시 떠올린다. 다른 사람이 당신 외모를 받아들인다는 사실을 굳게 믿도록 한다.

그런 다음, 다음 단계로 넘어가 다른 사람처럼 자신의 몸을 받아들일 수 있는지 확인한다. 건강에 관한 현실적인 목표를 설정하는 것이 좋다. 그동안, 있는 그대로 자신의 몸을 받아들인다. 손가락이나 눈처럼 당신이 좋아하는 몸 일부를 고른다. 이를 인정하고, 인정하는 그 느낌을 받아들인다.

그리고, 발부터 시작하여 체계적으로 몸의 주요 부분을 하나씩 받아들이려고 노력한다. 거울을 이용해 자신을 직접 바라보거나 자신의 여러 부분을 떠올린다. 또한 받아들이는 데 도움이 되는 행동을 한다. 만일 어떤 부분을 인정하지 못하겠다면 다른 부분으로 넘어간다. 자신의 몸을 인정하는 느낌을 커지게 해 마음에 퍼지게 한다. 긴장을 풀고 비판하려는 마음을 놓아버린다. 연결 단계를 통해 몸을 인정함으로써 자기비판을 줄일 수 있다.

몸 의 중 요 성 인 정 하 기

몸을 받아들이는 것 외에도, 몸의 중요성을 인정하는가? 가령 몸은 물론이고 재능이나 능력, 착한 심성 등이 나와 비슷한 친구가 있다고 가정해보자. 또한 이 친구가 어떤 식으로든 몸에 집착하고, 몸을 부끄러워하고, 몸에 대해 까다롭게 군다고 가정해보자. 이 친구에게 해줄 만한 합리적이고, 사려 깊고, 용기를 북돋아 줄 몇 가지 말을 생각한다. 원한다면 글로 써도 된다. 그런 다음 내면의 자신에게 그 말을 들려주거나, 큰소리로 말한다.

●

내 몸 양육하기

육체의 건강은 회복탄력성에 어마어마한 도움이 된다. 가장 큰 안전의 위협은 육체에 대한 위협이다. 심리학자로서 의학적인 조언을 하지는 않지만, 상식적인 것을 말하고자 한다.

- 균형 잡힌 영양가 있는 식사를 한다.
- 수면을 잘 취한다.
- 규칙적으로 운동한다.
- 술을 줄이거나 끊는다.
- 건강에 문제가 있는지 미리 살펴보고 치료한다.

사람은 대부분 무엇을 해야 하는지 안다. 중요한 것은 행동하고 결정하는 것이다. 바로 위에 있는 항목을 살펴보고 당신에게 해당하는 행동이 있는지 살펴본다. 해야 하지만 하지 않는 항목이 있다면 잠시 그 결과에 대해서 생각해본다. 그 결과는 평범한 하루의 기분에 어떤 영향을 미칠까? 다른 사람에게는 어떤 영향을 끼칠까? 1년 또는 10년, 혹은 20년 후에 어떤 영향을 줄까? 얼마나 오랫동안 잘 살고 싶은지에 대한 생각은 어떻게 달라질까?

사람들은 흔히 건강을 위한 행동을 미룬다. "내일부터 시작할 거야"라고 말하는 것은 너무나도 쉬운 일이다. 하지만 내일이 쌓여 몇 년이 지나간다. 그때 큰 병이나 심각한 스트레스 같은 것이 약해진 몸에 나타난다. 삶의 질을 높이기 위해 변화가 필요하다는 사실은 두려운 일이 아니라 동기부여를 해주는 일이다.

그러한 변화가 일어나면 어떤 기분이 들지 상상해보라. 또한 몸의 건강과 에너지를 생각해보라. 변화를 계속할 것인지 확신이 없다면, 변화 후 얻을 다양한 보상에 다시 관심을 둔다. 경험을 강화하기 위해 HEAL 강화 단계의 다섯 가지 측면 중 한두 가지를 이용한다. 경험에 집중하며, 마음을 열고, 경험의 다른 부분을 인식하고, 새롭거나 신선한 경험을 찾고, 그 경험이 개인적으로 얼마나 소중한지 깨닫는다. 이 모든 것이 동기를 유발해 새로운 행동에 뇌가 관심을 기울이도록 한다.

물론 변화해야 한다. 자신을 도와줄 단순하면서 실용적인 방법을 찾는다. 예를 들어, 탄수화물 섭취를 줄이고 싶다면 샐러드에 약간의 단백질을 곁들인 점심을 먹는다. 하지만 도넛 한 상자를 집에 가져와서는 안 된다. 잠을 더 자고 싶다면 늦어도 10시에는 텔레비전을 꺼야 한다. 운동이 더 필요하다면 친구와 함께 산책을 시작하라. 술의 유혹을 견디고 싶으면 집에서 모두 치워버린다. 그리고 행동으로 옮길 때는, 아무리 사소한 일이라도 잠시 멈추고 이 행동으로 얻을 보상을 구체적으로 상상해본다.

새로운 건강 습관 들이기의 어려움을 무시하는 것이 아니다. 나 역시 어려움을 겪었다. 하지만 다음 세 가지 방법을 이용해 '원인에 관심을' 기울이면 성공 확률이 매우 높아진다. 변화의 욕구를 인지하여, 적절한 조치를 하고, 자신이 얻은 보상의 경험을 내면화하는 것이다. 계속해서 나무에 물을 주면, 나무가 맛있는 과일을 선사할 가능성이 높아진다.

✅ 위기에 빠지거나, 무력해지거나, 패배한 경험 몇 번만으로도 대응력과 의욕을 약화하는 '학습된 무기력' 상태가 될 수 있다. 그리고 이런 상태는 우울증의 위험 요인이다. 그러므로 특히 도전적인 환경이나 관계에 처할 때는, 비록 마음속에서만이라도 자신이 할 수 있는 일을 찾아보는 것이 중요하다.

✅ 많은 경우, 원인에 관심을 둘 수 있지만 결과를 통제할 수는 없다. 이것을 인지하면 책임감과 내면의 평온함이 커진다.

✅ HEAL 단계를 이용해 인정과 인내, 지속의 경험을 내면화한다.

✅ 정신 건강은 때로 우리의 원초적이고 동물적인 본능을 억압하는 것으로 표현된다. 하지만 그리하면 자아의 야성적이고 경이로운 부분은 갇히고 만다. 강렬한 야생의 힘은 인간의 회복탄력성을 키워준다.

✅ 자신이 몸을 어떻게 느끼고 대하는지에 따라 건강과 활력에 영향을 미친다. 그리고 건강과 활력은 다시 사고와 감정 그리고 행동에 영향을 미친다.

✅ 모든 사람은 아니더라도 대다수는 남의 몸을 흉보지 않는다. 자신의 몸을 있는 그대로 받아들이고, 소중히 여기는 것에 집중한다.

육체 건강을 위한 합리적인 행동을 미루지 말라. 언제나 내일부터 시작하기는 쉽다. 대신 "오늘은 무엇을 할 수 있을까?"라고 질문하라.

감사

일상의 즐거움을 느끼려면 노력이 필요하다

피글렛은 자신의 심장이 비록 작기는 하지만,
엄청나게 많은 감사의 마음을 담을 수 있다는 사실을 깨달았다.

- A. A. 밀른

감사의 마음을 비롯한 긍정적인 감정에는 여러 가지 이점이 있다. 그러한 감정들은 면역체계를 강화하고 심장 혈관계를 보호하여 육체 건강을 지켜준다. 그리고 상실과 트라우마에서 벗어나 기운을 차리게 도와주며, 인식의 지평을 넓혀 큰 그림과 그 안에 있는 기회를 볼 수 있게 해준다. 또한 야망을 갖도록 응원해주고, 사람들과 관계를 맺게 해준다.

우리는 미래의 즐거움을 위해 삶을 소비한다. 그러나 그 과정으로 현재에는 스트레스와 피로가 쌓인다. 감사하는 마음을 가지면 금세 기분이 좋아진다. 그러니 감사하는 마음, 기쁨을 주는 마음, 성공하는 기분 등 긍정적인 감정을 어떻게 발달시킬지 알아보자.

감사는 그 자체로도 기분이 좋다

최근에 감사의 마음을 말, 혹은 마음속으로 전했던 때를 떠올려보자. 식사하거나 포옹할 때, 아니면 하늘을 쳐다보았을 때 그런 마음이 들었을지 모르겠다. 우리가 고마움을 느낄 때 몸에는 편안함, 충만함, 만족감 같은 느낌이 자연스럽게 나타난다.

내가 지금까지 받았던 것을 생각해보자. 우정이나 사랑, 교육, 삶 자체를 말이다. 이것은 시작일 뿐이다. 누군가의 삶이 아무리 고통스럽고 힘겹다고 해도 그 곁에는 언제나 감사해야 할 것이 있다.

소소한 실험 한 가지를 해보자. 내가 받았던 무언가를 떠올린 다음, 생각이나 말로 "고마워"라고 해보자. 감사의 마음은 그 자체로도 기분이 좋아진다. 여기에 더해 로버트 에먼스Robert Emmons를 비롯한 학자들은 감사의 마음에 놀랄 만큼의 이로움이 있다는 사실을 발견했다.

- 행복, 자존감이 커지고 부러움, 불안, 우울감이 감소한다.
- 동정심과 관용, 용서의 감정이 커지고, 유대감은 강해지며 외로움은 줄어든다.
- 잠을 잘 자게 된다.
- 회복탄력성이 커진다.

●

감사의 마음을 키우는 방법

감사의 마음은 다툼이나 질병, 상실, 부정을 최소화하거나 거부하자는 것이 아니다. 꽃이나 햇살, 깨끗한 물, 다른 사람의 친절, 지식과 지혜를 배우는 것 등을 소중하게 여기자는 말이다.

인생에 고통이 있을 때, 고통과 함께 찾아오는 선물이 있다. 예를 들어, 자식이 커서 집을 떠났다고 하자. 당신은 자식이 간절하게 보고 싶지만, 성인이 될 만큼 성장한 것에 깊이 감사하는 마음이 들 것이다.

감사에 관한 연구의 주요 결과는 인생의 선물을 남들과 함께 축하했을 때 놀랄 만한 가치가 있다는 것이다. 예전에, 부모 백여 명이 참석한 딸아이의 유치원 행사에 아내와 함께 참석해 짤막한 연극과 합창을 감상했던 기억이 난다. 너무나 사랑스러워 우리는 아이들과 선생에게 진심으로 감사하는 마음이 들었다.

감사하기를 일상의 일부로 삼아 주기적으로 실천해보자. 감사 일정을 책상 옆이나 자동차 계기판 위에 붙여놓는 것이다. 일기장에 고마운 것에 대해 글을 쓰거나, 누군가에게 감사 편지를 쓸 수도 있을 것이다. 한 가지 매우 효과적인 방법은 잠들기 전에 인생의 세 가지 축복에 대해 곰곰이 생각하는 것이다. 당신이 무엇을 받았는지 인지하게 되면 소중히 여기는 마음과 안도감, 심지어는 경외감과 즐거움까지 느끼게 된다. HEAL 과정을 이용해 이러한 감정을 당신 안으로 들어오게 하고, 감정이 들어오는 동안 그 감정에 빠져든다.

소박한 즐거움이라도 느끼자

우리에게 즐거움을 주는 것에는 아름다운 풍경, 멋진 아이디어, 남들과 함께하는 즐거운 시간 등 여러 가지가 있다. 건강한 즐거움은 그렇지 못한 즐거움을 밀어낸다. 사과 한 개를 먹고 나면 사탕을 향한 관심이 줄어든다. 스트레스를 유발하거나 속상한 경험을 했을 때는, 음악 감상 같은 단순한 즐거움을 통해 내면의 스트레스를 위험 수준에서 안전 수준까지 떨어뜨릴 수 있다. 그리고 HEAL 과정을 이용해 즐거운 경험을 반복적으로 내면화한다면, 시간이 흐르면서 점점 안에서 밖으로 나오는 즐거움은 커질 것이다. 이는 밖에서 안으로 들어오는 즐거움의 욕구를 감소시켜줄 것이다.

안타깝게도 수많은 사람이 즐거움을 많이 누리지 못한다. 쇠렌 키르케고르Søren Kierkegaard는 자신의 글에서 이렇게 말했다. "우리는 숨 쉴 새도 없이 바쁘게 즐거움을 추구하느라 정작 즐거움은 누리지 못하고 지나치고 만다." 빠르게 흘러가는 생활에서 천천히 즐거움을 음미하려면 계획적인 노력이 필요하다. 그보다 개인적인 이유도 있다. 이 가운데 자신에게 해당하는 것이 있는지 살펴보자. 어떤 사람은 이런 말을 믿을지도 모른다. "내 역할은 다른 사람들이 즐거운지 확인하는 것입니다." 혹은 이렇게 말할지도 모른다. "수많은 사람이 고통받는데 제가 어떻게 즐기겠어요?" 그리고 어떤 즐거움은 금지되기도 하는데, 아마도 수치심과 연관되기 때문일 것이다.

자신의 내부에서 즐거움을 누리지 못하게 하는 장애물을 만난다면 마음을 집중할 수 있는 세 가지 방법을 사용해 장애물을 통과할 수 있다.

- 내버려 두기: 마음 챙김과 자기 연민을 이용해 장애물을 살핀다. 장애물이 어떻게 될 것인지 관심을 둔다.
- 놓아주기: 몸의 긴장을 풀고, 장애물과 관련된 믿음에 도전한다. 예를 들어, 장애물이 잘못된 이유를 찾는다. 그리고 장애물이 나를 통제하지 않았으면 좋겠다고 의식적으로 다짐한다.
- 들어오게 하기: 장애물과 관련된 믿음과 모순되는 개념을 자신에게 말한다. "나도 즐거움을 누릴 자격이 있어." 더 많은 즐거움을 느끼면 얼마나 좋을지 상상한다.

고통이 가득한 인생에는 즐거움이 없는 것처럼 보일지도 모른다. 하지만 고통의 실상을 받아들인다면 즐거움을 느낄 여유가 늘어난다. 마음 챙김과 자기 연민 등 고통을 참도록 도와주는 내적 자원의 도움을 받는다면 말이다. 또한 고통을 막는 데 지나치게 몰두하지 않을 것이며, 고통 이외의 다른 모든 것을 마음껏 깨닫고 즐길 수 있을 것이다.

즐기는 것은 그 자체로 행위 표현이다. 최악의 시기에도 목이 마를 때 마시는 물 한 모금, 새가 노래하는 소리, 친절에 관한 기억처럼 소박한 즐거움을 누릴 기회는 있다.

●

즐거움 일기

인생이 힘겨울수록, 즐거움을 비롯한 심리적인 자원을 경험하고 내면화하는 것이 중요하다. 그러기 위해서는 공책 혹은 머릿속에 즐거움 일기를 쓰는 것이 좋다.

오늘 마주칠 감각적 즐거움을 생각해보자. 사람 얼굴, 음악, 웃음소리, 과일이나 차의 맛, 부드러운 옷감, 오렌지나 장미 등에서 나는 향. 그리고 운동의 즐거움 등이 있을 것이다.

또한 십자말풀이를 모두 풀거나 흥미로운 사실을 알게 되었을 때처럼 정신적 또는 정서적인 즐거움도 생각할 수 있다. 명상이나 기도는 깊은 즐거움을 준다. 음악을 연주하거나 새로운 요리에 도전하는 것 역시 그렇다. 자신을 인정하고, 고통을 주었던 생각이나 느낌을 놓아주면 좋은 느낌을 얻을 수 있다.

그리고 사회적 즐거움도 빼놓을 수 없다. 사람들과 함께 웃고, 한 팀이 되어 무언가를 성취하고, 다른 사람을 더 잘 이해하는 것 등 모두 좋은 일이다. 깊은 즐거움에는 하기 어려운 일을 제대로 해냈을 때의 성실함 같은 것도 있다.

하루를 보내면서 즐거움을 느낄 기회를 만나면 표시해보자. 종이 위에 즐거움을 느낄 때마다 기록하는 것이다. 그러면 밤이 되었을 때 기록한 즐거움을 보고 행복한 비명을 지를지도 모른다. 혹은 잠들기 전 몇 분 동안 하루를 되돌아보며 그날 있었던 즐거움을 기억해보자.

삶은 본래 목표 지향적이다. 목표를 달성하면 기분이 좋아지고, 스트레스는 해소되며, 긍정적인 동기부여가 쌓여간다. 그러한 경험은 앞으로 나아가는 데 확신을 주며, 일상을 보낼 때 공감성 모드(안전 구역)에 있게 해준다. 목표에는 아침에 일어나기, 업무 중 의사소통 잘하기, 저녁 식사 후 설거지하기 등 결과에 대한 목표가 있다. 그리고 성실해지기, 공부하기, 성장하기, 건강 돌보기 등 같은 과정에 대한 목표(지속적인 가치와 목표)가 있다.

우리는 매 순간 결과와 과정의 목표를 달성한다. 방을 가로질러 걸어갈 때, 한 걸음 한 걸음은 하나의 목표이다. 대수롭지 않게 들릴지 모르지만, 걸음마 단계에 있는 아이에게는 한 걸음 내딛는 것이 승리를 거두는 일이다. 대화에서는 상대방의 말과 표정을 이해해야 목표가 달성된다. 직장에서는 이메일을 모두 읽고, 문자를 보내고, 회의 내용을 정리해야 목표가 달성되는 것이다.

하루하루가 크고 작은 목표로 가득하기 때문에 성공적인 목표 달성의 기회 또한 많다. 성공적으로 목표를 달성하면 내부에 성공의 느낌이 쌓인다. 그러면 남들의 비판을 이겨내고 인정에 덜 의지한다. 자만심이 강하고 거만하게 행동하는 것은 숨겨진 실패와 결점에 대한 일종의 보상이다. 결과적으로 성공의 느낌은 힘을 북돋아 주고 긴장을 풀어준다. 이 느낌을 지속하려면 길에 세워진 멋진 자동차 같은 커다란 보상을 기대하기보다는 작은 성공의 경험을 내면화해야 한다.

●

실패의 느낌

우리는 모두 매일 결과와 과정에 대한 목표를 수없이 달성한다. 하지만 크게 성공했다고 느끼는 사람은 많지 않다. 한 가지 이유는 부적 편향 때문이다. 목표를 달성하지 못하면 내부에 경보가 울리고, 뇌에 있는 도파민의 활동이 감소하여 기분이 나빠진다. 게다가 불안과 긴장, 부담감이 커진다. 하지만, 목표를 달성하더라도 깨닫지 못하는 경우가 많다. 한 가지 일이 끝나면 다음 일을 하느라 주위에 관심이 없어지거나 무감각해지기도 한다.

무언가를 성취했을 때 비록 잠깐이더라도 성공을 느끼는가? 보통은 자신을 특별한 사람으로 생각한다는 이유로, 남들이 조롱할지도 모른다는 두려움 때문에 성공을 느끼지 못한다. 그렇다면 당신은 성공했을 때, 천천히 성공의 느낌을 받아들이면서 신경계에 고정하는가? 한 사람의 인생에서 실제로 실패한 횟수는 성공한 횟수에 비하면 아주 적다. 하지만 뇌는 실패를 부각해 고통스러운 감정과 연관 지은 다음, 기억 깊숙한 곳에 저장한다. 이런 이유로, 성공의 느낌은 정당하고 당연하지만 기억 밖으로 밀려나고 만다.

많은 사랑을 받고 성장했더라도, 비판적인 환경에서 성장한 사람은 실패에 대한 두려움이 크다. 또한 성공의 기준을 거의 도달할 수 없는 곳에 정해놓고 보상해주는 회사에 다닌다면, 혹은 그와 비슷한 경제 활동에 참여한다면 더욱 악화될 수 있다.

1,000달러를 벌었나? 글쎄, 아무개는 10,000달러를 벌었다네. 승진

했나? 아직 만족해서는 안 된다네. 1등을 하고 싶나? 내년에 다시 하는 게 좋을 거야. 더 열심히, 가장 늦게까지 일해서 성과율 110퍼센트를 달성해야 해. 하지만 절대 만족해선 안 돼.

골문은 언제나 계속해서 뒤로 물러난다.

실패자가 되지 않을까 하는 두려움이, 어린아이는 물론 기업 대표에게 동기부여가 될 수도 있다. 하지만 장기적으로 그러한 부정적인 느낌은 사람을 지치게 하고, 성과를 떨어트린다. 이미 큰 성공을 거두었다고 느끼는 사람은 목표를 높게 잡을 수 있고, 실패에서 빠르게 회복할 수 있으며, 최고의 성과를 낼 수 있다.

당신은 실제로 하루에 수백 번씩 성공 사이를 오간다. 그렇기에 성공을 느끼는 것은 당연하다.

●

일상의 성공

따라서 매일 당신이 달성하는 수많은 목표 중 일부에 주목한다. 식사를 준비하고, 프린터에 종이를 채우거나 아이에게 책을 읽어주는 것처럼 사소한 일을 달성하는 성공에 관심을 기울인다. 수프를 한 숟가락 떠먹는다고 해보자. 그조차 여러 가지 더 작은 성취, 즉 숟가락을 잡아 그릇에 담고, 흘리지 않게 입술에 가져가고, 입에 수프를 넣고, 다시 숟가락을 식탁에 놓는 것 등으로 이루어져 있다. 이러한 작은 성취 중 어디에나 성공을 느낄 기회가 있다.

아이를 독립적인 성인으로 키운다거나, 학위를 받기 위해 필요한 수업을 모두 수강한다거나, 은퇴 자금을 저축하는 것처럼 중요한 결과를 향한 발전에 주목한다. 한 걸음은 짧지만 몇 시간이 지나고, 몇 달이 지나고, 몇 년이 지나 먼 거리를 왔다는 사실을 깨닫는다면 기분이 좋을 것이다.

우리는 과정에 대한 목표를 계속해서 수행한다는 사실을 깨달아야 한다. 가정과 직장에서 얼마나 성실하게 제 할 일을 하며 살았는지 생각해보자. 또한 오늘도 이미 몇몇 고난을 피했다는 사실을 생각해보자. 침대에서 떨어지지도 않았고, 집에 불이 나지도 않았다. 실제로 이것은 일종의 성공이며, 감사하게 여겨야 한다.

아주 힘겨운 인생일지라도 성공을 느낄 방법은 여러 가지가 있다. 무언가에 패배감을 느낄수록 다른 많은 것에서 승리를 깨닫는 것이 중요해진다. 성공을 경험할 때, HEAL 단계를 이용해 마음을 열고 성공의 경험을 받아들인다.

심호흡을 몇 번 하고 긴장을 푼다. 오늘 달성한 몇 가지 작은 결과 목표를 떠올려보자. 이를테면 침대에서 나왔던 것, 물을 마신 것, 집과 직장에서 맡은 일을 한 것 등이 있다. 이러한 목표를 달성한 데 마음껏 성공을 느낀다. 즐거움, 안심, 가치 같은 느낌에 마음을 연다. 이것을 지속하며 경험을 강화한다. 그다음 이 같은 경험을 당신의 안에 스며들게 하여 흡수한다.

정원에 나무를 심거나, 새 친구를 사귀거나, 직장에서 승진을 준비하는 것과 같이 결과를 향해 진행 중인 목표를 인지한다. 이것이 성공의 경험이 된다. 이 경험을 당신의 안으로 받아들이자.

계속해서 숨쉬기, 살아가기, 올바르게 살기, 노력하기, 삶을 즐기기 등 과정을 달성하고 있다고 의식한다. 성공과 만족 같은 느낌에 마음을 연다.

성공의 느낌을 경험할 때, 연결 단계를 이용해 실망, 걱정, 긴장, 강요, 무기력 등 '부정적인 요소'와 연결할 수 있다. 성공의 느낌을 의식의 가장 중요한 앞부분을 차지하도록 유지한다. 부정적인 요소가 당신을 붙잡는다면, 그것을 버리도록 한다. 긍정적인 경험과 부정적인 경험이 만나는 것을 상상하며 좌절에 관한 경험을 생각한다. 아마도 당신이 더 젊었을 때 실패한 경험에 이를지도 모른다. 성공의 느낌을 진정시키고, 부정적인 요소에 대한 관점을 불러온다. 그다음 부정적인 것은 놓아주고, 성공의 느낌에만 집중하며 마무리한다.

다 른 사 람 들 때 문 에 느 끼 는 행 복

한 어린아이가 웃는 모습을 보거나 친구가 좋은 소식을 전할 때, 혹은 동료가 중병에서 회복되었다는 이야기를 들었을 때를 생각해보자. 이것은 다른 사람 때문에 느끼는 행복이며, 이타적인 즐거움이라고 부르기도 한다. 이 즐거움은 인간의 사회적 존재로서의 오랜 역사에 근거를 둔다. 작은 무리를 지어 살던 수렵채집 사회의 선조들은 함께 모여 살 때

번영해왔다. 결과적으로, 다른 사람을 향한 연민과 자신의 행복 모두 발달시켜야 한다는 점진적인 압박이 있었다. 우리는 때로 한정적이고 희소한 자원, 이를테면 일자리를 놓고 경쟁을 벌인다. 세상사가 공평하다면 우리는 정정당당히 경쟁하고 다른 사람의 승리를 존중할 수 있을 것이다. 그리고 인생의 대부분에서 진정한 상생의 상황을 마주할 것이다. 어떤 사람이 건강한 몸을 유지하며, 안정적인 가정을 이루고, 아이들을 잘 키우며 산다고 해서 다른 사람이 이러한 것을 누리지 못하는 것은 아니다.

●
늘 곁에 있는 행복

달라이 라마 말을 인용하면 이러하다. 타인이 행복할 때 행복하다면 언제나 행복할 수 있다. 늘 어딘가에는 행복한 사람이 있기 때문이다. 가족이나 친구를 비롯하여 자신과 잘 지내는 사람에게 기쁨이나 고마움을 느끼기는 아주 쉬울 것이다. 하지만 어려운 지인이나 낯선 사람에게서도 행복을 느낄 수 있다. 또한 개인이나 집단, 애완동물을 비롯한 모든 생명체에게서 행복을 느낄 수 있다.

여러 유형의 사람이 있는 것처럼, 행운에도 많은 종류가 있다. 누군가에게 일어난 최근 일에 기뻐할 수도 있고, 건강이나 성공, 가정의 화목처럼 지속적인 상황에 기뻐할 수도 있다. 그리고 단지 사람들이 살아 있다는 단순한 사실에 행복을 느끼기도 한다.

누군가 당신 때문에 정말 기뻐했던 순간에 당신이 얼마나 감동했는지 생각해본다. 주위를 둘러보라. 주변에서 받은 도움, 인정, 축하 등은 당신이 행복할 때 다른 사람에게 주던 것이다.

이런 행동은 타인에게 도움이 되지만, 자신에게도 도움이 된다. 이타적인 즐거움은 기분이 좋아지고, 마음을 열게 하며, 더 넓은 세상과 연결되는 느낌을 준다. 당신이 다른 사람 때문에 행복해지는 순간, 다른 사람은 그것을 느낀다. 서로의 관계는 강해지고 깊어진다.

●

실망과 시기심에 대한 해결책

북적거리는 도심지를 걷다 보면 인간에게 어울리는 사회적 환경은 약 50명 규모의 집단이라는 사실을 쉽게 잊는다. 이것은 인간이라는 종이 생겨난 이래 대부분 시간 동안 살아온 방식이다. 결과적으로 우리는 매우 특수한 환경, 즉 아주 작은 집단에 맞게 설계된 뇌와 정신을 진화해온 것이다.

그 작은 집단이 석기시대의 부족이든, 같은 사무실의 동료이든, 남들과 비교해서 자신의 위치가 어디인지 아는 것이 중요했다. 그래서 우리는 친구와 경쟁 상대를 놓고 자신의 위치를 모두 측정한다. 그들보다 잘하는 것처럼 보이면 안도와 함께 자신이 그럴 만한 자격이 있다고 느낀다. 하지만 그렇지 않을 때는 기분이 나빠지는 경우가 대부분이다. 우리는 소셜미디어로, 우리 삶 전체를 다룬 영화와 다른 사람 인생에서 재미있는 부분만 공들여 편집한 영상을 비교한다. 그리고 실망하고 위축되고 부러워한다.

다른 사람의 행복은 이러한 감정에 대한 자연적인 해결책이다. 이는 자기비판이나 괴로운 집착에서 우리를 꺼내주고 긍정적인 방향으로 기분을 바꾸어준다. 하지만 다른 사람의 행운을 생각하다가 고통스러운 비교로 이어져 감사를 느끼지 못할 수도 있다. 이것을 피하려면 먼저 우리가 받은 축복과 즐거움, 성취한 것, 다른 사람에게 도움을 준 것을 생각해야 한다. 다른 사람에게 어떤 대단한 것이 있든 자신의 인생에서 좋은 것은 좋은 것이다. 또한 행복한 사람도 고통을 받기 마련이다. 모든 사람이 그러하듯 그들도 병과 죽음, 피할 수 없는 상실과 마주하게 된다. 누군가의 인생에서 일어나는 것이 무엇이든 원인이라는 거대한 강한구석의 작은 물결에 불과하다는 사실을 잊지 말아야 한다. 대부분 원인은 인간과는 무관한 것으로, 이를테면 좋은 유전자를 갖고 태어난 운이나 부모의 사회적 계급 같은 것이다. 그렇기에 그들의 '높음'이나 자신의 '낮음'을 개인적으로 받아들일 필요는 없다.

먼저, 쉽게 행복이 느껴지는 사람부터 시작해보자. 그 사람의 행운에 기쁘다는 감정이 생기면 잠시 속도를 늦추고 그것을 받아들인다. 그런 다음 또 다른 사람에게 시도해본다. 이를 반복하면 타인 덕분에 행복해지는 습관을 기를 수 있다. 확실하게 행복을 찾는 방법이다.

✅ 우리는 미래의 행복을 추구하는데, 이것은 현재의 스트레스로 오기도 한다. 행복을 추구하다가 행복에서 멀어질 수 있다. 감사하는 마음으로 우리는 이미 기분이 좋다.

✅ 육체와 정신 건강에 도움을 주는 감사하는 방법을 이용하면 회복탄력성과 어려움에 대처할 능력을 키울 수 있다.

✅ 사람들은 즐거움의 가치를 쉽게 무시하지만, 이것은 스트레스를 낮춰주거나 불안에서 벗어나게 해준다. 건전한 즐거움은 그렇지 않은 즐거움을 몰아낸다. 즐거움이 이미 가득하다고 느낄수록 외부에서 즐거움을 덜 찾으려고 할 것이다.

✅ 우리는 부적 편향 때문에 그동안 수백 가지 목표를 달성한 사실은 잊어버리면서, 한 가지 목표라도 달성하지 못하면 그것에 주목한다. 날마다 성공하는 기분을 느낄 기회를 찾아보자. 이러한 성공의 경험을 받아들인 다음, 이를 이용해 실패나 무능함의 느낌을 보상하거나 치유해보자.

✅ 다른 사람의 행복에 행복할 수 있다면 지속적으로 행복을 찾을 수 있다.

자신감

자기 확신이 있어야 어떤 문제든 해결한다

너무나도 많은 사람이
실제의 자신이 아닌 모습은 과대평가하면서,
실제의 자신은 과소평가한다.

- 말콤 포브스

내가 이 책을 쓰기 시작했을 무렵 친구 부부가 딸을 낳았다. 그 여자아이는 지금 걸음마를 배워 열심히 돌아다니고 있다. 부모는 아기가 만지거나 맛보려고 하는 것 정도만 손에 넣게 도와준다. 아기가 어딘가에 부딪혀 울음을 터뜨리면 함께 아파하며 달래준다. 첫돌이 될 때까지 아기는 수천 번 교감을 경험한다. 그 과정에서 부모는 도와주고 응원해주며, 아기는 할 수 있다는 느낌과 행복을 느낀다. 이러한 경험의 실체가 모여 아기의 신경계를 구성하며, 교감의 욕구를 충족할 자원을 축적한다.

우리 모두에게 이런 배움의 과정은 어린 시절을 거쳐 성인기까지 이어진다. 부모 외에도 형제자매와 또래 아이들, 교사와 직장 상사, 친구와 적과의 관계도 배움의 과정에 포함된다. 이 과정이 합리적으로 잘 진행된다면 우리는 어려움을 해결하는 데, 특히 관계 문제를 해결하는 데 도움 되는 보살핌을 받는 느낌과 자존감, 자기 확신을 얻는다. 자신과 타인, 세상에 대한 자신감을 쌓아간다. 하지만 반대와 거부가 많고 응원과 지원은 지나치게 적다면 자신감을 잃고, 불안정하고 자기비판적이며 심약하고 회복탄력성이 약한 상태가 될 가능성이 크다.

자신감에 관한 내면의 힘을 키우기 위해, 먼저 사회적 뇌의 진화와 안정적인 애착과 불안정적인 애착의 효과에 대한 기본을 설명할 것이다. 그런 다음 존재의 중심에서 안정을 느끼는 방법과 감정의 균형을 유지하는 방법을 다룬다. 마지막으로 내면의 비판을 견디고 자존감을 강화하는 방법을 살펴본다.

생 존 에 필 요 한 사 회 적 인 뇌

인간관계와 그에 따른 영향은, 포유동물의 등장과 함께 시작되어 오랫동안 천천히 진행된 사회적 뇌의 진화 결과이다. 파충류나 어류와는 달리 포유동물은 새끼를 낳아 기르고, 수시로 짝짓기를 하며, 동종의 다른 개체와 다양한 방법으로 협력하며 살아간다. 복잡한 사회생활을 관리하기 위해 포유동물은 더 많은 정보처리 능력과 함께 더 강력한 두뇌가 필요해졌다. 포유동물의 뇌는 육체 크기에 비례하여 대개 파충류나 어류의 뇌보다 크다. 그리고 포유동물만 신피질이 여섯 겹으로 구성되는데, 신피질은 얇고 둘둘 말린 세포 조직으로 뇌의 바깥 '피부'이며 복잡한 경험과 소통, 추론에 관한 신경 기반이다.

이러한 사회적 능력 덕분에 포유류는 놀랄 만큼 다양한 환경에서 번성할 수 있었다. 그 가운데 유독 한 포유동물은 사회적 능력을 원동력으로 삼아 세상을 지배하게 되었다. 영장류와 인류의 관계에서 생존 이익은 더 '사회적인' 두뇌 발달을 촉진했다. 그렇기에 훨씬 더 복잡한 관계가 가능해졌는데, 이로 다시 더 뛰어난 두뇌가 필요해진 것이다. 예를 들어, 사회적인 영장류일수록 피질이 컸다. 함께 털을 손질하는 집단의 규모가 클수록, 집단 사이의 동맹과 경쟁의 관계가 복잡하다. 인류 선조가 약 250만 년 전 도구를 이용해 더 많은 도구를 만들기 시작하면서 두뇌의 부피는 세 배가 되었다. 이러한 뇌 확장의 많은 부분이 공감, 언어, 협력, 동정심, 도덕적 추론 등과 같은 사회적 역량과 유관한 분야에 이용되었다.

뇌가 커지면서 어린 시절은 점점 길어졌다. 갓 태어난 침팬지의 뇌는 성체가 된 침팬지의 절반이지만, 인간 아기의 뇌 크기는 완전히 성장한 뇌의 4분의 1이다. 유인원과 초창기 인간의 뇌는 완전한 크기가 되려면 시간이 필요했다. 이로 인해 아이가 어머니에 의존하는 정도는 심해졌다. 유인원과 초창기 인간의 어머니는 아기를 보살피고 음식을 구하느라, 포식자를 피하거나 방어하기가 어려워 자신의 짝, 친척, 소속 집단 등의 도움을 받아야 했다. 이는 인간 남녀 한 쌍의 결합, 아버지의 자녀 양육에 대한 투자, 아이를 기르기 시작한 마을 전체의 발전을 불러왔다.

의존한다는 것이 약점으로 들리지만, 의존은 인간의 가장 위대한 장점 중의 하나이다. 지구 구석구석까지 널리 퍼져 살기 시작해 달 표면

위까지 발을 내딛는 동안, 인간은 서로 의존하면서 폭넓은 성공을 거두었다.

'자신감'의 어원은 '신뢰나 믿음'에서 왔다. 다른 사람이 신뢰할 만하다면 우리는 신뢰감을 느낄 뿐만 아니라 자신의 가치에도 믿음을 가진다. 하지만, 다른 사람이 신뢰할 만하지 않다면 보통 부적절함이나 자기 회의, 심지어 수치심까지 느끼는 것은 보통이다. 이는 우리가 타인에게 가장 많이 의존하는 동시에 부정적인 경험에 많은 영향을 받는 어린 시절에 특히 그러하다.

안정적인 애착과 불안정적인 애착의 차이

육체적으로 우리 삶이 지속되는 것은 충분한 공기와 물, 음식물을 구할 수 있는가에 달렸다. 거기에다 사회적 물자, 많은 공감과 숙련된 보호 그리고 사랑을 받아야 한다. 보살핌을 받는다는 느낌이 필요한 것은 인간의 생물학적 본능이다. 사실 우리에게 필요한 것은 보살핌을 받을 만한 가치가 있다는 느낌이다. 일부 아이는 이러한 욕구를 잘 충족하고 있다. 하지만, 그렇지 못한 아이도 있다. 청소년의 욕구는 부모와 형제자매, 학급 친구에게 달렸다. 다양한 부류의 사람에게 아이들은 묻고 또 묻는다. "제가 보이세요?", "제 걱정은 하시나요?", "저한테 잘해줄 건가요?" 우리 정신은 무수히 많은 경험의 잔재가 밑바닥부터 쌓여 만들어지고, 그 토대는 인생의 초기에 정해진다.

두 번째 생일이 될 때까지, 자신을 돌보는 사람과의 수많은 경험이 축적되어 보통 기본적인 애착 유형이 결정된다. 초, 중, 고교 과정을 거치면서 기존의 애착 유형이 상호작용을 형성하고, 그것을 강화하는 경향이 있다. 개인 성장에 큰 영향을 미치는 커다란 변화가 없다면 이러한 유형의 애착은 중요한 성인 관계(특히 친밀한 관계인 경우) 깊은 곳에서 계속해서 작용한다.

부모를 비롯한 아이를 돌보는 사람이 적절하게 대응하고, 관심을 보이고, 다정하고, 능숙하다면('충분한 양'의 사회적 물자를 전달한다면), 아이는 '안전한 애착'을 느끼는 경우가 많다. 사랑받고 소중한 존재라는 느낌을 받을 뿐만 아니라 자신을 진정시키고 조절할 수 있는 강력한 능력을 가진다. 그러한 안정적인 내면의 기반이 있는 사람은 세상을 탐험하고, 상처와 실망에서 회복할 수 있다. 자신이 어떻게 느끼고 무엇을 원하는지를 말하는 데 거리낌이 없다. 그럴 때마다 생각하던 대로 된 경험이 있기 때문이다. 그래서 다른 사람에게 매달리거나 거리를 두지 않는다. 마음속 깊이 교감의 욕구를 충족한다. 애착 체계는 공감성 모드의 중심에 자리 잡는다.

반면 아이를 돌보는 사람이 무심하고, 냉정하고, 말을 들어주지 않고, 벌을 주고, 학대한다면 아이는 '불안정한 애착'을 느낄 가능성이 높다(불안정한 애착에는 세 가지 유형, 즉 회피형, 갈등형, 무질서형이 있다). 이러한 유형의 애착을 느끼는 사람은 자신이 무능하고, 쓸모없으며, 다른 사람에게 진정으로 중요한 존재가 될 수 있을지 확신하지 못한다. 그리고 다른 사람이 정말 일에 관심이 있는지, 성의껏 일하는지, 믿음직한지에 대해 의구심을 가진다. 결국, 타인과 거리를 두며 큰 기대를 하지 않거나, 집 착하는 경우가 많다. 상대적으로 타인에게 관심을 거의 받지 못했기에 자신을 온전히 연민하지 못하는 것이다. 그러면서 자신을 비하하는 말이나 거부하는 말을 내면화하여, 혹독하게 자신을 비판하는 경우가 많아진다. 결과적으로 회복탄력성이 줄어 스트레스와 실패에 대처하지 못한다. 마음속 깊은 곳에서 연결의 욕구가 충분히 충족되지 못해, 인간관계가 반응성 모드에 빠지기 쉽다.

안정감을 느껴야 성장할 수 있다

개념적으로는 차이를 명확하게 구별해야 하지만, 현실에서는 그 경계가 불분명한 경우가 많다. 안정적인 애착 유형과 불안정적인 애착 유형은, 마치 빛의 스펙트럼의 한쪽 끝에 밝은 초록색이 있고 다른 편에는 밝은 빨간색이, 그리고 그 사이에는 여러 가지 색이 복잡하게 뒤섞인 것처럼 정반대에 있다. 우리가 이러한 영역의 어디에 있든, 특정한 관계나 일반적인 인간관계 모두에서 훨씬 안정적으로 변화할 수 있다. 신경계의 가소성은 인간관계에서의 안 좋은 경험에 쉽게 영향을 받게 하지만, 한편으로 우리를 치유해주고 좋은 경험을 통해 성장할 수 있게 도와준다. 그리고 시간이 흐르면서 더욱 안정감을 느끼도록 해준다.

●

보살핌받는 느낌

지금의 경험이 어릴 때나 성인일 때 받았다면 좋았을 모든 것을 포함하지 않을 수 있다. 하지만 받지 못한 것 중 일부를 채워줄 수는 있을 것이다. 보살핌은 포용하기, 이해하기, 감사하기, 좋아하기, 사랑하기로 다섯 가지 형태를 이룬다. 다섯 가지 형태는 모두 보살핌을 받을 기회를 준다. 오랜 시간에 걸쳐, 반복적으로 이러한 경험을 내면화하면 안정적인 애착을 위한 기반을 쌓을 수 있다.

일상을 보내면서 다른 사람이 당신에게 관심을 두고, 친절하고, 감사하며, 공감해주고, 존중해주고, 사랑을 주는 순간을 찾아보자. 그 관계에서 자신에게 그리 긍정적이지만은 않은 일이 일어날 수도 있다. 하지만 어쨌든 당신에게도 좋은 관계가 실재한다는 것을 알 수 있다. HEAL 단계를 이용해 당신이 보살핌을 받는다는 느낌을 심호흡을 몇 번 하는 동안 집중하여 마음속에 간직한다. 이런 시도는 짧게 끝나지만, 상대방과 깊은 교감을 느낄 수 있다. 아껴주고, 좋아해 주고, 사랑받는 느낌을 받는다면 자아의 중심이 성장할 것이다.

●

어린 시절 되돌아보기

어린 시절 불안정한 애착이 있던 사람이 성인이 되었을 때 안정적인 애착 관계를 형성할 수 있다는 연구 결과가 있다. 이 연구의 핵심은 어린 시절에 일어난 일과 그 일이 자신에게 어떤 영향을 미쳤는지에 관한 내용을 밝히는 것이다. 이것은 여러 달 혹은 몇 년이 걸릴 수도 있는 점진적인 과정이다. 나는 가끔 어린 시절을 되돌아본다. 그럴 때마다 새로운 것이 계속 나타난다.

태어나서 성인이 되기 전까지 있었던 일을 생각해보라. 무엇에 관한 고통, 상실, 스트레스, 학대, 트라우마 등이 있으면, 어떻게 자신에게 나타난 것인지 이해해본다. 또한 사랑, 우정, 애정, 도움 등 받았던 것 등을 마음에 새긴다. 한 걸음 물러나 다가오는 미래와 과거에 일어났던 모든 일, 살았던 방식을 생각해본다. 청소년기를 포함한 어린 시절이 어떤 식으로 흔적을 남겼는지 본다. 무엇이 강점이 되었고, 상처가 되었는지 살펴본다.

자기 연민으로 어린 시절을 객관적으로 대해보자. 그 안에 보편적인 인간애가 있는지, 다른 사람과 나눌 수 있는 이야기가 있는지 살펴본다. 아무리 파편적이고 혼란스러운 이야기일지라도 일관적이고 명확하게 이해한다면 안정감을 느낄 수 있다.

●

타인과의 관계를 안정적으로 유지하기

부모가 되는 것에 관한 놀라운 사실이 하나 있다. 아이를 사랑하는 것이 단지 아이만을 위한 것이 아니라는 점이다. 나 또한 내 아이를 사랑함으로써 마음의 상처와 공허함을 서서히 치료했다. 우리가 받지 못했던 것을 주면 우리에게 돌아오기 마련이다.

상대적으로 얕은 인간관계도 있지만, 인생의 동반자처럼 아주 깊은 관계도 있다. 어떤 관계이든 당신이 믿음직스럽고, 남을 잘 이해해준다면 다른 사람은 당신에게 안정감을 느낄 것이다. 대접받기를 바라는 만큼 남을 대접할 때 보상이 온다.

화 살 을 쏘 지 마 라

누군가 당신에게 해를 끼쳤던 순간을 생각해보자. 그때 당신은 어떻게 반응했는가? 놀라움이나 상처, 분노 같은 것을 경험했을 것이다. 그리고 마음속에서는 무슨 일이 벌어졌나? 대부분 여러 생각과 감정이 꼬리에 꼬리를 물고 나타날 것이다. 이런 말을 해야 했는데 하지 못한 것을 후회하며 뜬눈으로 밤을 지새웠을 수도 있다.

●

첫 번째와 두 번째 화살

부처는 초기와 2차 반응의 과정을 첫 번째와 두 번째 화살로 묘사했다. 첫 번째 화살은 피할 수 없는 육체적, 감정적 불편함이자 고통을 말한다. 이를테면 두통, 장염으로 인한 경련, 친구를 잃은 슬픔, 업무 중

회의에서 부당한 비난을 받은 데 대한 충격 등이다. 두 번째 화살은 우리가 스스로 던지는 것으로, 때로는 첫 번째 화살에 불필요한 반응을 더한다. 이를테면 다른 사람과의 사소한 오해를 진지하게 걱정하거나, 무시당한 일을 계속 곱씹으며 분노와 원한을 품는 것이다. 두 번째 화살은 수많은 인간의 고통, 특히 관계의 고통을 유발하는 원인이다. 우리를 필요 이상으로 혼란스럽게 하여 나중에 후회할 일을 하게 한다.

자신에게 영향을 미치는 환경과 관계를 변화시키면 어느 정도까지 첫 번째 화살을 피할 수는 있다. 예를 들어, 스트레스가 적은 일자리를 찾거나 껄끄러운 사람과 함께 있는 시간을 줄이는 것이다. 또한 지금까지 이 책에서 살펴본 것처럼, 내적인 충격을 완화하는 역할을 하는 평온과 만족, 사랑의 중심을 더욱더 단단하게 성장시킨다면 첫 번째 화살이 완전히는 아니지만, 덜 괴롭힐 것이다.

그러나 여전히 많은 첫 번째 화살이 모든 사람에게 날아온다. 첫 번째 화살이 날아왔다고 하자. 이 화살이 날아온 사실은 변하지 않는다. 벽돌이 발에 떨어지면 발이 아프다. 누군가 고함을 치면 놀라고 화가 난다. 느끼는 대로 느끼는 것이다. 이럴 때 다음 방법을 사용하여 마음을 집중할 수 있다. 먼저 호기심과 자기 연민으로 첫 번째 화살을 받아들이고, 마음속으로 이해한다. 그다음에 긴장을 풀어주고, 도움 되지 않는 생각과 욕망을 버린다.

●

두 번째 화살을 이용한 훈련

우리는 첫 번째 화살이 두 번째 화살의 시위를 당기는 것을 막을 수 있다. 여기서 자신의 마음에 많은 영향력을 줄 수 있다.

먼저, 첫 번째 화살에 대해 균형 잡힌 관점을 갖는다. 첫 번째 화살은 자연스럽고 불가피한 삶의 일부이다. 우리가 거기에 반응할 필요는 없다. 갑작스러운 폭풍우 탓에 일요일 소풍을 망쳤다면 그것은 안타깝고 불쾌한 일일 뿐이다. 내리는 비에 불만을 터뜨리는 것은 분별없는 짓이다. 첫 번째 화살을 있는 그대로 받아들인다면, 두 번째 화살로 이어지는 흐름을 차단할 수 있다.

특히, 인간관계에서 첫 번째 화살에 대한 관점을 갖는 것이 도움이 된다. 예를 들어, 남들의 시선을 신경 쓰는 것은 자연스러운 일이다. 남들에게 비판을 받으면 당연히 불안해진다. 이런 것이 첫 번째 화살이다. 이 첫 번째 화살을 그대로 두고 두 번째 화살이 날아오지 않게 하기 위해서, 큰 도움이 되었던 인간 진화에 대한 한 가지 성찰을 소개한다.

이타주의(개인적인 대가를 치르면서 남에게 베푸는 것)는 동물 사회에서는 거의 찾아볼 수 없다. 대부분 종에서 날로 얻어먹는 개체들이 이타주의를 이용하면서, 다른 개체에게 나눠주는 개체가 생존할 확률이 낮아졌고 이타주의의 진화는 억제되었다. 낯선 이를 돕고, 남의 개를 구하기 위해 강물에 뛰어드는 인간의 이타주의가 발달할 수 있었던 이유는 사회적인 뇌가 진화하면서 선조들은 남들이 어떻게 생각하는지 이해하려고 했기 때문이다. 소규모 집단을 이루고 사는 인간에게 평판은 생사가 달린 문제이다. 우리가 10만 년 전 아프리카 초원에 있다고 상상해보자. 어제 누군가와 음식을 나누었는데 오늘 그 사람이 음식 나누기를 거부한다면, 그 집단에 있는 모든 사람이 그 사실을 알게 될 것이다. 그리고 누구도 다시는 그와 음식을 나누지 않을 것이다. 결국 남의 이타심을 착취하는 이들은 무사히 살아가지 못한다.

남들이 어떻게 생각하는지를 중요하게 여기면 수줍음이나 상처, 수치심 등이 생기기 쉽다. 하지만 이 덕분에 이타주의가 가능하다. 이와 마찬가지로, 외로움이나 질투, 분노, 분개심 등에 대한 취약성은 우정과 사랑, 정의를 가져다주는 사회적 인간성에 필요한 특성이다.

이를 이해하면 인간관계에 날아오는 첫 번째 화살의 의미가 더욱 분명해지며, 그런 이유로 첫 번째 화살은 더는 두렵지 않다. 첫 번째 화살은 정상적이고 자연스러운 고통이다. 그 화살이 수백만 년 동안 진화한 결과라는 사실을 이해한다면, 화살이 그렇게 날카롭다는 느낌은 들지 않을 것이다. 아무리 고통스럽다고 해도, 첫 번째 화살에는 정당한 이유가 있다. 첫 번째 화살을 경험한다는 것은 집단을 위해 고통을 감내하는 것과 조금은 비슷하다.

첫 번째 화살에 대한 이러한 관점을 바탕으로 두 번째 화살에 대한 내면의 반응을 살펴보자. 심호흡한 다음, 뒤로 물러나, 두 번째 화살(불필요한 고통)을 있는 그대로 인지한다. 두 번째 화살이 어디서 날아오려고 준비하는지 관찰하고, 어떤 식으로 시선을 빼앗는지 이해한다. 누군가와 어떤 문제를 심사숙고하는 중이라면, 자기 연민에 관심을 집중한다. 그런 다음, 그 문제에 해당하는 주요 요인에 대한 경험에 집중하자.

두 번째 화살에 힘을 실어주지 않는다면 대부분 날아가지 못한다. 당신에게 잘못한 사람에게 마음속으로 따지는 것을 그만둔다면, 분노는 점차 사라질 것이다. 특히 내부 비판을 조심해야 한다. 두 번째 화살을 쏘는 주범이다.

내면의 비판에 맞서다

우리 내면에는 두 가지 다른 '목소리'가 있다. 하나는 우리를 성장시키고, 다른 하나는 우리에게 비판적이다. 우리의 흥을 돋우기도 하고, 부담을 주기도 한다. 이는 지극히 정상적이다. 이들은 모두 해야 할 역할이 있다. 내부 양육자는 자기 연민과 응원을 담당한다. 내부 비판자는 잘못한 부분이 어디인지, 무엇을 바로잡아야 하는지 깨닫게 해준다.

하지만, 내부 비판자는 대부분 사람을 질책하고 수치심을 주고 트집이나 말꼬리를 잡는 두 번째 화살을 연달아 쏘아댄다. 내부 비판자는 강력하고 거대한 반면 내부 양육자는 작고 무력해서 자존감과 회복탄력성 등을 약화한다. 다행히 비판자를 억누르고 내부 양육자를 강하게 하여 균형을 되찾을 좋은 방법이 있다.

●

자기비판에 주목하기

자기비판이 어떤 식으로 나타나는지 관찰해보자. 고통, 욕구, 권리 등이 묵살되는지 주목한다. 일부 극소수 사람의 생각이 어떻게 당신이 이룬 성취를 깎아내리는지 보라. 누군가 반복해서 당신의 희망과 꿈에 찬물을 끼얹는지 살펴본다. 그리고 당신이 스스로 자신의 하루를 망치는 것은 아닌지 확인한다. 모든 일에 대해서 자신에게 지나치게 화를 내지는 않는지, 꾸짖고 질책하고 수치심을 주는 말투로 말하지는 않는지 들어보라. 또한 더 잘하기 위해서는 늘 더 노력해야 한다는 태도가 몸에 밴 것은 아닌지 깨닫는다.

마음속에서 무슨 일이 일어나는지 관찰해야 한다. 자기비판을 할 때, 자신에게 친숙한 단어나, 말투, 태도가 있는지 본다. 그리고 어렸을 때 자기비판적인 태도가 어떻게 발전했는지 생각해본다.

이런 방법을 유념한다면 자신에 대해 알 수 있다. 그리고 내부 비판자의 말 가운데 다수가 독단적이고, 거칠고, 말이 되지 않는다는 사실을 이해할 것이다. 한발 물러나서 이를 관찰한다면, 자기비판을 멈출 수 있을 것이다.

●

내부 양육자 강화하기

내부 비판자가 공격을 시작하면, 내부 양육자는 도피처이자 동맹

군이 된다. 내부 양육자는 남들이 비난할 때, 그리고 스트레스와 실망감이 가득해서 공포감마저 느껴지는 상황일 때 방어해주고 응원해준다. 이 양육자는 자신감과 회복탄력성의 주요한 공급원이다.

아주 어린 시절부터 우리는 부모나 유치원 선생님, 나이가 더 많은 형제자매 같은 외부의 양육자와 함께 경험을 내면화함으로써 내부 양육자를 키우기 시작한다. 하지만 외부의 양육자가 미덥지 못하다면, 예를 들어 다정하면서도 대단히 비판적인 부모가 있다면 자가 양육은 기대만큼 강해지지 않는다.

과거에 무슨 일이 일어났다고 해도 현재에 HEAL 단계를 이용해 다른 사람의 보살핌을 받았던 경험을 내면화하여 내부 양육자를 성장시킬 수 있다. 이것은 내면에서 자연스럽고 지속적으로 자신을 돌보는 느낌을 키우는 것이다. 아울러 자신을 돌볼 때, 이를테면 작은 실수는 큰 문제가 아니니 걱정하지 말라고 말해주는 것처럼 이러한 경험을 안으로 받아들이면 내부 양육자는 강해진다.

내부 비판자가 활동을 시작하거나 삶이 힘겨워지면 내부 양육자에게 도움을 청하자. 내부 양육자가 어떤 느낌인지, 그의 태도와 해준 조언 등을 기억해둔다. 혹은, 당신을 극진히 보살펴주던 누군가를 떠올릴 수도 있다. 그런 다음 보호받고 위로받는 더 일반적인 느낌으로 관심을 돌린다. 그리고 내부 양육자가 느껴지면 이러한 감정에 집중해 안으로 받아들인다. 당신 안의 양육자를 강화할 기회가 더 생긴 것이다.

●

비판에 대항하기

내부 비판자 특유의 말투나 말을 인식하면 곧 의구심을 품는다. 의구심이 풀리기 전까지는 받아들이지 않는다. 비판자와 뜻을 같이하며 그 말을 믿을 것인지, 그와 갈라져 그 말을 의심할 것인지 근본적인 선택을 한다. 내부 비판자는 보통 다른 사람이 불쾌하게 하거나, 무시하거나, 무례하게 굴 때 더 강해진다. 그들이 당신에게 한 짓은 잘못된 것이다. 즉, 자신에게 그런 짓을 하는 것은 옳지 못하다.

내면의 비판을 반박하며 진심으로 승리하려는 의욕을 품는다. 내면의 비판자가 사용하는 전형적인 말을 적는다. 이를테면 "너는 언제나 패배한다." 그런 다음, 그럴듯한 반론(그동안 몇 차례 효과가 있었던)을 세 가지 이상 적는다. 다음과 같은 식으로 자신에게 말하는 것은 효과적이다. "이 비판에는 일말의 진실이 담기긴 했지만, 나머지는 모두 과장되거나 거짓이야." "이 말은 아무개가 내게 했던 말이야. 그때도 틀린 말이었지만, 지금도 틀렸어." "이런 말은 전혀 도움이 안 돼. 들을 필요가 없어."

내면의 비판에는 신뢰감이 없다고 여기자. 디즈니 만화에 나오는 멍청한 악당처럼 우스꽝스러운 인물로 생각할 수도 있을 것이다. 비판의 말은 당신 존재의 중심에서 떨어진 마음 한구석에 치워놓는다. 마치 회의가 끝나면 모든 사람에게 무시당하는, 늘 비판만 일삼아 짜증을 유발하는 사람처럼 말이다.

연결 단계를 이용해, 비난을 받아 부당함과 수치를 느낀 부분에 안심과 격려의 마음이 스며듦을 감지한다. 아픈 곳을 달래주고 진정시켜

주는 느낌이 퍼져가는 것을 느낀다. 자존감과 자신감 속에서 평온한 휴식을 취한다.

내가 좋은 사람이라는 것을 깨닫는다

기본적으로 당신이 좋은 사람이라고 여기는 사람을 생각한다. 그 사람이 성자일 필요는 없다. 단지 품위와 배려가 있는 사람이면 된다. 그리고 그러한 사람을 한 명 더 떠올린다. 당신이 얼마나 자주 사람의, 심지어 잘 알지도 못하는 사람의 좋은 면을 보는지 주목한다.

　뒤집어 생각하면 대부분 사람도 당신과 비슷할 것이다. 그들 역시 일상적으로 누군가가 좋은 사람이라고 느끼며 산다. 실제로, 그들은 당신을 기본적으로 좋은 사람이라고 생각한다.

　그런 생각이 다른 사람에 대한 당신의 생각에, 그리고 당신에 대한 다른 사람의 생각에 스며들게 한다. 그들이 당신을 기본적으로 좋은 사람이라고 느끼는 이유는 그들에게 당신이 그렇게 보이기 때문이다. 당신이 그들을 속이거나 놀리는 것이 아니다. 사람들은 당신에게 단점이 있고 가끔 실수도 한다는 것을 안다. 하지만 그것은 중요하지 않다. 당신 인생의 중요한 사람들은 여전히 당신을 좋은 사람이라고 생각하기 때문이다.

　남들이 당신을 바라보듯 자신을 본질적으로 훌륭한 사람이라고 여길 수 있는가? 많은 사람에게 이것은 몹시 어려운 일이다. 다른 사람을 좋게 생각하기는 쉬워 보인다. 또한 다른 사람이 당신의 선의와 따뜻한 마음을 이해한다는 것을 이성적으로 인지할 수도 있다. 하지만, 이런 식으로 자신을 바라볼 수 있을까? 그것은 대부분 사람에게 꽤 어려운 일이다. 일종의 금기, 즉 해서는 안 되는 일 같은 것이다. 하지만 안 될 이유가 어디 있는가? 다른 사람의 기본적인 선의를 인지하는 것이 괜찮고, 다른 사람이 당신 선의를 인지하는 것 역시 괜찮다면 자신을 옹호하지 말아야 할 이유는 없다.

일상을 보내면서 다른 사람이 당신에게서 품위와 능력, 노력, 배려를 발견할 때, 그 순간을 마음에 남기려고 노력해야 한다. 또한 다른 사람에게서 좋은 점을 보는 것만큼 자신의 좋은 점을 깨달으려고 노력해야 한다. 언제나 겉으로 드러나거나 표현되지는 못한다고 해도 마음 깊은 곳에는 자신에게 성실함과 다정함이 있다는 사실을 잊지 않도록 한다. 자신만의 고유한 가치에 대한 자신감을 키우고 마음 가득 채워 내면에 스며들게 한다. 이것을 계속 반복하려고 노력한다.

자신이 기본적으로 좋은 사람이라는 깨달음은 진정한 도피처 역할을 한다. 성공과 실패, 사랑과 상실의 우여곡절이 있다고 해도, 이러한 깨달음에서 위안과 힘을 찾을 수 있다. 모든 성취와 명성, 부와 무관하게 당신 존재의 중심에는 늘 선의가 있다.

KEY POINT

✓ 인간은 서로 의지하도록 진화했다. 특히 어린 시절에 믿음 직한 사람이 도와주고 보살펴준다면 안전함과 함께 내적 인 안정감이 커진다. 하지만, 무관심하거나 보살피길 거부 한다면 자신감이 없어지고 회복탄력성이 떨어진다.

✓ 과거에 무슨 일이 있었다고 해도, 내면의 안전함을 느낄 수 있다. 그러기 위해서는, 보살핌을 받을 기회를 찾아 이 러한 경험을 안으로 받아들여야 한다. 또한 자신의 어린 시절을 일관적이고 객관적으로 돌아보아야 한다.

✓ 힘에 겨운 일이 닥치면 우리는 대개 처음에 겪은 고통이나 혼란에 대해 두 번째 반응을 더한다. 이러한 두 번째 화살 은 너무나도 큰 고통을, 특히 인간관계에 안긴다. 이를 염 두에 두고, 두 번째 화살이 날아오지 않도록 노력한다.

✓ 두 번째 화살이 날아오는 곳은 주로 내부 비판이다. 내부 비판은 도움을 주려고 애쓰지만 과도하게 질책하여 수치 심을 안긴다. 이는 자존감을 무너뜨려, 실망이나 실패를 극복하기 어렵게 한다. 내부 양육자를 강화하여 내부 비판 자에 맞서야 한다.

✓ 우리는 다른 사람이 기본적으로 좋은 사람이라는 사실을 일상적으로 깨닫는다. 아마 다른 사람도 당신을 그렇게 생 각할 것이다. 이는 자신이 기본적으로 좋은 사람이라는 사 실을 깨닫게 도와준다.

PART 3

조절하기

법칙 7

침착함

위험은 과대평가하고 자신은 과소평가하는 사람들

내가 하늘이다. 다른 모든 것은 단지 날씨일 뿐.

- 페마 초드론

포러스트와 나는 북부 캘리포니아에 있는 클래머스강에서 래프팅을 한 적이 있다. 가이드는 우리를 데리고 온몸을 적셔가며 급격하게 경사진 곳을 통과했다. 그때 우리는 엄청난 재미와 함께 큰 교훈도 얻을 수 있 었다. 위험한 급류가 안전을 위협했지만, 그 순간의 가이드 표정을 기억 한다. 주변에 도사린 위험을 처리할 때 내비쳤던, 신중하면서도 자신감 이 넘치는, 경계를 풀지 않으면서도 긴장하지 않았던 표정을. 그에게는 침착성이라는, 즉 고통이나 위협을 처리하면서도 안전구역에서 벗어나 지 않게 해주는 정신적 자원이 있었다.

모든 사람은 때로 육체적이거나 정서적인 고통을 경험한다. 그리 고 늘 고통을 겪으며 사는 사람도 많다. 실제 고통 외에도 고통의 위협 은 차를 스치듯 지나치는 트럭이나 아내의 얼굴에 내비치는 짜증 등 사방에서 나타난다. 기회를 잡는 순간에도 고통의 위협이 생길 수 있다. 예를 들어, 내 인생에서 가장 두려운 경험 중 하나는 어떤 대답이 나올지 모르면서 첫 여자 친구에게 사랑 고백을 할 때였다.

고통이나 고통의 위협과 마주했을 때, 그 가이드처럼 침착함을 잃지 않을지도 모른다. 하지만 보통은 도망을 치거나, 싸우거나, 온몸이 얼어붙거나, 혹은 몇 가지 반응이 함께 나타나기 마련이다.

- 두려움: 불편함, 긴장, 걱정, 불안, 놀람, 공포
- 분노: 분개, 성가심, 짜증, 의분, 격노
- 무기력: 압도, 무능, 패배, 무용, 마비

때로 두려움과 분노, 무기력을 경험하는 것은 정상이다. 하지만 이러한 반응이 급속히 퍼지거나, 만성적으로 되거나, 혹은 행복과 인간관계 그리고 일에 영향을 미친다면 문제가 발생한다. 안전에 대한 욕구는 필수적이다. 그 때문에 우리 자신을 조절해 침착하게 고통과 위협에 맞서는 것 역시 매우 중요하다. 이를 위해 우리는 긴장을 풀고, 중심을 잡으며, 위협을 정확히 이해하고, 안전함을 키우며, 분노를 식히는 방법에 대해 살펴볼 것이다. (무기력에 대해서는 법칙 4에 나오는 '행위' 부분을 보기 바란다.)

구불구불한 삶에서 중심을 잡다

앨런 와츠의 말처럼, 인생은 '구불구불'하다. 몸과 마음속은 좋은 쪽으로든 나쁜 쪽으로든 계속해서 변화한다. 게다가 갈수록 불안하고, 불확실하며, 복잡하고 모호한 세상이 우리에게 미치는 영향은 매일 커지고 있다.

건강한 휴식 상태

자율신경계는 파도타기를 할 때 중심을 잡기 위해 교감신경과 부교감신경을 이용해 몸과 마음을 관리한다. 부교감신경과 교감신경을 자동차의 감속장치와 가속장치라고 생각해보자. '휴식 및 소화'를 담당하는 부교감신경계가 먼저 진화한 다음 교감신경계가 발달했다. 부교감신경이 일할 때는 심박동수가 느려지며, 몸은 재충전하고 스스로 치료한다. 부교감신경이 극도로 활성화되면 강한 경직 반응이 나타난다. 마치 말할 수 없는 느낌과 비슷하다. 동물의 '죽은 척하기playing dead'가 인간에게 나타났다고 할 수도 있다. 하지만 정상적인 부교감신경 활동은 행복을 중심으로 편안하고 좋은 느낌을 준다.

반면 교감신경계는 전력을 다해 심장이 뛰는 속도를 높이고, 아드레날린이나 코르티솔 같은 호르몬이 혈관에 흐르게 하여 몸을 움직일 준비를 한다. 몸에 점차 활기가 생기면서 정신도 활성화되어, 생각과 감각이 활발해진다. 다음 법칙에서 살펴보겠지만, 교감신경 활성화는 행복이나 사랑, 자신감 같은 긍정적인 감정과 결합할 때 열정과 회복탄력성의 훌륭한 원천이 된다. 몸과 마음의 건강한 휴식 상태는 충분한 교감신경의 활성화와 더불어 상당한 부교감신경의 활동을 수반한다. 하지만 교감신경계가 분노나 두려움 같은 부정적인 감정과 결합하면, 투쟁-도피 반응fight-flight reaction은 스트레스와 혼란을 유발한다. 이들은 몸과 마음에 부담을 주고, 인간관계를 껄끄럽게 한다.

안타깝게도, 현대의 밀어붙이기식 문화에서는 부교감신경이 회복될 기회는 없는 듯하다. 이는 교감신경계에 과부하를 걸리게 한다. 또한 교감신경이 활성화되는 데는, 의욕이 넘치는 성격이나 과거의 트라우마처럼 개인적인 이유가 있을 수 있다. 우리는 대부분 경미하거나 중증 수준의 만성 스트레스를 경험하며, 많은 시간을 보낸다.

삶의 속도를 늦추고 일을 덜 하며 살 수도 있을 것이다. 하지만, 대부분 직장과 가정에서 그러기란 현실적으로 쉽지 않은 일이다. 정신없이 일하면서 거기서 벗어날 생각이 없다면, 부교감신경계의 도움을 받는 것이 좋다. 가장 좋은 방법은 수시로 긴장을 푸는 훈련을 하는 것이다.

●

자리 잡기

부교감신경계와 교감신경계는 시소처럼 연결되어 있다. 한쪽이 올라가면 다른 쪽은 내려온다. 긴장이 풀리면 부교감신경이 활성화되고,

이로 인해 교감신경의 활동과 함께 스트레스 호르몬이 감소한다. HEAL 단계를 이용해 반복되는 휴식의 경험을 내면화하면 압박과 불안, 짜증에 대한 기준이 낮아진다. 그러면 긴장하거나 기분이 나빠지기 시작할 때 훨씬 빠르게 침착함과 마음의 중심을 되찾을 수 있다.

휴식은 숲속을 산책할 때처럼 여가를 즐길 때 쉽게 느낄 수 있다. 하지만 반드시 여가일 때만 휴식을 느낄 수 있는 것은 아니며, 그래야만 하는 것도 아니다. 농구 선수가 연장전에서 자유투를 던질 때는 반드시 긴장을 풀고 근육의 기억이 대신하게 해야 한다. 이보다 훨씬 극한적인 상황에서는 아담 세비지가 한 말처럼 "침착하면 살고, 긴장하면 죽는다."

내가 이것을 깨달은 것은 열여섯 살 때 태평양에서 스킨다이빙을 하다 익사할 뻔하면서였다. 크게 숨을 들이마신 다음, 해초 사이를 지나 원래 있던 곳으로 헤엄쳐 가려고 했지만, 해초에 걸리고 말았다. 공포에 사로잡혀 힘을 다해 발버둥 쳤음에도, 해초는 더 꼬일 뿐이었다. 공기는 다 떨어져 곧 죽을 것 같았다. 그때 지금까지도 기억하는 한 가지 생각이 떠올랐다. '진정해.' 그러자 긴장이 풀렸다. 허우적거리는 바람에 스노클이 입에서 떨어져 나갔고, 마스크는 목에 걸려 있었다. 물갈퀴는 어디 있는지 알 수 없었다. 나는 물에 긴 시간 동안 있었던 상태였다. 하지만 천천히 엉킨 해초를 풀면서, 황갈색 해초 사이를 뚫고 위로 올라갔다. 마침내 은빛으로 빛나는 표면 위로 올라가 공기를 한 모금 들이마셨다. 그 순간에 '진정해'라는 생각이 들었다는 것이 아직도 잘 이해되지 않는다. 하지만 안정의 가치는 더할 나위 없이 명확하게 깨달았다.

침착함의 기준을 확립한다. 그리고 스트레스를 받은 뒤 빨리 회복하기 위해, 일주일에 여러 번 몇 분 이상 진정한 휴식을 취하는 시간을 마련한다. 또한 흘러가는 일상에서 몇 안 되는 휴식 시간을 찾아본다. 특히 스트레스 지수의 바늘이 점차 붉은색을 향해 올라가기 시작했다면 말이다. 과열된 문화에서 휴식은 의식적으로 우선시해야 한다. 많은 것이 위로와 안정을 준다는 것을 명심하자. 다음은 휴식을 위한 몇 가지 좋은 방법이며, HEAL 단계를 이용해 이러한 경험을 받아들일 수 있다.

숨 길게 내뱉기

부교감신경계는 내뱉는 호흡을 관리하며 심박동수를 낮추는 반면, 교감신경계는 들이마시는 호흡을 담당하며 심박동수를 높인다. 내뱉는 호흡이 길어지면 자연스럽게 부교감신경계가 개입한다. 여러 차례 호흡하면서, 마음속으로 나지막이 수를 세며 들이마시는 호흡보다 내뱉는 호흡이 길어지게 한다. 예를 들어, 하나, 둘, 셋을 세는 동안 들이마시는 호흡을 했다면 하나, 둘, 셋, 넷, 다섯, 여섯을 세는 동안 내뱉는 호흡을 한다.

긴장 풀기

턱 근육이나 흉곽 아래에 있는 횡격막처럼 주요 부위 한 곳을 골라, 의식적으로 이 부위에 힘을 뺀다. 원한다면 점진적인 완화를 시도한다. 발에서 시작하여 머리까지 위로 올라가면서 체계적으로 몸 주요 부분의 긴장을 푼다. 머리에서 시작하여 아래로 내려갈 수도 있다.

바이오피드백 사용하기

감지기로 심박수, 호흡, 혈압, 피부 온도, 뇌파 등 생리적 기능의 변화를 확인해 신체 기능을 의식적으로 조절하게 유도하는 기법이다. 웨어러블 제품을 이용하거나, 귓불이나 손가락에 클립을 장착하여 심박동수와 호흡의 변화를 파악한다. 몸에서 나오는 실시간 반응을 확인해 평온한 상태에 이를 수 있게 해주는데, 시간에 따른 몸의 변화를 볼 수 있다.

운동하기

요가, 태극권, 기공氣功, 걸으면서 하는 명상, 춤, 노래 등은 긴장을 풀어주고 기운이 나게 해준다. 아니면 낙엽을 쓸거나 빨래를 개는 것 같은 일상적인 활동을 하나 고른다. 그다음 차분하고 느긋하게 해보자. 그러는 동안 늘 몸과 소통한다.

이미지 이용하기

대부분 스트레스가 내부에서 언어를 어떻게 처리하는지에 따라 야기된다. 우리는 미래를 걱정하고, 과거를 되풀이하고, 현재에 대해 불평하는 것을 모두 말로 한다. 언어에 대한 신경 토대는 좌뇌에 있고, 이미지를 포함한 기타 전체적인 과정은 우뇌에서 처리한다(대부분 왼손잡이는 이와 반대이다). 양쪽 뇌는 서로의 작용을 억제하기 때문에, 한쪽이 활성화되면 다른 쪽은 활동을 멈춘다. 따라서 이미지에 집중하면 언어적인 활동이 감소하여 휴식에 도움이 된다.

이미지를 찾는 방법은 다양하다. 언젠가 가보았던 아름다운 장소를 떠올려, 마음속으로 그곳을 다시 한번 걸어본다. 아니면 시골길을 따라 걸으며 휴식을 취하는 상상을 한다. 기분이 좋아지는 곳을 돌이켜 생각하며, 행복한 느낌을 형상화해보자.

종이호랑이 편집증 인지하기

불안해하거나 공포에 빠진 모습을 보면 누가 봐도 두려움 때문이라는 것을 알 수 있다. 하지만 두려움은 보이는 모습 이면에서 숨겨진 힘을 행사하는 경우가 많다. 예를 들어, 익숙한 장소에서 벗어나려고 하지 않거나, 어려운 일은 차일피일 미루거나, 감정을 겉으로 드러내지 않으려고 하거나, 소신대로 말하지 못하고 눈에 띄지 않으려고 할 때, 두려움이 작용한다.

두려움이 강력한 까닭은 생존에 필수 불가결하기 때문이다. 오늘날 우리가 보기에 별것 아닌 것처럼 보이는 걱정거리를 해결할 때 사용하는 방식은 선조들을 위협에서 살아남게 해준 신경호르몬이 작용하는 방식이다.

●

두 가지 실수

신경계가 진화함에 따라 동물은 (비유적으로 말하자면) 두 가지 유형의 실수를 저지를 수 있다.

1. 호랑이가 없는 덤불에 호랑이가 있다고 믿는다.
2. 호랑이가 막 덮치려는데 호랑이가 없다고 믿는다.

야생에서 첫 번째 실수에 대한 대가는 무엇일까? 불필요한 불안이다. 이는 불편하긴 해도 치명적이지는 않다. 두 번째 실수에 대한 대가는 무엇일까? 죽음일 가능성이 크다. 따라서 선조들은 두 번째 실수를 저지르지 않기 위해 첫 번째 실수를 반복하게 되었다. 사실상 종이호랑이 편집증 환자가 된 것이다.

결과적으로 대다수 사람은 위협을 과대평가하면서, 위협을 해결할 수 있는 자신의 능력은 과소평가한다. 이러한 편향은 이면에서 작용하여 잘 드러나지 않는 경우가 많다. 학창 시절 나는 어수룩하고 부끄러움이 많았다. 어른이 되어서도 사람들 앞에 나서면 당연히 안 좋은 일이 일어나리라고 생각했다. 오랜 시간이 지난 후에야 이것이 억측이며 사람은 대부분 무례하지 않다는 사실을 깨달았다.

일단 편견이 자리 잡으면 우리는 그 편견을 확인해주는 정보와 경험을 집중적으로 마음에 담아두는 반면, 그와 상충하는 것은 모두 무시하거나 중요하지 않은 것으로 여긴다. 나 또한 나에게 편견이 있다는 사실을 이해하기까지, 대부분 사람이 따뜻하게 대해주었음에도 집단에 대한 두려움이 줄곧 자리 잡았다.

●

불필요한 불안

실질적인 위협을 인지하고, 위협을 해결할 능력을 키우는 것은 분명히 중요하다. 하지만 사람은 대부분 쓸데없이 지나치게 불안을 느낀다. 우리는 두려움이라는 색안경을 끼고 자신과 사는 세상, 그리고 다가올 미래를 바라보는 경향이 있다. 이성적으로 두려워할 필요가 전혀 없다는 사실을 알 때조차 언제라도 뭔가 잘못될 수 있다는 생각을 마음에 품는다. 불안은 위험의 신호로 기능하지만, 대개 요란하게 울리는 불쾌하고 의미 없는 자동차 경적 같은 잡음일 뿐이다.

그렇다면 그 대가는 무엇일까? 불안하면 기분이 나쁘고, 스트레스와 피로가 쌓인다. 잘못된 경보가 마구 쏟아지면 진짜 위험을 발견하지 못하기에 십상이다. 특히 시간이 흐르면서 서서히 커지는 위협은 놓치기가 쉽다. 우리는 불안을 느끼면 과민하게 반응하거나, 남에게 위협을 가한다. 불필요한 두려움으로 다가오는 기회가 기피해야 할 위협으로 변화기도 한다. 그리고 두려움 때문에 방어적으로 바뀌고, 결정을 내리지 못하며, 행동하지 못한다. 게다가 사람들의 인간관계는 '우리'에 더욱 집착하는 반면 '남'에 대한 의심은 커지고 공격적으로 바뀐다. 이러한 모든 것이 더해져 사람의 회복탄력성은 떨어진다.

위협을 줄이고 삶을 더 안전하게

두려움은 위협이 능력보다 커 보일 때 나타난다. 실제로 위협이 능력보다 클 때도 있다. 낼 돈은 없는데, 예상치 못한 고지서가 날아올 때처럼 말이다. 하지만 '종이호랑이 편집증'으로 위협은 대개 실제보다 커 보이고 능력은 실제보다 작아 보인다.

두려움이 인생에서 지나치게 큰 역할을 한다는 사실을 깨닫는다고 해도, 여전히 두려움을 떨쳐내기란 쉬운 일이 아니다. 많은 사람이 사실 두려움이 없는 상태를 두려워한다. 그때 방어가 허술해지기 때문이다.

안전해지려면 위협을 줄이고 능력을 키워야 한다. 안전하다고 느끼기 위해서는 위협을 지나치게 과장하지 말고 우리가 가진 능력을 모두 인지해야 한다. 그러면 두려움이 없는 상태를 두려워할 필요가 없다.

현실의 위협을 줄이기 위해 할 수 있는 일을 하며, 위협을 해결할 수 있는 현실적인 능력을 키운다고 해보자. 그러는 동안 위협을 명확하게 이해하는지, 자신이 가진 능력의 가치를 제대로 아는지, 스스로 합당하다고 여길 만큼 안전한지 확인한다.

●

위협을 명확하게 이해하기

자신을 괴롭히는 것 중 한 가지를 고른다. 질병이 될 수도 있을 테고, 돈 문제나 인간적인 갈등일 수도 있다. 또한, 위험을 감수하지 않으려고 숨긴 삶의 일부일 수도 있다. 공개 연설을 회피하거나, 진심으로 바라는 것을 상대에게 요구하지 않는 것처럼 말이다. 이런 과정을 혼자 곰곰이 생각하거나, 일기를 쓰거나, 다른 사람과 대화하면서 진행할 수 있다. 그리고 이러한 방법은 여러 걱정거리에서도 유용하다.

문제의 크기는 얼마인가?

문제의 크기를 명확하고 구체적으로 생각한다. 모호하고 처리하기 어려운 상태로 두지 말고, 따로 떼어내 생각한다. 예를 들어, "건강이 안 좋아"라고 말하는 대신 "혈압이 높아"라고 말하면 어떨까? 문제를 공간과 시간에 국한한다. 삶의 어느 부분에 영향을 미치는가(미치지 않는가)? 언제 발생하는가(무관해지는가)?

일어날 가능성은 얼마나 되나?

만성 질병 같은 지속적인 문제에 시달린다고 생각해보자. 불안을 느끼는 경우는 대부분 무언가 나쁜 일이 일어날지도 모르기 때문이다. 고통에 대한 위협은 있지만, 고통 자체는 없다. 예를 들어, 어떤 사람은 '병에 걸릴지도 몰라' 혹은 '분노를 드러내면 사람들이 나를 싫어할 거야'라고 생각할 수 있다.

내가 걱정하는 것이 실제인지 가능성인지, 자신에게 물어보라. "실제로 그럴 가능성은 얼마나 될까?" 과거에 함께 사는 사람이나 당시 알던 사람 때문에 안 좋은 일이 실제로 일어났을 수 있다. 하지만 요즘은 상황이 달라졌고, 안 좋은 일이 일어날 가능성은 아마 훨씬 적을 것이다.

실제로 얼마나 나쁜 일이 일어나는가?

위협이 실현된다면 어떤 경험을 할까? 예를 들어, 당신이 여린 사람이라면 누군가에게 거절당하지 않을까 두려울 것이다. 자, 두려워하던 사건이 일어났다고 가정해보자. 실제로 그런 일이 일어나면 어떤 기분일까? 상상할 수 있는 최악의 경우를 10점이라고 가정하고 0점에서 10점 사이로 표현한다면 어느 정도인가? 그리고 얼마나 오랫동안 지속되는가? 과거에 비슷한 일이 일어났을 때 끔찍한 경험을 했을 수도 있다. 특히 어린 시절에는 신경계가 완전히 성장하지 않아 훨씬 날카롭게 느꼈을 수도 있다. 하지만 성인이 된 지금은 내면에서 큰 충격을 흡수할 수 있다. 어린 시절만큼 두렵지 않거나 오랫동안 지속되지 않을 가능성이 크다.

●

내 능력 가치 제대로 알기

그런 다음 자신에게 질문한다. 두려워하는 것의 실제 크기, 그것이 일어날 가능성, 충격의 강도가 주어진다면 어떻게 대처할 것인가? 예를 들어 자동차 타이어에 바람이 빠진 것을 발견했다고 가정해보자. 분명 귀찮은 상황이다. 하지만 당신이 타이어를 교체하는 방법을 알거나 견인차를 부를 수 있다면 그다지 큰 문제는 아닐 것이다.

마음의 자원

이전에 문제를 처리하기 위해 투지나 자신감, 연민 같은 내면의 힘에 의존했던 때를 생각해본다. 그리고 잠시 시간을 내서 다시 그러한 내면의 힘을 이용해 현재의 어려움을 해결할 방법을 고민해보자. 또한 우리가 활용할 수 있는 재능과 능력을 생각해보자. 어떻게 하면 문제를 해결할 수 있을까? 문제를 예방하고, 관리하기 위해 어떤 계획을 세울 수 있을까? 마음 챙김이나 선한 마음 같은 내면에 있는 다른 능력이 당신을 도울 방법을 생각해보자.

몸의 자원

몸이 지금까지 당신에게 어떻게 도움을 주었나? 어떻게 하면 다시 도움받을 수 있을까? 타고난 몸의 활력을 느낄 수 있을까? 몸이 얼마나 강한지, 에너지가 넘치는지, 어떤 능력이 있는지 느껴보자. 또한 당신 몸이 이러한 문제를 해결하는 데 도움을 줄 수 있는 몇 가지 방법을 생각해보자.

세계의 자원

당신 주위에는 친구, 가족, 지인 등 많은 자원이 있다. 이들이 어떤 도움이 될까? 실질적 도움이나 감정적 지원 모두 생각해보자. 애완동물을 키운다면 그 애완동물을 생각해보자. 무릎에 올라와 있는 고양이를 볼 때마다 나는 늘 한시름을 던다. 필요하다면 의사나 변호사, 회계사 등 전문가의 도움을 받을 수 있다. 당신이 가진 것을 생각해보고, 어떻게 하면 문제를 해결하는 데 사용할 수 있을지 고려한다.

자원 깊이 느끼기

자원에 대해 곰곰이 생각하면서, 그러한 생각이 충만함, 안심, 안도감 등으로 바뀌게 한다. HEAL 과정으로 이러한 느낌을 강화하고 흡수한다. 원한다면 연결 단계를 이용해 긍정적인 느낌으로 불안감을 달래 사라지게 한다.

●

적절한 안전 확인하기

암벽 등반을 시작했을 무렵 잠자리에서 이상한 경험을 했다. 꿈에서 느닷없이 내가 절벽 아래로 미끄러져 화강암을 향해 떨어지고 있었다. 부딪히기 직전에 잠에서 깼다. 몇 분 뒤 다시 잠이 들었고, 이번에도 절벽에서 떨어져 바닥에 충돌하기 직전 꿈에서 깨어났다. 이런 일을 몇 번 겪은 뒤 나는 꿈과 싸우길 포기했다. 잠이 들 때면 스스로 절벽 면에서 뒹굴며 떨어지다 평평한 바닥에 부딪혀 피를 흘리는 내 모습을 상상했다. 충돌의 순간 어떤 생각이 떠올랐다. 나는 하루 내내 추락에 대한 두려움을 모두 떨쳐버리느라 시간을 보냈지만, 충돌의 순간 다시 두려움이 고조된다는 것이었다. 또한 효과적이고 기분 좋게 적절한 불안을 느낄 수 있는 지점이 있다는 사실을 깨달았다. 지상에서 수백 미터나 높은 곳에도 말이다.

두려움을 억누르지 않고, 두려움이 말하려는 것을 간과하지 않는 것이 중요하다. 합리적 걱정은 잠재적 위험에서 벗어나게 도와주는 친구 같은 존재이다. 하지만 두려움에 휩싸이거나, 공격당하고 피해를 보더라도 더 안전해지지는 않는다. 오히려 지나친 두려움으로 혼란이 생기고 육체 손상으로 실질적 안전이 약화한다. 사소한 공포는 당신을 적색 구역으로 밀어내지 않는다.

내가 가장 좋아하는 부처의 말에 이런 말이 있다. "고통스러운 감정이 생겼지만, 그 감정은 내 마음을 침범하지 않고 그대로 있었다." 두려움을 이용해야 한다. 두려움이 당신을 이용하게 하지 말고.

우리가 지금까지 본 것처럼, 두려움을 크게 가질 필요는 없다. 대개 상상하는 위협이 실현될 가능성은 생각보다 작다. 그에 따른 결과도 그리 나쁘지 않을 것이다. 따라서 우리는 생각보다 잘 대처할 수 있다. 절벽에서 떨어진다면 혹은 그와 비슷한 상황이라면 두려워해도 된다. 하지만 그게 아니라면, 일상을 보내면서 합리적으로 안전함을 느끼도록 자신을 도와야 한다.

분 노 를 식 히 는 법

분노라는 감정을 경험하고 표현하는 것이 자신을 인정하고 옹호하는 중요한 방법이라는 사실을 깨닫는 데, 나는 상당한 시간이 필요했다. 부모만 분노할 수 있는 권리가 있는 집에서 성장한 사람이 그러하듯이 말이다. 분노는 고통과 좌절, 공격, 부당함에 대한 자연스러운 반응이다. 역사를 통틀어 다양한 부류의 사람, 이를테면 아동, 여성, 종교인, 민족 등의 정당한 분노가 무시나 비난을 당했다. 다른 사람이 당신의 분노를 없애버리려고 한다면 마음속에 분노를 위한 공간을 만드는 것이 특히 중요하다.

분노는 무엇이 문제인지 명확하게 이해하게 해준다. 그럼에도 분노에는 긴장과 스트레스, 관계에 대한 위협이 뒤따른다. 빈번하거나 만성적인 분노는 심신을 지치게 한다. 마치 위험한 산acid처럼 몸과 마음의 건강을 부식시킨다. 우리가 서로에게 드러내는 감정 가운데 사람들이 가장 주목할 수밖에 없는 것은 대부분 분노이다. 마치 붉은 빛이 번쩍거리면서 '위험'을 알리는 것처럼 말이다. 그리고는 상대방의 분노에 대해 자신도 분노로 맞서면서, 관계의 악순환이 생긴다.

분노를 식힌다는 것이 불의를 허락한다거나 남에게 이용당하는 사람이 되자는 말은 아니다. 분노를 식힌다고 해도 당신은 여전히 강하고 힘이 있다. 분노에 휩싸이지 않아도, 단호하거나 열정적이거나 확신에 차 있던 때를 떠올려보라. 방법은 겉으로 드러나는 포장지(분노)에 주의하면서 선물(분노의 긍정적인 기능)을 받아 이용하는 것이다. 이 말은 분노를 능숙하게 관리하고 표출하면서, 그 안에 내재한 문제도 다뤄야 한다는 의미이다.

●

분노에 주목하기

분노는 대개 마음의 이면에서 작용하므로, 분노의 존재를 인지하면 분노가 당신을 통제하기 전에 당신이 분노를 통제할 수 있다. 가벼운 정도의 분개에서 폭력적인 분노까지 다양한 정도와 강도의 분노를 인지하려고 노력한다. 어떤 식으로든 분노를 느끼면 그에 대한 느낌, 감정, 생각, 욕망 등을 살핀다. 분노는 층을 이루며, 분노의 불안정하고 뜨겁고 공격적인 표면은 보통 여리고, 약하고, 불안하고, 충족되지 못한 요구(특히 안전에 대한)를 기초로 한다. 분노는 위협에 대한 주된 반응이기 때문이다. 분노는 전달자이다. 깊은 좌절, 충족되지 못한 바람, 감정적인 고통에 대해 분노는 무슨 말을 하는 것일까? 자신의 경험을 인정하고 자신에 대한 연민을 가지도록 노력해보자. 이러한 깊은 요인에 마음을 열고 함께한다면 분노는 스스로 사라진다.

분노에 따르는 대가를 조심해야 한다. '부정적인' 감정에는 슬픔, 불안, 수치심, 분노로 네 가지 주요 유형이 있다. 그중에서 가장 사람들의 마음을 끄는 것은 분노이다. 대부분 사람은 우울하거나 불안하거나, 자신의 능력이 부족하다는 느낌을 좋아하지 않는다. 하지만 분노와 같이 나타나는 의분과 에너지가 치밀어 오르면 자극적이고 조직적(흩어져 있던 마음의 실타래를 한데 모아 목표를 분명히 하듯)인 느낌과 함께, 쾌락마저 느껴진다. 분노는 또한 상처와 약점을 숨기거나, 지위나 우월함을 주장하거나, 두려움을 떨쳐내거나, 작거나 약해진 기분을 보상하기 위한 효과적인 방법이다. 인간관계에서 말다툼은 타인과 거리를 두어 편안함을 유지하는 목적에 도움을 줄 수 있다. 그래서 분노를 달콤하지만 독이 묻은 가시로 표현하기도 한다. 나는 그러한 달콤함을 맛보고 싶은 마음을 인정하는 대신 내가 무엇을 잘못했는지에 대해 분개하며 시간을 보냈다. 그러는 동안, 독은 점점 퍼져 스트레스와 혼란을 유발하는 동시에 앞으로 나타날 과잉 반응의 준비 단계가 되었다.

분노가 나타나는 과정에 주목해보자. 그 과정은 보통 두 단계로 이루어진다. 준비 단계와 발단 단계이다. 준비 단계에서는 작은 것들이 쌓인다. 그중 일부는 스트레스나 피로, 배고픔 같은 일반적인 것이다. 이와 함께 좀 더 구체적인 것으로 오해받는 느낌, 실망감, 특정한 사람이 신경 쓰이는 번거로운 느낌 등도 있다. 마치 누군가가 내 손등을 손톱으로 긁어대는 것과 비슷하다. 처음에는 수십 번을 긁어도 크게 문제 되지 않지만, 마지막 한 번 때문에 큰 상처가 생길 수 있다. 아무리 사소한 경험일지라도 성냥개비 쌓듯 쌓인다.

그런 다음, 두 번째 단계에서 불꽃이 튀어 불이 붙기 시작한다. 대개 발단이 되는 사건은 그 자체보다 과장이 되는 경우가 많다. 예를 들어, 아이들이 장난감을 바닥에 어질러놓았다고 하자. 당신 기분이 좋다면 거의 신경 쓰지 않을 것이다. 하지만 힘겨운 하루를 마치고 돌아와 피곤한데(준비), 장난감 소방차가 당신 발에 걸렸다면(발단) 화가 폭발할 것이다. 분노하는 순간, 어떤 일이 일어나더라도 정당화할 수 있다고 생각하기 쉽다. "음, 당연히 화가 나지!" 하지만, 분노에 기름을 끼얹은 것은 준비 단계에 일어난 사건이다. 분노는 발단된 사건 자체보다 지나치게 커진다.

●

분노를 능숙하게 다루기

법칙 10 〈용기〉에서 우리는 효과적으로 자기주장 하는 방법을 다룰 것이다. 여기서는 마음에 있는 분노를 다루는 방법에 초점을 맞춘다.

분노가 어떻게 상처 주는지 깨닫기

'남에게 화를 내는 것은 맨손으로 뜨거운 석탄을 던지는 것과 같다'는 속담이 있다. 두 사람 모두 다친다는 말이다. 분노를 통해 보상과 정당성을 동시에 느낄 수 있기 때문에, 다른 사람에게도 영향을 미치지만 자신에게도 치명적인 부담을 준다.

최근이나 지난 몇 년 동안 개인적으로 치러야 했던 분노의 대가에 대해 생각해보자. 분노로 어떤 기분이 들었는지, 건강이나 인간관계에 어떤 영향을 미쳤는지 고민해보자. 분노를 안으로 삭일 때도, 분노는 사람을 갉아먹는다. 분노란 독약을 먹고 남들이 죽기를 기다리는 것과 같다는 말을 들어봤을 것이다.

이 모든 것을 고려하여 어떻게 분노를 이해하고 관리할 것인지 마음속으로 정한다. 육체적 고통이나 부당한 대우 같은 잠재된 원인을 해결할 방법을 결정한다. 그리고 그것을 표현할 방법을 선택한다. 이러한 결정을 확신하고 받아들인다.

준비 단계 줄이기

하루를 보내는 동안 분노로 이어지는 준비 단계가 나타나면 최대한 빨리 참견한다. 예를 들어 십 대 자녀와 숙제에 관해 이야기하기 전에는 휴식을 취해 업무 때문에 무거워진 머리를 맑게 하는 것이 좋다. 그리고 당신이 특별히 어떤 사람이나 환경, 주제에 민감한 것은 아닌지 생각해본다. 만일 그렇다면 그 내용을 자신에게 말로 표현하여 미치는 영향력을 줄인다. "시댁에 또 가야 한다고 생각하니 마음이 편치 않아", "회의 시간에 계속 내 말을 끊어서 더 이상 참을 수가 없어", "아무도 설거지를 도와주지 않아 화가 나" 같은 말을 해보는 것이다.

상황이 예상과는 다르게 흘러가면 발단된 사건 자체에 따라 반응하려고 노력한다. 발단된 상황, 사건, 말, 분위기 등이 처음 일어난 것이었다면 어떻게 반응했을지 자신에게 물어본다. 객관적으로 보려고 노력하자. 이러한 발단이 10점 만점을 기준으로 보았을 때 실제로 얼마나 안 좋은 것인지, 그 영향은 얼마나 지속될지, 며칠이 지난 후에 기억이나 할 만한 것인지 물어보자. 지금 이야기하는 것은 발단된 사건이 미치는 영향을 최소화하자는 것이 아니라, 투명하게 보자는 것이다.

이 방법 덕분에 나는 발단된 어떤 사건이 실제로는 2점짜리였지만, 분노로 7점까지 올라갔다는 사실을 깨달았다. 이러한 사실을 깨닫고 나서, 열띤 과잉 반응이 나타나는 상황에서도 최대한 2점짜리 사건의 반응에 가까운 표현과 분위기를 유지했다. 그런 다음 발단된 사건을 처리하고 나면, 준비 단계에서 문제가 된 원인을 살펴볼 수 있었다.

도리에서 자유로워지기

가치와 기준이 있으면 도움이 된다. 하지만, 거기에 독단성과 우월성이 더해지면 사람들의 분노를 부추기고, 상대의 반발을 사고, 당신의 신뢰도를 떨어뜨린다. 사람과 관련된 일에 도리가 개입하면 홍수가 난 강에 분노라는 배를 띄우는 것이다.

마음속에서 '모든 것을 다 알고 있다'거나 '내가 너보다 우월해'라는 생각을 문제의 본질과 분리하려고 노력해야 한다. 예를 들어, 룸메이트가 설거지하길 바라는 것과 룸메이트가 설거지하지 않는다고 해서 게으르고 이기적이며 책임을 회피하는 사람이라고 생각하는 것은 별개의 문제이다. 무엇이 도리인지는 하나의 경험으로 인식해야 하며, 도리를 내세우지 않고 문제를 확실하게 설명할 줄도 알아야 한다. 마지막으로 다른 사람이 당신에게 도리를 들이댈 때 얼마나 싫어했는지 기억해두자.

잔소리할 때 주의하기

나는 잔소리를 심하게 받고 자랐다. 부모님은 일이 잘못되지 않을까 걱정하며 남의 실수를 곧바로 지적했다. 진심으로 걱정했기 때문이었고 단지 도우려는 것뿐이었다. 그럼에도 나는 남의 비판을 들으면 방어적으로 되었고, 남의 실수(특히 화나게 한 사람의 실수)를 찾아내는 습관이 생겼다. 이 정도는 정상이라고 할 수 있지만, 인간관계에 불필요한 긴장과 갈등이 생겼다.

당신이 상대방의 잘못이나 들춰낼 흠을 찾으려고 하는지 생각해본다. 그런 다음 자신에게 물어본다. "이것이 얼마나 중요한가?" 이를 설명해주는 선불교 이야기가 하나 있다. 엄격한 순결 서약을 한 두 스님이 길을 가다 진흙으로 덮인 강가에서 아름다운 여인과 마주쳤다. 나이든 스님은 여인에게 강을 건널 수 있게 돕겠다고 한다. 여인은 기뻐하며 허락했고, 스님은 그렇게 했다. 그리고 각자 제 갈 길을 갔다. 그 후 두 스님은 계속해서 길을 걸었다. 한 시간 동안 젊은 스님의 머릿속에는 이런 생각이 떠나지 않았다. 어떻게 고참 스님은 그 여자의 달콤한 숨결을 목으로 느끼며 부드러운 몸을 안을 수 있지? 아름다운 긴 머리칼의 향을 줄곧 맡고 있었다니 정말 소름이 끼치는군! 이윽고 젊은 스님은 고참 스님에게 모두 털어놓았다. 고참 스님은 말을 듣더니 온화하게 웃으며 말했다. "나는 그녀를 강 건너까지 데려다주었지만, 자네는 그 이후로 내내 그녀를 데리고 가는군."

자신의 잘못과 남의 잘못에 사로잡힌 채 성장했다면, 그러한 잘못을 내려놓는 게 얼마나 좋을지 상상해보자.

천천히 하기

우리 뇌에서 정보는 여러 경로를 따라 흐른다. 마치 강에 연결된 물길이 얽혔다가 갈라지는 모습과 비슷하다. 유입되는 정보의 핵심 경로는 피질 하부의 감각 스위치와 시상thalamus 등을 거친 다음 갈라진다. 한쪽은 오랫동안 뇌의 경고등(다른 기능도 많지만) 역할을 해온 편도체 amygdala에 연결되고, 다른 쪽은 최근에 진화한 전전두엽 피질로 이어진다. 이곳은 복잡한 사고, 신중한 계획, 타인에 대한 섬세한 이해 등을 처리하는 중심이다.

시상 옆에 있는 편도체는 전전두엽 피질보다 먼저 반응할 수 있다.

편도체의 '일단 뛰고 나서, 생각'하는 본성 때문에 우리는 즉각적으로 반응한다. 1초 혹은 2, 3초 뒤에 전전두엽 피질이 따라잡기 시작하면 편도체는 전전두엽 피질의 해석과 분석에 편향이 나타나게 한다. 이는 편도체 하이재킹hijacking의 작용 때문이며, 원초적인 생존에는 큰 도움이 되나 불필요한 혼란, 과잉 반응, 타인과의 고통스러운 갈등 등의 원인이 되기도 한다. 나 자신을 포함해서 상담했던 커플에게 볼 수 있었던 것은 수많은 도피 상호작용이었다. A가 B에게 반응하면 B가 A에게 반응하고, 이번에는 A가 B에게 과잉 반응을 하면 B는 그 순간 A에게 더 심하게 과잉 반응을 하는 식으로 계속되는 것이다.

반응 속도를 늦추면 상황은 훨씬 호전된다. 자신에게, 그리고 상대에게 시간이라는 선물을 준다. 심호흡을 한두 번 할 수 있는 시간, 상대가 진정 말하고 싶은 게 무엇인지 이해할 수 있는 시간, 투쟁-도피 반응의 신호가 몸을 모두 관통할 때까지 걸리는 시간, 나중에 후회할 만한 충동적인 말과 행동을 인지하고 억제할 수 있는 시간을 주는 것이다. 말하기 전에 그러한 시간이 추가된다면, 상대는 자신이 말과 감정의 폭격을 당하는 입장에 있다는 생각을 덜 한다. 그리고 이와 같은 시간이 추가되면 상대가 숙고할 시간이 생겨, 하이재킹이 나타날 가능성이 작아진다.

필요하다면 이런 상황에서 벗어나 마음을 진정시킨다. 이를테면 창밖을 내다보거나, 음식을 먹거나, 산책하는 것이다. 문제를 의도적으로 피하는 것이 아니라 문제를 해결하는 데 생산적으로 참여하기 위해 마음을 진정시키는 것이다. 그러면 한 시간 혹은 하루 뒤에 다시 그 문제로 돌아갈 수 있다.

분노에 차서 말하거나 행동하지 않기

이것은 화를 내지 말라는 말이 아니다. 분노는 자연스러운 것이며, 욕구가 충족되지 않았다는 것을 알린다. 분노를 억누르면 대개 해결되기보다는 더 많은 문제가 발생한다. 이는 또한 절대 화를 내서는 안 된다는 의미가 아니다. 사람들이 자신이나 남의 생명을 위해 싸울 때는 분노가 필요하다.

이를 염두에 두고, 시험 삼아 하루 동안 화를 내며 말하거나 행동하지 않도록 해보자. 내 경험상, 이는 분노 밑에 감추어진 상처나 걱정에 관심을 기울이고, 진심을 털어놓게 하는 데 도움 되었다. 여전히 당신은 분노할 수 있고 남이 생각하는 당신 모습을 인정할 수 있다. 그리고 어떤 문제이든 고민할 수 있다. 그러는 동안, 분노가 마음에 있는 다른 것과 분리되는 것이 어떠한지 확인한다. 그리고 분노가 당신의 말과 행동을 통제하지 않도록 한다.

고통이나 고통의 위협은 우리 모두에게 다가와 안전의 욕구에 도전한다. 때로 온갖 형태의 두려움과 분노가 마음에서 치솟는다. 침착함을 이용하면 래프팅 가이드가 맹렬히 흐르는 강을 타듯이, 이러한 물결을 잘 다스릴 수 있다.

✅ 두 가지 형태의 신경계가 균형을 잡기 위해 서로 함께 작용한다. '휴식 및 소화'를 담당하는 부교감신경은 우리를 진정시키고, '투쟁 및 도피'를 담당하는 교감신경은 우리를 흥분시킨다.

✅ 현대의 삶 속도는 만성 교감신경 활성화를 유발하여 몸과 마음, 인간관계에 스트레스를 유발한다. 그러므로 휴식이나 명상처럼 부교감신경계가 개입할 수 있는 정기적인 기회를 찾아본다.

✅ 우리는 과거에 진짜 위협을 놓쳤던 일을 방지하기 위해 상상의 위협이나 과장된 위협에도 반응한다. 이것은 '종이호랑이 편집증'이라고 하며, 불필요한 불안을 야기할 뿐만 아니라 실제 위협을 보고 대처하기 어렵게 한다.

✅ 지금 이 순간 당신은 기본적으로 괜찮은 사람이라는 사실에 주목한다. 그리고 합리적 수준의 안전함을 느끼도록 한다.

✅ 분노는 몸과 마음을 크게 소모한다. 그리고 남들과의 갈등을 유발한다. 당신은 분노하지 않아도 강력하고 적극적일 수 있다.

✅ 분노는 준비와 발단, 두 단계로 이루어진다. 준비 단계에서 초기에 대응하고 발단에 따라 적절하게 반응하려고 노력한다. 독선이나 잔소리에 빠지지 않게 주의하고 '편도체 하이재킹'을 예방하기 위해 느긋하게 상호 교류한다.

동기부여

적당한 보상이 있어야 무엇이든 할 수 있다

지혜란 작은 행복 대신 큰 행복을 선택하는 것이다.

_ 부처

회복탄력성은 스트레스와 고통을 관리하고, 상실과 트라우마에서 벗어나게 해주는 것 이상이다. 회복탄력성이 강한 사람은 어려움에 직면했을 때 기회를 찾는다. 이들은 해로운 것을 중단하며 이로운 것을 시작하고, 지나친 스트레스를 받지 않고 매일 지속할 수 있다.

이처럼 회복탄력성을 키우려면 뇌의 동기유발 방식을 조절해야 한다. 그러기 위해서 쾌락을 즐기되 쾌락에 빠지지 않고 건강한 열정에 의존하고 긍정적인 방향으로 동기를 찾을 방법을 살펴본다. 넓게 말하자면 이번에는 육체가 있는 생명체의 고유한 특징인 욕망을 다룬다. 욕망을 없앨 수는 없다. 인간이 고통받지 않기를 바라는 것도 욕망이다. 욕망을 초월하고자 하는 것 자체도 욕망이다. 우리가 할 수 있는 질문은 잘 욕망할 수 있는가 뿐이다.

좋아하는 것과 원하는 것은 다르다

친구네 집에서 디저트가 두 가지나 곁들여진 진수성찬을 배가 부르게 먹었다고 상상해보자. 친구 가족이 또 다른 디저트를 내오며 묻는다. "이거 좋아해요?" 당연히 당신은 "네, 좋아해요." 그러자 그들이 묻는다. "좀 드릴까요?" 당신은 대답한다. "감사합니다만, 이제 됐습니다. 정말 배가 불러요!" 좋아하지만, 원하지 않는 것이다.

이번에는 슬롯머신에 동전을 넣고 레버를 계속해서 당기는 사람을 상상해보자. 카지노에서 본 사람들은 대개 피곤하고 따분해 보이고, 이따금 돈을 딸 때도 거의 웃지 않는다. 강박적인 고집일 뿐 즐거워 보이지 않는다. 그들은 원하지만, 좋아하지 않는 것이다.

다시 말해, 좋아하는 것과 원하는 것은 별개의 경험이다. 또한 신경학적으로도 구분된다. 이에 대한 한 가지 예로 피질 하부에 있는 기저핵 깊은 곳에 측좌핵nucleus accumbens 영역에는 무언가를 좋아하는 감각을 조절하는 작은 마디와 원하는 감각을 조절하는 별개의 마디가 있다.

●

티핑 포인트

나는 이 법칙에서 '원하는 것wanting'이라는 단어를 좁은 의미에서 특수하게 사용한다. 주장, 사로잡힘, 열망 등의 한 상태로 내재한 결핍과 장애의 감각에 기반한다. 이 단어의 어근은 '부족하다lack'는 뜻이다. 친구와 함께 먹는 달콤한 디저트처럼 즐거운 것을 좋아하는 게 당연하다. 하지만 좋아하는 것에서 원하는 것으로, 함께 식사를 즐기는 것에서 마지막 파이 한 조각을 고집하는 것으로 옮겨가면 문제가 발생한다.

좋아하는 것에서 원하는 것으로의 이동은 안전 구역에서 위험 구역으로, 충만함과 균형이 내재하는 느낌에서 부족하고 잘못된 무언가에 대한 느낌으로 바뀌는 티핑 포인트를 나타낸다. 이런 전환을 바로 인지하면 매우 유용하다. 원하는 것에서 오는 스트레스를 더하지 않고 좋아하는 것으로 간단히 되돌아가 쾌락을 즐길 수 있기 때문이다.

원하지 않고 좋아하는 것은 천국이고 좋아하지 않으면서 원하는 것은 지옥이라는 말이 있다. 무언가를 원하지는 않으면서 좋아한다면 그것을 온전히 즐길 수 있다. 즐기면서 경험하니 긴장도 없고, 소유하려고 하지도 않으며, 끝날까 봐 두려워하지도 않는다. 그 순간 원하는 것에서 해방된다. 그리고 유익한 경험은 오래 지속되고 더 큰 보상을 얻는 경우가 많아진다. 이는 자연스럽게 HEAL 과정의 강화와 흡수 단계와 연관되어, 신경계에 자리 잡는 경험이 늘어난다. 우리는 좋아하는 경험에서 더 많은 것을 배우고 얻는다.

헨리 데이비드 소로는 "원하는 것이 없으면 부자가 된다"라고 했다. 좋아하는 것에서 원하는 것으로 바뀌지 않고 계속 좋아하는 상태로 있으면 많은 이점이 있다. 하지만, 대개 그러기가 쉽지 않다. 소비자 중심주의는 현대 경제를 이끄는 힘이다. 때로 우리 세대의 위대한 지성인들은 사람들이 무언가를 원하게 하기 위한 효과적인 방법을 고안하느라 바쁜 것처럼 보이기도 한다. 그뿐만 아니라 텔레비전을 끄고, 소셜

미디어를 멀리하고, 쇼핑몰에 가지 않는다고 해도, 뇌는 우리가 좋아하는 것을 원하도록 설계되어 있다.

●

더 많이 원하기

마음의 타고난 성향(인간 본성)은 수억 년에 걸쳐 뇌가 형성된 결과이다. 한정된 자원을 놓고 경쟁을 벌이던 선조들은 식량이나 섹스 같은 목표를 치열하게 추구하는 동기부여 체계를 발전시켰다. 이는 생존에는 도움이 되었지만, 요즘에는 원하는 것을 얻으면 얼마나 좋은지에 대해 정기적으로 홍보하는 광고사가 되고 말았다.

여러 가지 선택을 놓고 저울질하거나, 어떤 일이 일어나기를 기대하거나, 특정한 목표를 생각할 때는 보상의 기대치를 유념해야 한다. 그리고 실제 보상이 얼마나 되는지 알아야 한다. 보상은 대부분 약속한 것보다 적다. 게다가 기대에 부응한다고 해도 결국에는 끝이 난다. 음식은 맛이 있었고, 새 스웨터는 예뻤고, 직장에서 했던 프로젝트는 감사하게도 잘 마무리되었다. 하지만 그 일은 이제 끝났다. 자 이제는 뭘 하지?

기대했던 보상은 실망을 주는 경우가 많다. 최고의 경험을 했다고 하더라도 일시적일 뿐이다. 이러한 두 가지 사실은 만성적으로 무언가 잃어버린 것 같고, 부족한 것 같은 느낌이 들게 한다. 그 때문에 우리는 계속해서 다음 목표를 찾는다.

해결해야 할 문제도 없고 다른 무언가가 필요하지도 않아 마음이 편할 때도, 마음 한구석에서는 스스로 무언가를 원하지 않는가? 이미 만족했으면서도 새롭게 원하는 것을 찾지는 않는가? 이러한 성향은 우리 선조가 새로운 기회를 찾아 나서도록 재촉하기 위해 진화시켜왔을지도 모른다. 하지만, 스스로 무언가를 원하는 것에는 잠재된 불안과 모든 순간이 지금처럼 만족스러울 수는 없다는 예리한 통찰이 내포되어 있다.

새로운 것에 대한 갈증 때문에 우리는 소유한 것의 가치를 제대로 이해하지 못하고 가지지 못한 것을 원한다. 만족하지 못하는 사고방식으로 늘 만족을 찾아다닌다. 하지만 완전한 만족은 언제나 손에 닿지 않는 곳에 있다.

●

원하지 않고 좋아하기

욕구를 즉시 충족하기 위해 강렬하게 원하는 상태가 되어야만 할 때가 있다. 몇 년 전 뒷산에서 산불이 났다. 급작스럽게 집을 비워야 할지도 모르는 상황이었고, 우리 집이 위험할 수도 있었다. 나는 집 안으로 뛰어 들어가 급히 만일의 사태에 필요할지도 모르는 물품을 챙겼다. 심장이 쿵쾅거리며 뛰었고 아드레날린이 솟구쳐 올랐다. 위험 구역의 스트레스로 인한 필요한 반응이었다. 그리고 불이 더 번지기 전에 소방대가 불을 끄는 모습을 보면서, 그 반응은 점차 안전을 나타내는 방향으로 바뀌었다. 때로는 무언가를 원하는 것이 필요하다. 하지만 거기에는 언제나 대가가 따른다. 긴장으로 응축된 경험을 겪거나, 장기적으로 몸과 인간관계에 문제가 생길 수도 있다. 원하는 삶이 아닌 좋아하는 삶을 충족하고 싶다면 아래 소개된 방법이 매우 효과적일 것이다.

즐거운 정도 기억하기

어떤 일에 대한 느낌을 즐거움, 불쾌함, 중립으로 구분해본다. 이것은 즐거운 정도를 나타낸다. 우리는 즐거운 분위기를 좋아하고 쉽게 다가가지만, 불쾌한 분위기는 싫어하고 회피한다. 그리고 중립적인 경우에는 상관하지 않거나 다른 것으로 옮겨간다. 또한 회의 계획 짜기, 어려운 대화에 어떻게 접근할지 생각하기, 무언가를 살지 결정하기 같은 당신이 상상하는 다양한 것의 즐거운 정도를 생각해본다.

우리는 즐거운 일이라고 생각하는 것을 매우 빠르게 원하는 경우가 많다. 결과적으로 즐거운 정도를 기억해두면 어떤 경험의 즐거움과 그 경험을 원하는 것 사이에 공간이 생긴다. 그 공간에서는 당신에게 선택권이 생기며, 저절로 원하는 상태로 옮겨갈 필요가 없다.

단순히 좋아하기

무언가를 원하는 것과는 다른 즐거움이 어떤 느낌인지 살펴보자. 몸이 편해지는 느낌을 인지한다. 당신 생각이 어떻게 계속 개방적이고 유연한지 관찰한다. 그리고 당신은 강제로 무언가를 원하지 않고도 즐길 수 있는 사람이라는 사실을 잊지 않는다.

즐거운 느낌(맛있는 식사를 음미하고, 친구와 웃으며 대화하기)에 익숙해지면서, 그것을 원하는 느낌은 사라지게 놓아준다. 그리고 즐거움을 느끼는 방법을 반복적으로 받아들여, 갈수록 자연스러워지게 한다.

원하는 것 살펴보기

일상에서 무언가를 기분 좋게 좋아하는 '좋아하기'에서, 스트레스를 유발할 수 있는 '원하기'로 바뀌는 순간을 유념하자. 이미 기분이 좋은데도 계속해서 새로운 무언가를 원하는, '원하기'가 마음의 이면에서 작용하고 있다. 내면에 있는 광고사에서는 "정말 맛있습니다", "좋습니다", "기분이 좋아집니다", "걱정하지 마세요", "아무도 모를 겁니다", "너무나 재미있을 겁니다"라고 말하며 당신을 설득하려고 할 것이다. 그때, 원하는 것을 한다면 그것이 생각보다 좋지 않다는 사실을 알아차려야 한다.

내면에 계기판이 있어서, 원하기가 위험 수준에 이르면 깜박거리기 시작한다고 상상해보자. 원하기에는 여러 가지 '향'이 있다는 것을 알아야 한다. 예를 들어 급하고, 부담스럽고, 위축되고, 고집스럽고, 까다롭게 굴고, 강요받고, 열망하고, 집착하는 것이 어떤 느낌인지를 유념해야 한다. 한발 물러서서 원하기를 구성하는 요소인 생각, 이미지, 감각, 감정, 표정, 자세, 행위를 관찰한다. 원하기가 좋아하기와 어떻게 다른지 인지한다.

원하기를 인식의 하늘에 떠다니는 구름과 비슷하게 보려고 노력한다. 그러면 원하기라는 경험이 중요하고, 흥미롭지 않을 것이다.

좋아하기로 돌아가기

원하기가 의식의 바다에 나타난다는 사실 자체는 문제가 아니다. 원하기는 자연스러운 것이다. 문제는 원하기에 특권을 주어서 우리를 통제하게 한다는 것이다. 단지 원하는 마음이 있다는 이유만으로 우리가 무언가를 해야 하는 것은 아니다. 중요한 것은 원하는 마음이 있느냐가 아니라 원하는 것과 우리가 어떤 관련이 있는지이다.

당신이 원하는 건강과 행복, 인간관계에 대한 대가를 깨달아야 한다. 가급적이면 원하기보다는 좋아하기를 기반으로 인생을 살아가는 근본적인 선택을 할 수 있는지 확인한다. HEAL 과정을 이용해 이러한 선택의 경험을 강화하고 흡수하여 당신 안에서 점점 더 안정적으로 자리 잡게 한다.

좋아하는 것이 원하는 것이 된다면 한발 물러서서 그것에 이름을 붙인다. 이를테면 "저 맥주를 진정으로 원함", "이 부분을 증명하려고 하니 정말 흥분됨", "이 의류 쇼핑 사이트에 너무 오래 있었음" 등등. 원하는 것을 한쪽 구석이나 먼 곳에 떨어진 자신의 일부로서 관찰한다. 아마도 고집 센 개가 당신을 다른 방향으로 끌고 가는 모습을 상상할 수 있을 것이다. 잠시 심호흡하고 균형을 잡는다. 부담이나 강박, '반드시 해야 하는 것' 등에서 벗어난다. 의식적으로 원하는 것을 놓아준다. 원하는 것이 아닌 즐거움과 목적의식에 다시 집중한다.

이미 만족한 느낌

감사, 즐거움, 성취처럼 만족감이 있는 경험은 적어도 그 순간만큼은 이 경험이 충족되었다는 것을 느낄 기회이다. 특정한 경험 말고도 이 순간은 이미 충분하다는, 완전하다는 일반적인 느낌도 주시해야 한다. 만족의 경험을 내면화한다면 비록 일상에서 쉽게 지나치는 평범한 경험일지라도, 내면 깊숙한 곳에 무조건적인 만족의 느낌을 서서히 쌓아 올릴 수 있다. 그러면 어느 곳에 가든 행복이 함께한다. 즐거움이나 성취를 추구하느라 스트레스를 받지 않을 것이다. 즐거움과 성취를 이룬다면 좋은 것이고, 그렇지 않더라도 당신은 이미 행복하니까 말이다.

건 강 한 열 정 이 란

앞에서 말한 것처럼 신경계의 교감 가지와 부교감 가지는 자동차의 감속장치와 가속장치처럼 함께 일한다. 교감신경계는 투쟁-도피 스트레스 반응을 일으키는 동안 활성화한다. 또한 열정적으로 기회를 추구할 때, 확신에 찼을 때, 사랑할 때, 친구들을 응원할 때와도 관련이 있다. 건강한 열정을 위해서는 교감신경계가 필요하다.

　스트레스를 유발하는 자극이 있다는 이유로 스트레스를 느껴야 하는 것은 아니다. 교감신경계의 활성화가 원래부터 스트레스를 유발하지는 않는다. 긍정적인 감정이나 부정적인 감정이 존재하는가에 따라 큰 차이가 있다. 간단히 말해서 다음과 같다.

- 교감신경계 + 긍정적인 감정 = 건강한 열정
- 교감신경계 + 부정적인 감정 = 유해한 스트레스

●

긍정적인 감정과 안전 구역

감정과 스트레스 사이의 관계를 이해하기 위해서 자신의 인생에서 두 가지 사례를 생각해보자. 먼저, 원대한 목표를 추구하던 시절 느꼈던 많은 스트레스를 떠올려보자. 예를 들어, 새로운 도시로 이주하거나 중요한 프로젝트를 맡았다. 이때 겪었던 불안, 좌절, 분노 등 부정적인 감정을 떠올려보고, 이러한 감정이 어떻게 스트레스를 증가시켰는지 생각해보자.

둘째, 원대한 목표를 추구하면서도 긍정적인 감정을 느꼈던 때를 떠올려본다. 이러한 긍정적인 감정이 어떻게 스트레스를 줄여주었는지 살펴보자. 우리가 더욱 활동적이고, 진지하고, 열정적으로 움직일 때 긍정적인 감정을 느끼면 계속 안전 구역에 머물 것이다.

교감신경계는 선조들이 싸우거나 도망치는 것을 도와주기 위해서 진화했다. 그렇기에 흥분이 금세 좌절이나 분노로 바뀌기 쉽다. 예전에 응원하는 미식축구팀이 득점을 올리는 장면을 텔레비전에서 보고 기뻐하는데, 아내가 다른 방에서 간단한 질문을 했음에도 짜증이 났던 적이 있다. 교감신경계 활성화는 고속도로를 질주하는 것과 비슷하다. 빨리 달리면 멀리 갈 수 있지만, 아주 사소한 일로도 사고가 날 수 있다.

●

스위트 스폿 찾기

당신이 하는 일에, 흥미를 끌 만큼 도전적이긴 하지만 어마어마하게 어렵지는 않은 스위트 스폿(야구방망이나 테니스 라켓 등에 공이 맞았을 때 가장 멀리, 빠르게 날아가는 부분으로 효율이 높은 곳을 나타낸다-옮긴이)이 존재한다. 스위트 스폿을 찾아서 계속 그곳에 머물려면 다음과 같이 해보자.

몸이 활기를 띠는 것에 익숙해지자

도전에 직면하여 긴장되거나 불안해질 때, 움직임이 빨라지고 호흡이 가빠지고 아드레날린이 대량으로 분비되는 것이 정상이라고 스스로 자신에게 말해보자. 이렇게 몸이 스트레스에 대처하는 건강한 방법으로 해석하면 스트레스를 덜 느낄 수 있다. 과거에 비슷한 문제를 해결했던 적이 있었음을 떠올리고, 어떻게 하면 현재 상황을 효과적으로 해결할 수 있을지 생각해보자. 그러면 자신감이 생기고 스트레스를 덜 받는다.

긍정적인 감정으로 대비하자

흥분되고, 격렬하고, 안절부절못하는 상황이 시작되기 전에 긍정적인 감정을 바닥에 깔아놓는다. 위기에 처한 기본 욕구에 어울리는 좋은 느낌과 태도를 떠올린다. 이것은 법칙 3 〈배움〉의 '가장 필요한 힘 기르기'에 나오는 방법을 응용한 것이다. 예를 들어, 회의를 주재할 일이 생겼다면 과거에 성공적으로 리더십을 발휘했거나 전문 지식을 인정받았던 때를 떠올린다. 이렇게 하면 어떠한 도전에도 긴장하거나 짜증 나지 않고, 우아하고 재치 있게 대응할 수 있다.

속도를 높일 때는 부정적인 감정이 나타나는지 감시하자

서두르거나, 흥분하거나, 강렬함을 느낄 때는 좌절이나 분노 같은 부정적인 감정이 나타나지 않는지 주위를 살핀다. 자동차 경주에서 황색 깃발(위험을 알리는 표시)이 있을 때의 상황과 비슷하다. 계속 가되, 조심해야 한다.

부정적인 느낌이 나타나면 거기에 '짜증', '걱정', '분노' 같은 이름을 붙인다. 그러면 전전두엽 피질의 통제가 늘어날 것이고 편도체가 진정될 것이다. 속도를 줄이려고 노력한다. 말하기 전에 평소보다 조금 더 생각해보자. 그리고 현재 상황에서 한발 물러나 스트레스가 높은 수준에서 낮은 수준으로 떨어져 안정될 때까지 기다리자.

소소한 여정을 즐기자

목표를 추구해가면서, 발전하고 있다는 표시를 찾는다. 작은 승리를 표시하고 소소한 성취에 주목한다. 이러한 작은 성공의 경험이 쌓이면 뇌에도 보람이 있을 것이고, 계속해서 건강한 열정이 효율성을 발휘할 수 있다. 예를 들어, 메일 수신함에 새 메일이 50개가 있다면 한 가지씩 처리해가면서 성취감을 느끼도록 하자. 그러면 전체 메일 수신함이 그다지 위협적으로 보이지 않는다.

마음에 귀를 기울여라

우리는 대부분 하면 좋으리라는 것을 알지만 막상 하기는 어려운 일이 몇 가지씩 있다. 이와 비슷하게 그만두면 좋다는 것은 알지만 계속하는 일도 몇 가지 있다. 예를 들어, 운동은 많이 해야 하지만 탄수화물은 줄여야 한다는 사실을 당신은 안다.

우리가 올바른 목표를 향해 갈 때도, 때로는 잘못된 길에 접어든다. 근원적인 목표는 언제나 긍정적이다. 안전, 만족, 교감의 기본 욕구에 기반하기 때문이다. 쿠키 한 봉지를 먹고 싶은 욕망의 이면에는 편안과 만족에 대한 근원적인 목표가 있다. 우리가 곤경에 빠지는 경우는 대부분 근원적인 목표 때문이 아니라 그 목표를 성취하려는 방법 때문이다. 당신을 괴롭히던 어떤 욕망을 생각해본다. 어떤 음식이거나 경험일 수 있다. 자신에게 질문해보자. "그 욕망의 바닥에는 어떤 근원적인 목표가 있지?" 답을 들으면 다시 묻는다. "어떻게 하면 더 좋은 방법으로 이 목표를 추구할 수 있을까?"

특정한 목표를 이루기 위해 동기부여를 하거나, 더 현명한 방법으로 그 목표를 추구하려고 노력할 때 그것에 성공하기 위해서는 자신에게 실질적인 조치를 하는 것이 중요하다. 아침 운동을 더 자주 하기 위해 함께 달릴 친구와 약속하거나, 단것을 덜 먹기 위해 사탕을 찬장에서 치우는 거처럼 말이다. 하지만 우리는 대부분 어떤 실질적인 행동을 하면 길에 나갈 수 있는지 이미 알고 있다. 그리고 여전히 달리지 않는다. 그렇다면 어떻게 해야 올바른 방향을 향해 갈 수 있을까?

동기부여 회로 돌리기

뇌에 있는 주요 동기부여 회로에 관한 약간의 지식이 매우 유용하게 쓰일 수 있다. 어떤 경험을 통해 받은 보람이 커지면, 뇌간 상부에 있는 복측피개부ventral tegmental area의 뉴런들이 두 곳의 영역에 도파민을 더 많이 방출한다. 그곳은 피질 하부 내부의 측좌핵과 이마 뒤에 있는 전전두엽 피질이다. 측좌핵에서 도파민의 활동이 갑자기 증가하면 담창구globus pallidus와 시상을 통해 신호를 보내고, 이들은 보상을 받기 위한 행동을 하라고 촉구한다. 전전두엽 피질에서는, 증가한 도파민 활동으로 무엇이 보상되는지에 주목한다. 또한 전전두엽 실행 기능을 자극하여 보상을 계속 받거나, 혹은 더 많이 받는 방법을 알아낸다. 복측피개부와 측좌핵, 전전두엽 피질은 기회와 잠재적인 보상을 발견할 때도 움직이는 일종의 회로를 형성한다.

이 회로가 효과가 있으려면, 우리가 권장하는 행동과 그에 대한 보상 사이의 연관성을 강화하는 것이 좋다. 잠시 후 이 법칙에서 그 방법을 알려줄 것이다. 또한 이 방법은 우리가 막으려는 낡은 방법을 대체할 새로운 행동을 개발하기 위한 목적으로 사용할 수 있다. 예를 들어, 친척이나 동료의 도발에 열을 내지 않기 위해서 자기중심과 침착함을 잃지 않았을 때의 보상이 어떤 느낌인지에 집중한다. 좋은 습관을 강화하면서 나쁜 습관을 없앨 수 있을 것이다.

●

기질의 차이

어떤 행동과 그에 따른 보상 사이의 연관성을 강화할 때, 자신의 기질을 고려해야 한다. 사람마다 동기부여 회로 내부의 도파민 수용체의 양이 다르다. 뉴런은 시냅스라는 작은 틈 사이에서 서로 연결된다. 뉴런이 발화하면 신경전달물질을 방출하고, 신경전달물질은 다른 뉴런의 수용체를 향해 이 작은 틈 사이를 건너간다. 수용체는 정박장과 같고 신경전달물질 분자는 작은 배와 같으며, '작은 배'는 아주 빠르게 상륙한다.

신경전달물질과 수용체의 결합은 받아들이는 뉴런의 발화 여부에 영향을 미친다. 도파민 수용체의 수가 적은 뉴런이 도파민 관련 활동을 시작하려면 더 많은 도파민을 받아들여야 한다. 간단히 말해, 어떤 사람이 가진 도파민 수용체가 적을수록, 계속해서 동기부여를 하려면 더 많은 보상이 필요하다. 어떤 사람은 일을 계속하는 것이 어렵지 않기에 보상이 그리 많지 않더라도 계속해서 일한다. 이러한 사람은 대개 도파민 수용체가 많다. 자극이 떨어지거나 보상이 적으면 금세 흥미를 잃는 사람도 있는데, 수용체가 적은 경우가 많다. 이와 같은 차이는 정상이며, 타고난 기질의 다양성의 한 측면이다. 추측건대, 선조들이 진화할 때 작은 집단 안에 다양한 기질이 존재하는 것이 유용했을 것이다. 예를 들어, 도파민 수용체가 적은 사람은 새로운 기회나 아이디어, 일 처리 방법을 찾아 집단에 기여할 수 있다.

상대적으로 도파민 수용체가 적은 것은 성격의 결함이 아니다. 다음 세 가지를 늘려주면 도움을 받을 수 있다. 보상의 양, 보상을 향한 관심, 보상에 대한 세심함 등이 그것이다. 사실 이 세 가지를 늘리면 뇌, 즉 마음을 계속해서 긍정적인 방향으로 유지할 수 있다.

보상의 양을 늘리는 방법에는 여러 가지가 있다.

- 더 많은 격려와 즐거움을 주는 활동을 선택한다. 예를 들어, 운동할 때는 러닝머신에서 조깅하는 것보다는 스포츠 게임을 한다.
- 다른 사람과 활동하는 것 같은, 새로운 보상을 더한다.
- 내가 하는 일의 사소한 부분에 변화를 준다. 예를 들어, 더 건강한 식단으로 바꾼다면 새로운 조리법에 계속 도전한다.
- 짧은 휴식을 자주 한다. 그리고 다시 업무로 돌아간다.
- 피드백(특히 긍정적인)을 자주 해달라고 부탁한다.

●

보상 강조하기

새로운 보상을 만드는 것 외에도, 이미 존재하는 보상에 관심을 더 많이 쏟고 세심해짐으로써 보상을 강조할 수 있다. 이것은 그 자체만으로도 시도할 만한 가치가 있다. 그리고 새로운 보상을 만드는 일이 불가능할 때도 있다.

하기 전에

동기부여를 하고 싶은 것을 고른다. 자신이 동기부여 하는 모습을 보면서, 동시에 거기서 즐길 만하거나 중요한 것이 무엇이 있을지 생각해본다. 러닝머신에서 높은 강도로 30분 동안 달리려면, 휴식을 취하고 음악을 듣고 책을 읽는다면 얼마나 좋을지 상상한다. 또한 활동을 마친 뒤 앞으로 받을 보상을 생각할 수도 있을 것이다. 이런 식으로 보상을 기대할 때, 보상에 대한 생각을 감정적이고 구체화한 느낌으로 바꾸면 더 많은 도파민을 배출한다.

러닝머신에서 나는 좋아하는 음악을 들을 때의 즐겁고 편안한 느낌을 떠올리려고 노력한다. 이렇게 하면 단순히 머릿속으로 음악이 나오리라는 것을 아는 것보다 동기부여가 많이 된다. 과거에 HEAL 과정을 이용해 음악 감상 같은 유익한 경험을 할 때의 느낌이 자리 잡았다면, 현재에 이런 느낌을 떠올리기가 쉬울 것이다. 마치 은행에 저장한 좋은 경험을 인출하는 것처럼 말이다.

하는 도중에

동기부여 하고 싶은 일을 할 때마다 반복해서 그 일의 즐거운 느낌에 집중한다. 반복하고, 반복하고, 또 반복한다. 이렇게 하면 도파민이 급증하여 동기부여 회로를 단련할 수 있다.

당신이 하는 일에서 새롭고 놀라운 것을 계속해서 찾는다. 도파민은 뇌가 새로운 것을 만날 때 급증한다. 또한 적절한 수준에서 마음껏 흥분하고 열정적으로 느낀다. 그러면 아드레날린이 증가하여, 활동과 보상 사이의 관계가 강화된다.

일을 마치고 나면 잠시 결과를 감상한다. 러닝머신에서 내려오면서 활력과 함께 건강에 도움이 되는 일을 했다는 만족감에 집중한다. 다른 일로 넘어가기 전에 당신이 한 일에 보상을 반드시 받는다. 당신은 보상을 받으려고 일한 것이고, 보상을 받을 자격이 있다.

●

스스로 응원하기

나는 산악 가이드들과 함께 암벽 등반을 해왔다. 대부분 가이드는 응원을 많이 해주었다. 실수했을 때 지적도 했지만, 내가 얼마나 발전하고 있는지 함께 느껴주었다. 그들은 등반가로서 장점을 말해주며 계속해서 등반하고 싶게 했다. 반면 한 동료 가이드는 아주 달랐다. 앞장서서 등반하던 그는 내가 어려운 구간에서 속도를 늦추자 로프를 잡아당겼다. 기술의 오류를 샅샅이 지적하면서도, 까다로운 길을 순탄하게 통과할 때는 무표정하게 바라보기만 했다. 마치 화가 나서 꾸짖는 것처럼 그의 조급함과 짜증이 로프를 따라 전해졌다. 그런 행동은 나를 발전하게 하는 대신 남의 시선을 의식하고 걱정하게 했으며, 스트레스를 주었다. 그 때문에 등반 실력은 더욱 나빠졌다. 그는 뛰어난 등반가였지만 가이드로서는 형편없었다.

매우 유사한 일이 사람의 마음에서도 일어난다. 인생이란 산에 오르는 방법은 기본적으로 두 가지가 있다. 내부 양육자나 비판자의 도움을 받는 것이다. 이 두 가지 접근에 대해 생각해보자.

지도	비판
무엇이 목표인가	무엇이 목표가 아닌가
무엇이 옳은가	무엇이 잘못인가
친절한 어조	가혹한 어조
공감	무시
건설적	파괴적

　목표를 추구하면서 자신을 지도하는 것이 어떤 느낌인지 그리고 비판하는 것이 어떤 느낌인지 주목한다. 의도적으로 지도하는 태도와 느낌에 공감해보자. 협조적이고 기운을 불어넣는 사람을 떠올리고, 내가 실수할 때 그 사람이 어떻게 말하는지 생각해보자. 자신을 응원하라. HEAL 과정을 이용해 자기 지도의 경험을 받아들여 점점 자연스러워지게 한다.

　많은 사람이 자신에게 엄하게 하지 않으면 게을러지지 않을까 두려워한다. 하지만 반드시 그런 것은 아니다. 비판보다는 지도를 통해 높이 올라설 수 있다는 사실을 거듭 인식하려고 해야 한다. 또한 자신에게 비판적이면, 시간이 지나면서 성과가 떨어진다는 것을 알 수 있다. 자신이 잘못한 일에 대한 자책에서 오는 스트레스는 코르티솔을 배출해서 점차 해마를 약화한다. 결과적으로 일을 올바르게 했을 때 학습하는 뇌의 능력까지 약해진다.

과정이 좋았다면 즉시 보상이 따르지 않더라도 계속한다. 이것이 동기부여의 본질이다. 즉, 무언가 해야 한다는 자신의 존재 중심에서 얻는 깨달음을 바탕으로 행동을 지속하는 것이다.

언젠가 한 명상 선생의 수업을 들었다. 쉬는 시간에 경험한 것을 그에게 말하며, 내가 올바른 길을 가는 것인지 물었다. 그는 고개를 끄덕인 다음 미소를 지으며 잊을 수 없는 말 한마디를 남겼다. "계속하세요."

✓ 회복탄력성이 강한 사람은 어려움이 닥쳐도 계속해서 목표를 추구한다. 따라서 뇌의 동기부여 장치를 조절하는 방법을 학습하는 것이 회복탄력성의 중요한 점이다.

✓ 좋아하는 것과 원하는 것은 다르다. 원하는 것은 스트레스를 유발하고 해로운 행동으로 이어질 수 있는 고집, 충동, 강박과 함께 나타난다. 무언가를 원하지 않으면서 좋아하는 경험을 탐구해보자. 만족의 중심을 세우기 위해 이미 만족한 상태를 반복적으로 받아들인다. 그렇게 하면 쾌락을 즐길 수 있고 원하는 것에 대한 스트레스 없이 자신감을 얻을 수 있다.

✓ 교감신경계는 힘과 열정을 가져다준다. 하지만 행복이나 사랑 같은 긍정적인 감정이 없다면 교감신경의 활성화는 위험 수준의 스트레스를 유발한다. 속도를 높일 때는 부정적인 감정이 나타나지 않는지 살피고, 계속해서 긍정적인 감정을 경험하는 방법을 찾는다.

✓ 뇌에는 도파민에 기반한 기본적인 동기부여 회로가 있다. 사람마다 도파민 수용체의 양은 선천적으로 다르다. 도파민 수용체의 수가 적은 사람일수록 동기부여를 위해서 더 많은 보상이 필요하다.

✓ 보상과 동기부여 하고 싶은 무언가 사이에 연관성을 증가시켜 이 회로를 훈련시킨다. 보상의 양, 보상을 향한 관심, 보상에 대한 세심함을 늘린다.

✅ 사람은 대개 계속 동기부여를 하기 위해서는 자신에게 가혹해야 한다고 생각하지만, 그 반대가 일반적으로 맞다. 비판보다는 지도를 통해서 기존 방침을 유지한다.

친밀감

우리가 서로 친해야 하는 이유

밝은 곳에서 혼자 걷느니 어두운 곳에서 친구와 걷겠다.

_ 헬렌 켈러

어린 시절 나는 외톨이였고 남들 앞에 나서지 않는 아이였다. 마치 식당 밖에서 유리창을 통해 사람들이 함께 웃고 떠드는 모습을 바라보는 것처럼, 항상 먼 곳에서 사람들을 관찰하는 기분이었다. 나는 볼 수는 있었지만 만질 수는 없었고, 들을 수는 있었지만 말하지는 못했다. 아주 오랜 시간이 지난 후에야 추위를 피해 안으로 들어갈 용기를 낼 수 있었다. 점차 마음의 문을 열었고, 느리지만 분명하게 사람들과 서로를 알아갔다. 그리고 갈수록 인간관계의 폭이 넓어졌다. 일반적으로 말하자면 이것이 친밀감이다. 친밀감의 원래 의미는 '서로 친해지거나, 알게 되는 것'이다.

핫도그 노점상처럼 한 번으로 끝나는 만남에서 50년 동안의 부부 관계까지, 모든 관계에는 친밀함의 등급이 있다. 친밀함은 개인의 자율성과 공감, 연민, 친절, 일방적으로 미덕을 베푸는 관계 등의 토대에 기반한다. 이것이 이 법칙의 주제이며, 이번에는 마음을 연구하는 방법을 강조한다. 다음 법칙에서는 다른 사람과 소통하는 방법을 집중적으로 다룰 것이다.

우리 사이에서 나에게 집중한다는 것

친밀감이 깊어질수록, 보답도 커진다. 그리고 위험도 커진다. 마음을 열고 인간관계에 투자하면서, 필연적으로 자신을 노출하게 되고 약점이 드러난다. 그러면 사람들은 당신에게 실망이나 상처를 안겨줄 수도 있다. 어떻게 하면 친밀감의 혜택을 누리면서 그에 따르는 문제를 해결할 수 있을까?

역설적이지만, '우리'를 최대한 활용하려면 '나'에게 집중해야 한다. 속담에도 있듯이, 담장이 있어야 좋은 이웃이 생긴다. 강한 자율성이 친밀감의 깊이를 만든다. 예를 들어, 자신의 몸에 중심을 두면 다른 사람의 감정에 마음의 문을 열기가 쉽다. 자신의 욕구를 보살펴주면 다른 사람의 욕구에 대해 자연스럽게 이해심이 생긴다. 한발 물러설 수 있다는 것을 알면 한발 다가서는 데 도움이 된다.

자율성 덕분에 친밀감이 생기기도 하지만, 친밀감이 자율성이 생기는 데 도움을 주기도 한다. 긴밀하고 서로를 성장시키는 관계는 한 사람에게 안심과 함께 개인으로서 소중한 사람이라는 느낌을 주어, 자신감 넘치는 독립성을 키워준다. 긍정적인 순환 속에서 자율성과 친밀함은 서로에게 영향을 미친다. 이들은 함께 회복탄력성을 키워준다.

●

과거의 영향

자율성이 줄어들면(무언가에 기가 죽거나, 괴롭힘을 당하거나, 다른 사람 일에 얽히면) 친밀감도 줄어든다. 시간이 흘러가면 특히 심해진다. 하지만 '우리' 안에서 '나'에게 무게중심을 두는 것은 쉽지 않은 일이다. 상대방이 다음과 같은 행동을 할 때 편하게 자율성을 유지할 수 있는지 자신에게 질문해보자.

- 나에게 원하는 것이 있을 때
- 나에게 화가 났을 때
- 나를 설득하거나 영향력을 행사하려고 할 때
- 내 영역을 존중하지 않을 때
- 나를 지배하거나 통제하려고 할 때

한 개인이 자율성에 문제가 생겼을 때 대응하는 방법은 부분적으로 그 사람의 기질에 달려 있다. 친밀감보다 자율성을 얼마나 더 중요시하는가는 사람마다 차이가 있는 것이 보통이다. 이러한 사회성과 외향과 내향적인 기질의 타고난 차이는 어린 시절에 나타나고, 성인이 되어서도 남아 있다. 부모에 관한 농담 중에서 첫애가 생겼을 때는 모든 것이 '양육'에 달린 것처럼 보이지만, 둘째가 생기면 '선천적'인 것이 얼마나 큰 영향을 미치는지 깨닫는다는 말이 있다.

그렇지만, '양육'은 어마어마한 차이를 만든다. 태어날 때부터 우리는 독립성과 개성이 무엇인지 알아보기 시작했다. 어느 쪽을 쳐다볼지와 삼킬지 뱉을지를 선택하고, 피부에 느껴지는 따뜻함은 다른 사람의 몸에서 전달된다는 사실을 발견하고, 다른 사람의 생각과 감정이 자신과 다를 수 있다는 것을 깨닫는다. 그 과정에서 자연스럽게 사고를 치고, 실수하고, 때로는 다른 사람의 신경을 건드리기도 했다.

그러면 세상이 대답했다. 일부 부모와 친척, 선생, 문화는 아이의 독립성과 개성을 아끼고 뒷받침해주었지만, 일부는 그러지 않았다. 그리고 그 둘 사이에는 엄청난 다양성이 존재한다. 한 아이의 자기표현과 자기주장이 인정받고 세심하게 관리되는, 혹은 그렇지 못한 수천 가지의 소소한 사례들이 시간이 흐르면서 더해져 어떤 식으로든 한 사람을 형성한다.

당신이 살아온 과거를 생각해보고, 잠시 자율성과 관련한 다음과 같은 질문에 대답한다. 어린 시절, 당신 환경은 어떠했나? 예를 들어 형제, 자매를 비롯한 어린아이들이 자기 의견만 고집하거나, 화를 내거나, 융통성 없게 행동할 때 어떤 대우를 받았나? 당신이 이런 식으로 행동했을 때는 어떠했나? 이러한 행동이 청년이 되었을 때 어떤 영향을 미쳤나? 또한 성인이 될 때까지의 삶에 대해 생각해보자. 그리고 다른 사람들이 당신을 어떻게 대했는지 고민해보자. 진정한 자아를 드러내도 안심이 되었나? 평온함을 유지하기 위해 당신 욕구를 억제해야 했나? 당신이 강하고 독단적이었을 때도, 다른 사람은 잘 받아주었나?

●

자율성 키우기

그런 다음 한발 물러나 자신에게 이러한 과거가 오늘날 어떤 영향을 미쳤는지 묻는다. 당신의 개성과 독립성을 제한하거나 억압하는 등 다른 사람들이 당신을 어떻게 대했는지를 내면화하는 것은 당연하다. 중요한 관계에서, 다음과 같은 경우에 얼마나 편안함을 느끼는지 생각해본다.

- 생각과 감정을 남김없이 표현한다.
- 원하는 것을 요구한다.
- 다른 사람이 나와 의견이 맞지 않는다면 내 판단을 믿는다.
- 다른 사람 의견에 맞선다.

어디에서 시작하든, '우리' 사이에서 '나'의 건강한 의미를 강화할 수 있는 효과적인 방법이 많이 있다.

내 경험에 집중하기

당신의 관심이 다른 사람에 의해 자신에게서 멀어지는지 주목한다. 그렇다면 다시 몸에 기반을 둔 자신의 경험으로 돌아간다. 당신이 경험하는 것은 옳거나 그른 것이 아니며, 정당하거나 정당하지 않은 것이 아니다. 그저 있는 그대로의 것이다. 당신은 지속적으로 경험을 의식할 수 있다.

나와 다른 사람 사이의 경계를 상상하기

당신이 다른 사람과 따로 떨어져 이곳에 있고, 다른 사람은 저쪽 너머에 있다고 생각해보자. 나와 다른 사람 사이에 선이나 울타리, 필요하다면 깨지지 않는 유리 벽이 있다고 상상한다.

내 안에서 자율성 주장하기

단호하고 강했던 때를 떠올린다. 이런 의식에 집중한다. 의도적으로 다음과 같은 말을 자신에게 한다. "내가 옳다고 생각하는 것으로 결정했다", "너와 나는 다르지만, 큰 문제는 아냐", "네가 원하는 것을 내가 반드시 주어야 하는 것은 아냐"처럼 말이다. 실질적인 이유로, 어떤 일에서는 참고 넘어가야 할 수도 있다. 상사가 말도 안 되는 소리를 지껄이더라도 일자리를 지키기 위해서 들어야 할 수도 있다. 또 가족의 평화를 지키기 위해 식사 자리에서 친척이 하는 짜증 나는 말을 공손하게 웃으며 받아넘겨야 할 수도 있다. 하지만 우리는 자신의 가치에 따라 최선을 다해 스스로 결정을 내린다는 사실을 깨달아야 한다.

친밀감은 자율성에 도움이 된다. 그러므로 당신 편인 다른 사람의 속마음을 이해하려고 노력한다면 스스로 일어서는 데 도움이 될 것이다. 당신을 좋아하는 사람과 당신의 독립을 존중하는 사람을 생각한다. 사람들이 당신에게 고집을 부리거나, 공격적으로 대하거나, 조종하려고 할 때 당신을 좋아하는 사람들은 무슨 말을 할지 상상해보자. 말하자면 당신을 지지하는 사람의 목소리는 크게 하고, 당신 자율성에 맞서는 사람의 목소리는 줄인다.

공 감 은 어 렵 지 않 다

공감은 다른 사람을 알고 이해하는 것이다. 당신이 '나'로서 확고히 자리 잡았다면 휩쓸리거나 압도당하지 않고 공감할 수 있다.

친밀해지려면 공감이 필요하다. 공감은 또한 어조와 뉘앙스를 느끼고, 의도를 정확히 파악하고, 분노 이면에 숨은 상처를 알아보고, 내면에 숨겨진 또 다른 존재를 이해하는 데 도움 된다. 그러면 우리는 더 능숙하게 소통하고 협력할 수 있다. 업무를 비롯한 여러 곳에서 공감은 다양한 문화의 차이를 이어주는 다리 역할을 한다. 댄 시겔Dan Siegel의 표현처럼, 이는 우리가 다른 사람이 느꼈던 것을 느낄 수 있게 도와준다. 공감은 다음과 같은 생각의 토대이다. 나는 혼자가 아니며, 다른 사람들이 나와 함께하며 우리는 여기 함께 있다. 우리는 공통의 인간성을 공유한다.

공감은 허락이나 동의를 의미하지 않는다. 권리와 필요를 포기하지 않아도 누군가와 공감할 수 있다. 사실 공감은 갈등 상황이나, 일반적으로 유달리 좋아하지 않는 사람과의 관계에서 유용하다. 그들을 더 잘 이해할 때 효과적이다. 그리고 그들은 당신이 공감한다는 것을 감지한다면 당신 말에 더 귀를 기울일 것이다.

●

공감과 관련된 뇌의 영역

인간은 진화하면서 점차 공감 능력이 발달했다. 오늘날 우리 인간의 사회적인 뇌에서 공감은 다른 사람의 생각, 감정, 행동에 맞춰진 세 가지 신경계에 의해 가능해진다.

- 생각: 이마 뒤에 있는 전전두엽 피질은 다른 사람의 믿음과 가치, 계획을 이해할 수 있게 해준다.
- 감정: 머리 양쪽 옆의 측두엽 내부에 있는 뇌도腦島는 다른 사람의 기분을 느낄 때 관여한다.
- 행동: 뇌의 다른 부분에서, 거울처럼 똑같이 생긴 망들이 내가 어떤 행동을 하거나(컵을 잡으려고 손을 뻗는 등의) 다른 사람이 그런 행동을 하는 모습을 볼 때 모두 활성화된다.

뇌에서 이 영역들은 아주 효율적인 방법으로 두 가지 임무를 수행한다. 이들은 생각, 감정, 행동을 조절하는 동시에 당신이 다른 사람의 생각, 감정, 행동을 안쪽부터 바깥쪽까지 이해하는 데 도움을 준다.

●

공감 능력 키우기

사람들은 공감 능력이 그냥 거기 있는 것으로 생각하는 경우가 많다. 하지만 공감 능력은, 다른 심리적 요소처럼 키울 수 있다. 먼저 이를 위한 몇 가지 좋은 방법을 알아본 다음, 다른 사람과 소통할 때 공감 능력을 활용하는 방법을 보도록 하자.

내 관점에서 벗어나기

공감 능력을 키우려면 다른 사람의 내면으로 들어가야 한다. 그러기 위해서는 자신의 믿음과 판단 기준에서 쉽게 벗어날 수 있는 상태가 되는 것이 좋다.

자신의 견해와 가치를 느슨하게 적용한다. 당신에게는 중요하게 보이는 것이 남에게는 그렇게 보이지 않는다는 사실을 이해한다는 것이 어떠한지 알아보자. 부모, 문화, 스트레스 등 인생의 경험이 사람들에게 큰 영향을 미친다는 사실을 인지한다. 그렇지만, 당신 환경 덕분에 지금의 당신이 되었고 다른 사람도 마찬가지라는 것은 사실이다. 그리고 중요한 인간관계에서 논쟁을 부를 만한 주제를 선택한다. 당신에게 다른 사람의 믿음과 가치, 환경이 있었다면 그 문제에 어떻게 접근했을지 상상해보자.

문화적 능력 키우기

이것은 당신과는 다른 집단에 속한 사람을 잘 알고 다루는 데 능숙해진다는 것을 의미한다. 백인, 남성, 시스젠더cisgender(생물학적 성별과 심리적인 성별이 일치하는 사람-옮긴이), 이성애자, 미국인, 중산층, 신체 건강하고 직업이 있는 사람으로서 나는 나와 다른 사람에 대해서 아는 것이 매우 유용하고, 윤리적이라고 생각한다. 덕분에 내 무의식적인 억측과 편향을 알게 되었고, 다른 사람이 우선으로 여기는 것과 그들의 행동 방식에 존중하는 마음을 얻었다. 문화적 능력은 우리에게 다른 사람의 말과 행동을 해석하는 방법에 대한 통찰과 다른 사람이 우리의 말과 행동을 어떻게 해석할지에 대한 통찰을 준다. 서로 다른 유형의 사람을 더 잘 이해할수록, 우리가 그들에게 미치는 영향을 더 잘 이해할 수 있다.

●

타인과 교류할 때 공감 활용하기

일상적인 상황이나 친한 사람과 함께 있을 때는 특별히 신경 쓰지 않기에 공감의 존재가 희미해지기 쉽다. 그리고 사람들이 비판적이고 남의 탓을 한다면, 공감은 창밖으로 날아가 버리는 경우가 많다. 정말 공감이 필요할 때 공감은 거의 닿지 않는 곳에 있는 것처럼 보일 수 있다. 그러므로 다른 사람과 함께 있을 때는 그들을 공감하며 이해하는 습관을 키우는 것이 좋다.

관심 유지하기

관심을 유지하려면 일반적으로 의식적인 노력을 기울여야 한다. 특히 상대방이 당신과 생각이나 감정, 욕망의 대상이 다르거나 어긋나는 경우라면 말이다. 다른 사람이 지금 이 순간에 집중하면서 몇 분 동안을 쉬지 않고 당신에게 관심을 기울이는 것이 얼마나 드문 일인지, 그리고 실제로 그렇게 할 때 얼마나 기분이 좋을지 생각해보자. 마음속에 당신이 얼마나 잘 주목하는지 관찰하는 작은 모니터가 있다고 상상해보자. 뇌의 전대상피질 영역이 이것과 관계가 있다. 잠시 딴생각하는 것은 자연스러운 일이다. 다시 제자리로 돌아오기만 한다면 말이다.

마음의 문 열기

몸의 긴장을 푼다. 특히 가슴과 심장 부위의 긴장을 푼다. 긴장하거나 힘이 들어갔거나 경계하고 있다면, 그것을 놓아버릴 수 있는지 확인한다. 당신이 다른 사람에게 마음의 문을 열었을 때 불편하거나 휩쓸리는 느낌이 들기 시작하면 '나'에 대한 의식을 강하게 재확립한다. 당신이 튼튼한 나무처럼 깊게 뿌리내려 있고, 다른 사람의 생각과 감정이 나뭇잎 사이로 부는 바람처럼 당신을 지나간다고 상상해보자. 당신이 원하지 않으면 어느 것도 동의하거나 찬성할 필요가 없다는 사실을 상기한다. 그러면 다른 사람이 하는 말을 잘 들어주게 된다.

표정과 분위기 살펴보기

적절한 수준까지 상대방의 눈을 바라본다. 눈을 바라보는 것이 불편하지는 않은지 주목한다. 노려보지 않으면서, 평소보다 1초 혹은 숨한 번 쉬는 만큼 오래 바라본다. 이것은 다른 사람을 받아들이는 훌륭한 방법이다.

폴 에크만Paul Ekman을 비롯한 여러 학자의 연구에 따르면 잠재된 감정과 태도는 대개 순간의 표정에, 특히 눈과 입에 드러난다. 이것들을 관찰하고, 상대방의 자세를 비롯하여 움직이는 속도와 세기를 보도록 한다. 당신이 저런 표정과 몸짓을 한다면 어떤 기분이고 무엇을 원하는 것인지 생각해본다.

인간 진화에서 최근에 발달한 능력은 목소리 톤의 빠르고 미세한 변화를 만들어내고 이를 들을 수 있다는 것이다. 최근 미주신경 복합체는 중이와 얼굴까지 확장되었는데, 이는 뇌와 신체의 사회 참여와 관련된 주요한 요소이다. 다른 사람의 목소리 톤에 관심을 기울이면 미주신경 복합체의 도움을 받아 다른 사람과 깊이 공감할 수 있다.

본심 들여다보기

다른 사람의 욕구와 고통을 깊이 느껴보자. 예를 들어, 공격성의 이면에는 두려움이 있거나, 당신을 밀쳐내는 행동 뒤에는 가까워지고 싶은 욕망이 있을 수 있다. 그 사람의 몸은 무엇을 원하는지, 그리고 피로나 병, 고통이 있는 것은 아닌지 생각해보자. 당신이 다른 사람처럼 행동한다면 내면 깊은 곳에서는 무슨 일이 일어나는 것인지 직관적으로 느껴보자. 이렇게 하면 뇌 안에 있는 뇌도가 관여해 다른 사람의 정서에 대한 공감 능력을 키울 것이다.

이해한 것 다듬기

일종의 신중한 가설 검증은 공감의 중요한 요소이며, 전전두엽 피질에 의존한다. 그러면, 다른 사람에게 무슨 일이 일어나는지를 구체적이면서도 잠정적인 생각으로 발전시킨다. 그런 다음 당신 생각에 유리한 단서와 불리한 단서를 찾아 시험한다. 예를 들어, 다른 사람의 기질과 개인 과거에 대해 당신이 아는 것을 생각해보자. 그 사람이 특별히 당신을 의도적으로 다치게 하려는 것은 그의 어린 시절에 생긴 사람에 대한 일반적인 반응이 자동으로 나타난 것일 수도 있다. 그렇다면 생각을 다듬어 조금 더 정확하게 공감한다.

마 음 을   따 뜻 하 게   하 기

공감을 통해서 우리는 다른 사람의 진정한 슬픔과 기쁨을 느낄 수 있다. 하지만 공감 그 자체가 연민이나 친절은 아니며, 공감에 연민이나 친절이 더해져야 한다. 그리고 시간이 흐르면서, 우리는 연민과 친절함을 개인 특성에 따라 성장시킬 수 있다. 정말 우리는 더 다정해질 수 있다.

마음의 근육을 강화하면 다른 사람에게 좋은 것은 물론이고 몸을 진정시키고 면역 체계를 보호하며 기분이 좋아지고 다른 사람의 배려를 이끌어낼 수 있다. 연민은 고난을 전제하지만, 친절은 그렇지 않다. 실제로 이 둘은 일반적으로 혼합되어 나타난다. 따라서 나는 여기서 둘을 함께 다룰 것이다. 맨 처음에 우리는 연민과 친절을 자신에게 적용하는 방법을 배웠다. 이제 다른 사람을 위해서 따뜻한 마음을 키우는 방법을 알아보자.

따뜻한 마음 음미하기

연민이나 친절을 느끼면 그 경험을 간직하고, 중요하게 여기며, 몸을 열어 받아들이고, 자신의 일부가 되는 것을 감지한다. 이를 잠시나마 적어도 하루에 여러 차례 하려고 노력한다. 아울러 연민과 친절을 꾸준히 연마하기 위한 시간을 확보하는 것이 좋다.

고난 인식하기

어느 거리를 걸어도 사람들의 얼굴에는 피곤함, 압박, 슬픔이 보일 것이다. 인생에는 고난 이외에도 많은 것이 있지만 모든 사람이 적어도 여러 번 고난을 겪는다. 그렇지만 바쁜 일상에서는 이를 무시하고 지나치기가 쉽다. 언젠가 나를 가르치던 길 프론스달 선생에게 인생에서 가장 관심을 두는 것이 무엇인지 물어보았다. 그는 잠시 아무 말도 하지 않다가 이렇게 말했다. "고난을 보려고 길을 멈춥니다."

집이나 직장에서 사람들과 교류하면서, 무언가에 실망하거나 낙담한 사람처럼 고통을 겪는 사람에게 마음의 문을 연다. 하루에 몇 번, 낮선 사람이나 얼굴만 아는 정도의 사람을 쳐다보며, 그들이 짊어진 짐을 느껴보자. 이렇게 하면 마음이 열리고 부드러워질 것이다.

공통된 인간성 보기

일반적으로 어떤 면에서든지 사람은 자신과 비슷하다고 생각하는 사람에게 조금 더 친절하다. 다른 사람과 공통적인 면을 알아보자. 특히 겉보기에 당신과 상당히 다른 사람에게 공통점이 있는지 찾아본다. 예를 들어, 누군가를 떠올린 다음 생각한다. '정말 나와 똑같이 아픔을 느끼는구나', '사람들이 악의적으로 대하면 상처받고 화가 나는구나', '나처럼 너도 행복하길 바라는구나'처럼 말이다. 매우 다를 것처럼 보이는 신념이나 삶의 방식에서 당신과 비슷한 열망과 감정을 찾으려고 해보자.

인정을 연민과 분리하기

윤리적인 판단은 연민과는 별개이다. 우리는 스스로 고난의 길을 자초한 사람이나 남에게 해를 끼친 사람에게도, 그들이 짊어진 고난에 대한 연민의 감정을 품는다. 만일 우리가 좋아하는 사람에게만 연민의 감정이 생겼다면, 세상은 훨씬 차갑고 잔인한 곳이 되었을 것이다.

연민이 거의 느껴지지 않는 사람이 있다고 해보자. 그 사람에 대한 당신의 비판, 좌절, 분노 등을 인지한다. 어떤 선을 기준으로 이 모든 것이 한쪽에 놓여 있다고 생각해보자. 그런 다음 그 모든 것과 별개로, 그 선의 반대쪽에서 당신에게 폐를 끼치거나 문제를 일으킨 사람을 포함한 모든 존재가 고난을 겪지 않길 바라는 마음을 찾을 수 있는가? 분석과 판단은 고난에 대한 단순한 연민과는 분리해야 한다. 그 사람에 대해 진실인 것은 인정하고, 그다음 연민을 생각하자. 이러한 행동의 윤리적 가치를 제외하더라도, 그 사람과의 사이에 거리낌이 없어지고 관계가 더 좋아질 것이다.

일 방 적 인 선 행

오랫동안 커플 심리치료를 해오면서, 사무실에서 영화 같은 장면이 펼쳐지는 모습을 많이 보았다. 배우에 따라 세부 묘사는 달랐지만, 기본적인 대사는 똑같았다.

> A: 난 상처를 받았고 화가 나. 네가 날 더 잘 대해주면 좋겠어.
> B: 나도 상처받았고 화가 나. 네가 날 더 잘 대해주면 좋겠어.
> A: 그럼, 네가 나한테 잘해주면 나도 잘해줄게.
> B: 좋아, 그렇게 할게. 하지만 네가 먼저야!

집이나 직장에서 자신에게 발전의 여지가 있는지 성찰하지 않고, 남의 트집을 잡는 데 시간을 쓰는 경우가 많다. 하지만 남이 먼저 바뀌기를 기다리면 교착 상태, 악순환, 무력감 등이 나타난다. 그러는 동안 사람들에게 상처와 분노, 원한이 생긴다. 그리고 뇌의 부적 편향 때문에 우선적으로 뇌에 저장된다.

대안은 일방적인 선행이다. 자율성과 공감, 연민, 친절을 도구 삼아 명예롭고 책임감 있는 사람이 될 수 있다. 상대방이 그러지 못할 때도 말이다. 인간관계에 이러한 접근은 문제를 단순화해준다. 다른 사람들이 무엇을 해야 하는지에만 빠지지 말고 자신의 행동에 주목해야 한다. 또한 이러한 접근은 당신의 영향력이 어디까지 미치는지 강조하여 행위의 의미를 뒷받침해준다. 일방적인 선행은 남이 아니라 주로 자신에 대한 것이다. 이 선행은 그 자체로도 기분을 좋게 한다. 다른 사람의 부정적인 측면에만 쏟던 관심을 다른 곳으로 돌리게 하며, 할 수 있는 것은 다 했다는 '떳떳한 만족'을 느끼게 해준다.

일방적인 선행은 누군가에게 굴복하거나 동네북이 되는 것이 아니다. 당신은 여전히 자신에게 연민이 있고, 필요한 것을 거리낌 없이 말하며, 다른 사람이 어떤 행동을 하는지 시간을 두고 관찰한다. 이것이 다른 사람이 당신을 잘 대하게 할 가장 가능성이 큰 전략이다.

당신이 상대방이 원하는 것을 고민하고, 반복되는 말다툼에서 벗어나면 상대방은 대개 당신의 말을 잘 들어줄 것이다. 그러면서 대화가 통한다. 그리고 당신은 제 할 일을 잘해왔으니, 상대방에게 자기 일은 스스로 하라고 요구할 만큼 유리한 위치에 선다.

나만의 규칙

일방적인 선행은 자신이 진정 어떻게 말하고 행동하길 바라는지 아는 것에서 출발한다. 그것은 개인 '행동 규칙'이다. 다른 사람에게 영향을 받았을지는 모르겠지만, 근본적으로 행동 규칙 안에 무슨 내용이 들어갈지는 자신에게 달렸다.

골치 아프고 까다로운 관계를 선택하여, 마음속이나 종이 위에 해야 할 일과 하지 말아야 할 일을 기록하자. 이 기록은 윤리 기준일 수도 있고, 지키기로 한 약속일 수도 있다. 이를테면, 당신을 힘들게 하는 관계에 대해 다음과 같이 적어보자.

해야 할 일	하지 말아야 할 일
타인도 힘겨운 하루를 보냈다는 사실을 기억하자	말을 끊는다
내가 동의하는 것부터 말한다	화를 낸다
늦을 것 같으면 전화한다	들들 볶는다
일찍 출발해서 정시에 도착한다	내 주장이 정당하다는 데 몰두한다
문제의 일부는 나 때문이라는 것을 인정한다	옛날이야기로 말다툼을 벌인다
타인이 무엇을 요구할지 예상해본다	지나치게 비판적이다

이 규칙에 따라 행동했다면, 특히 갈등을 겪을 때 어떻게 되었을지 몇 분 동안 상상해보자. 결과가 더 좋으리라는 보장은 못 하지만, 그럴 가능성은 커졌을 것이다. 그리고 남이 무엇을 하건, 마음속에서는 당신이 할 수 있는 일을 했다는 사실을 깨달을 것이다. 명확한 규칙은 너무

당연한 말만 하는 것처럼 보여서 무시하기 쉽다. 하지만 그 안의 내용을 아는 것(손으로 직접 써보면 도움이 된다)은 매우 유용하다. 특히 힘든 관계라면 더욱 그럴 것이다.

●

일방적으로 살기

때로 규칙을 지키지 못한다고 하더라도, 그건 정상적인 일이다. 규칙을 지키지 못한 것이 포기를 뜻하지는 않는다. 이는 때로 규칙이 현실적인지, 진정으로 당신에게 무엇이 중요한지 확인해야 한다는 의미이다. 필요하다면 규칙을 수정하고 새롭게 업데이트해야 한다. 하지만 대부분 확실한 방법을 되찾아야 한다는 사실을 뜻한다. 다음은 그런 확실한 방법을 찾는 몇 가지 조언이다. 특히 당신이 힘겨워하는 관계에서 효과적일 것이다.

욕구 충족하기

자신의 욕구를 직접 챙기면 자연스럽게 사람에 대한 인내심과 관용이 늘어난다. 의도가 아무리 좋아도 빈 우유 팩에서 우유가 나오지는 않는다. 자신을 지지하기, 인생 즐기기, 몸 보살피기 등 지금까지 우리가 살펴보았던 것을 떠올려보자. 휴식을 취해 피로가 풀렸을 때, 영양 상태가 좋을 때, 행복할 때는 위험 구역에서 벗어나기가 훨씬 쉽다.

부정적인 영향을 주는 요인 제거하기

일방적인 선행을 베풀기가 어려웠던 때를 생각해보자. 그리고 어떤 요인 때문일지 자문해보자. 식사하지 못했거나, 수면이 부족했거나, 과음했거나, 직장에서 스트레스를 받았기 때문일 수 있다. 아니면 다른 사람에게 쌓였던 불만이 그러한 반응을 하는 데 일조했을 수도 있다. 과거의 경험, 특히 어린 시절의 경험이 당신에게 어떤 영향을 미쳤을지 생각해본다. 그 요인이 무엇이든 잘 인지해야 하며, 만일 그 요인이 작용한다면 각별히 주의해야 한다.

집중하기

집이나 직장에서 말과 말투를 조심해서 쓰는데, 그렇지 않은 사람을 보면 한마디 하고 싶은 유혹을 느낄 것이다. 말이 아니더라도 눈을 굴리거나 분노의 콧방귀를 뀔 수도 있겠지만, 어쨌든 그런 유혹이 생기는 건 어쩔 수 없다. 누군가와 함께 어떤 일을 처리해야 하는 법에 대해서는 다음 법칙에서 다룰 것이다. 하지만 보통 이렇게 한마디 하는 행동은 양쪽에 최악의 상황을 가져온다. 당신 욕구가 충족될 만큼도 아니면서, 말다툼을 일으키기에는 충분히 도발적이고 자극적이다. 그 대신 자신의 책임감과 규칙을 지키려는 마음에 집중하는 것이 좋다.

욕구와 불만 처리하기

일부 가족이나 문화에서는 무언가를 요구하거나 불편한 점을 말하는 것을 금기시한다. 하지만 우리는 서로 의존하며 살기 때문에, 반드시 요구해야 한다. 그리고 실망하거나 부당한 대우를 당했을 때, 당당하게 말할 수 있어야 한다. 한 마디로 '불평'할 수 있어야 한다.

당신의 요청과 불만에 누군가 응답했던 때를 떠올려보자. 어떤 느낌이 들었나? 인간관계에 어떤 도움이 되었나? 이와 같은 일을 당신이 할 때 전체적으로 다른 사람이나 관계에 도움을 줄 수 있다.

남의 요구와 불만은 언제나 상대적으로 사소한 생각, 말, 행동이 되고 만다. "우리 기념일 기억해?" "나한테 소리 지르면 정말 미쳐버릴 것 같아." "치약 뚜껑 좀 닫을 수 없어?" "나랑 대화할 때는 나한테 집중해 줬으면 좋겠어." 다른 사람에게 물건을 가져다주는 일은 시간과 관심이라는 비용이 들지만, 보통 긴장과 갈등이라는 비용보다는 훨씬 적다. 게다가 상대방이 기꺼이 나에게 답례하게 되는 이점도 생긴다.

사람이 완벽하게 의사소통한다고 볼 수는 없다. 사람의 요구와 불평은 대개 완곡하게 에둘러 말하거나, 혼란스럽고 모호한 단어를 사용하거나, 과장하거나, 부차적인 문제를 들먹이거나, 거짓말하거나, 설교하거나, 비난하거나, 잘못한 행동을 변명하거나, 요구하거나, 위협하는 말로 포장되어 있다. 모래사장에서 바늘을 찾을 때, 당신이 실제로 찾으려는 바늘 이외의 다른 것에 주의가 흐트러져서는 안 된다는 점을 반드시 잊지 말아야 한다. 최선을 다해 바늘을 찾고, 합리적으로 할 일을 스스로 결정한 다음, 계속해서 꾸준히 해야 한다.

자율성, 공감, 연민, 친절과 더불어 일방적인 선행으로 행동할 때 당신은 건강하고, 협력적이며, 성취감을 주는 관계의 기반을 닦는다.

✅ 모든 관계에는 친밀의 등급이 있다. 연인의 관계에만 있는 것은 아니다.

✅ '우리' 안에 강한 '나'가 있으면 친밀함이 커진다. 경계를 확립하고 마음속의 개성을 주장하여 이러한 개인적인 자율성을 뒷받침할 수 있다.

✅ 친밀해지려면 공감이 필요하다. 뇌 안의 서로 다른 신경망 덕분에 다른 사람의 생각과 감정, 행동을 이해하게 되었다. 우리는 공감 능력을 발달시킬 수 있고, 다른 사람과 협력할 때 더욱 많이 공감할 수 있다.

✅ 연민과 친절은 다른 심리적 자원과 마찬가지로 내면에서 강화할 수 있다. 고난을 깨닫고, 우리의 공통된 인간성을 이해하고, 인정과 연민을 분리하며, 타인을 향한 따뜻한 보살핌을 의도적으로 마음속에 간직한다.

✅ 남의 잘못에만 관심을 집중하면 교착 상태와 분노가 생긴다. 그렇기에 일방적인 선행을 훈련하는 것이 좋다. 즉, 남이 무엇을 하든 자신의 책임과 개인의 행동 규칙에만 집중하는 것이다. 그러면 '떳떳한 만족'이 찾아와 갈등이 줄어들고, 다른 사람이 당신을 잘 대해줄 가능성이 커진다.

PART 4

관계 맺기

용기

지혜롭게 말하는 사람이 원하는 것을 얻는다

평온하고, 친근하고, 두려워하지 않는 사람이 현명한 사람이다.

_법구경

산 높은 곳에서 정말 아찔했던 순간이 몇 번 있었다. 그러나 불안했던 순간은 대개 사람들 주변에 있었다. 대다수가 동의하리라고 생각한다. 인간관계에서 우리에게 필요한 것은 용기이다. 용기의 어원은 아주 적절하게도 '심장heart'이라는 뜻이다.

우리는 다른 사람과 함께 있을 때 안심할 수 있도록, 자신을 보호하고 지지하는 방법을 알아볼 것이다. 먼저 자존감과 기술을 이용해 마음으로 말하는 법부터 시작한다. 그런 다음 자기주장을 하는 효과적인 방법을 알아보고, 마지막으로 관계를 회복하는 법을 배운다.

마음에서 우러나는 말

배우자나 자식, 형제와 자매, 부모, 친구, 동료 등 중요한 관계에 있는 어떤 사람을 생각해보자. 그가 나를 무시했거나, 화나게 했거나, 상처를 주었다면, 이에 대해 그에게 말할 수 있었나? 당신이 그를 아끼고 사랑한다면 그런 마음을 표현한 적이 있는가? 때로 당신이 잘못을 저질렀다면 그것을 인정한 적이 있나?

중요한 일을 말하지 않고 덮어두면, 분노와 외로움으로 이어진다. 그리고 말했다면 진실을 발견할 수 있었던 기회를 잃어버린다. 관계를 맺는 사람은 대부분 기분이 좋고 나쁜 것 그리고 진정으로 원하는 것은 다를 수 있다는 사실을 말하지 않는다. 그들은 마치 서로 가까이 있는 두 척의 배와 같아서, 전달되지 않는 소통의 내용은 둘 사이에 무거운 돌이 떨어져 생긴 파도처럼 그들을 더 멀리 밀어낸다.

잠시 관계에서 말하지 않는 것의 무게는 얼마나 될지 생각해보자. 당신과 다른 사람에게 어떤 영향을 미쳤을까?

때로는 다른 사람에게 무언가에 대해 이야기할 수 없거나, 이야기하는 것이 부적절하거나, 안전하지 않을 때가 있다. 그렇다면 자기 연민 같은 내적 자원에 의지해야 한다. 그리고 이야기하는 게 가능할 때도 모두 터놓고 말하기가 두려운 경우가 많다. 또한 일을 악화하지 않고 어려운 문제를 말하는 데는 기술이 필요하다. 이러한 순간에 필요한 것이, 열린 마음으로 현명하게 말할 수 있는 사람과 사람 사이의 용기이다.

●

안전제일

의사소통에는 감정적으로 상처를 입거나 관계를 망칠 수 있는 위험이 있다. 다음은 최대한 안전을 유지하는 몇 가지 방법이다.

위험 인지하기

인간관계에서 폭력과 위협이 수많은 관계에 그늘을 드리운다는 것은 안타깝지만 현실이다. 만일 이와 같은 위험을 느낀다면 의사나 성직자, 심리치료사 등 도움을 줄 수 있는 사람에게 연락해야 한다. 또한 많은 상담 전화와 쉼터 등 관련된 서비스가 있다. 누구도 인간관계에서 육체적인 공격을 걱정해서는 안 된다. 이런 문제는 다루기 어려운 만큼 다른 문제보다 먼저 처리해야 한다.

다른 유형의 위험은 당신 말이 당신에게 불리하게 작용하는 것이다. 깊이 생각한 뒤에도 무언가 말하고 싶을 수 있지만, 당신이 어떤 상황에 처할지 알아야 한다. 그리고 아무리 달콤하더라도, 말할 때는 정도 이상으로 다른 사람을 믿을 만큼 자신이 순진하거나 희망에 부풀어 있지는 않은지 주의해야 한다.

내 진실 알기

어떤 관계에서 당신이 보고, 느끼고, 원하는 것이 무엇인지가 아주 분명하도록 노력한다. 시간을 들여 자신에 관한 것을 정리해보자. 마음속에 있는 모든 것을 친구나 영적인 존재에게 말한다고 생각해보자. 절대 보내지 않을 편지를 쓸 수도 있다. 상황에 따라서는 다른 사람과 관계에 대해 이야기하며, 그동안 있었던 일을 터놓고 무엇을 할지 고민해볼 수 있다.

대화에 대해 대화하기

중요한 문제에 관한 좋은 대화는 대개 수시로 방향이 바뀌고, 한창 열기를 띠다가도 식어버린다. 대화가 난잡하고, 각본을 완벽히 따르지 않는다고 해도 큰 문제는 없다. 하지만, 특정 주제를 꺼내기가 불안하거나, 소통이 제대로 이루어지지 않거나, 생산적이지 않다면 대화에 대해 대화하는 것이 도움 될 수 있다. 만일 상대방이 당신이 어떻게 소통하는지를 토의하고 싶어 하지 않는다면, 중요한 인간관계에서는 심히 걱정스러운 일이다. 좋은 관계는 좋은 소통에 기반한다. 그리고 소통이 되지 않는다면 인간관계가 발전하기가 어렵다.

대화에 대해 대화할 준비가 되었다면 남과 소통을 잘하는 데 무엇이 도움이 되는지, 무엇이 해가 되는지 생각해보자. 그런 다음, 서로 대화를 나눌 때 모두에게 적용되는 해야 할 것과 하지 말아야 할 것에 집중하려고 노력한다. 이렇게 하면 서로를 탓하며, 과거사를 들춰내며 말다툼으로 새지 않을 가능성이 높다. 예를 들어, 다음과 같은 내용을 받아들이자.

- 서로에게 말할 시간을 똑같이 준다.
- 잠자리에 들기 직전에는 심각한 문제를 꺼내지 않는다.

- 소리치거나 위협하지 않는다.
- 아이들 앞에서는 말다툼하지 않는다.

'소리치다' 혹은 '말다툼하다'처럼 당신이 사용하는 말이 모두에게 명확한지 확인한다. 타임아웃 규칙을 더해 휴식 시간을 가질 수 있다. 원하기만 한다면 다음 날에 대화를 재개한다.

자신부터 기본 규칙을 지키려고 신경 쓴다. 다른 사람이 규칙을 따르지 않는다면 토론을 통하여 제자리로 되돌려 놓으려고 노력한다. 결국, 필요하다면 대화를 그만둔다. "나는 정말 너와 대화하고 싶었지만, 네가 계속 이런 식으로 말한다면 그만두겠어."

사람들에게 어떤 특정한 방식으로 당신을 대해달라고 할 수는 없지만, 무엇을 원하는지는 말할 수 있다. 그리고 난 뒤 그들이 무엇을 하는지 보게 된다. 그다음 당신은 이 관계에서 무엇을 할 것인지 스스로 판단할 수 있다. 예를 들어, 단지 말다툼만 유발할 뿐인 특정 주제는 피하거나, 아니면 관계에서 아예 한발 물러설 수 있다.

●

경험 공유와 문제 해결

의사소통을 많이 하려면 경험을 공유하기만 하면 된다. "회의 때 했던 발표 좋았어." "배고파요." "사람들이 설거지는 모두 내가 할 것처럼 생각할 때면 돌아버리겠어." "노을이 참 예쁘지 않아요?" "아들 때문에 걱정이에요."

또 다른 유형의 소통은 문제 해결에 관한 것이다. "내가 작성한 신
제품 계획이야." "소아과에 연락해주세요." "임원 회의 때 저 좀 지원해
주세요." "당신은 가족 식사 때 제시간에 집에 온 적이 없어." "제 말을
끊지 않으시면 듣기가 더 편할 겁니다."

두 가지 대화 방식 모두 중요하며, 많은 소통 관계에서 함께 사용된
다. 다음에서 볼 수 있듯이, 두 방식은 상당히 다르다.

경험의 공유	문제 해결
어떻게 이런 일이 나에게 일어났는가	우리는 무엇을 해야 하는가
"내가 느끼기에는"	"문제는 거기에 있다"
"나는 그렇다"	"너는 그렇다"
개인적인, 주관적인	비개인적인, 객관적인
과정, 관계에 집중	결과, 해결책에 집중
결합된	분리된
내가 전문가	다른 사람도 전문가
진실 자체를 위한 진실	설득, 영향력, 주장

우리는 문제를 해결해야만 한다. 그에 관해서는 다음 절에서 집중
적으로 다룰 것이다. 그런데 '문제에 대한 대화'는 논쟁으로 번지기 훨
씬 쉽다. 주제가 논란을 부를 만한 것이거나 소통이 제대로 되지 않은
일이 잦다면 특히 그럴 것이다. 반면 '경험에 대한 대화'는 그보다 안전
하다. 당신이 "~가 일어나면 안 좋은 일이다"라고 한다면, 다른 사람이

반박할 수 있다. 하지만 "~가 일어나면 내가 느끼기엔 좋지 않다"라고 말하면, "아니야, 그렇지 않아!"라고 말하기는 어렵다. 당신의 경험은 그 자체가 다른 사람에게 요구되는 것이 아니기에 단순히 공유하는 것만으로 반박을 덜 유발할 수 있다. 경험으로 이야기할 때, 타인에게도 똑같이 해달라고 부탁하기가 쉬워진다.

경험을 공유하는 것은 보통 그 자체로 할 가치가 있다. 또한 문제 해결의 소통에서 긴장이 커지고 논란이 일어난다면, 경험에 대한 대화로 옮겨가는 것이 좋다. 대화가 두 가지 유형의 의사소통 사이에서 왔다 갔다 한다면, 때로는 이러한 변화를 분명하게 드러내는 것도 유용하다. 예를 들어, 당신은 감정을 공유하려는데 다른 사람은 당신을 '고치'려고 한다면 아무리 좋은 의도일지라도 거슬린다. 게다가 여기에는 "내가 너보다 많이 알아", "나는 선생이고 너는 학생이야", "나는 건전하고 너는 아니야" 같은 암묵적인 메시지가 담겨 있다. 반면에 당신은 실질적인 문제를 해결하려고 애쓰는데, 다른 사람은 계속해서 감정에 관해 말한다면 불만이 생길 수 있다. 마치 한 사람은 발레를 추는데, 다른 사람은 탱고를 추는 것과 같다. 어떤 대화를 하는지를 (은연중이나 명시적으로) 서로 동의한다. 그러면 두 사람은 모두 같은 춤을 추는 것이다.

경험 이야기로 시작한 다음 필요하다면 문제 이야기로 옮기는 것이 좋을 때도 있다. 우리 아이들이 어렸을 때, 나는 "연결부터 시작하라"라는 말을 좌우명으로 삼았다. 이 말 덕분에 더 좋은 아버지이자 남편이 되었다. 공감과 연민, 친절로 소통하는 것은 연결의 한 형태이다. 분석이나 조언을 주는 것보다 경험을 공유하는 것 역시 연결을 촉진한다. 우리가 다른 사람과 연결되었다고 느낄 때 함께 문제를 해결하기가 쉽다.

●

현명하게 말하기

관계는 소통을 통해 형성된다. 그리고 소통은 테니스공을 치듯 양쪽을 오가는 대화를 통해 이루어진다. 당신 차례가 되어 '공을 칠 때', 상대방이 방금 했던 말에 따라 다양한 선택권이 주어진다. 그중에서 지혜로운 선택을 해야 한다.

지혜라는 말이 뜬구름 잡는 소리처럼 들릴지 모르겠지만, 지혜의 본질은 기술과 선의의 조합이다. 당신이 말할 때 할 수 있는 것은 선택지 가운데 가장 높은 목표치를 노리는 것뿐이다. 그러면 상대방은 무언가를 대답해서 대화의 공을 당신에게 넘길 것이고, 당신은 그것을 최대한 지혜롭게 돌려보낼 기회를 얻는다. 이런 식으로 소통을 바라보는 방식은 일방적인 선의의 한 측면이다. 이는 자신이 말한 것에 대한 책임을 강조한다. 그리고 최선을 다했다는 데서 오는 마음의 평화가 있다. 또한 당신이 말할 때 다른 사람이 회피하는 말투나 잘못된 단어 선택 같은 부차적인 문제를 줄일 수 있다.

지혜로운 말하기를 위한 체크리스트

내 경우에는 불교 전통에서 나온 지혜로운 말하기의 정의를 항상 염두에 둔다.

1. 선의: 다치게 하려고 하지 말고 도와주어야 한다. 악의에 바탕을 두어서는 안 된다.

2. 진실: 모든 것을 말할 필요는 없지만, 말하는 것은 모두 정확하고 정직해야 한다.

3. 이로움: 자신이나 남에게, 혹은 양쪽 모두에게 즐거움을 주거나 도움이 되어야 한다.

4. 시의성: 적절한 때를 기다려야 한다.

5. 비폭력: 단호하거나, 열정적이거나, 격할 수는 있지만 말투나 단어가 상스럽거나, 남을 비하하거나, 폭력적이어서는 안 된다.

6. 욕구: 남에게 피해가 가지 않게 신중해야 한다. 그렇지만, 최선이라고 판단한 것은 당당히 말한다.

소통이 잘된다면 계속 그 상태를 유지한다. 하지만 불편하다면 당신이 여전히 지혜롭게 말하는지 확인한다. 특히, 말하기가 거칠지는 않은지 확인한다. 남을 아프게 하거나 도발하는 것은 대부분 말의 내용보다는 말하는 방식이다. 지혜롭게 말하면서, 이런 식의 대화가 몸에서는 어떻게 느끼는지 표정이나 말투, 몸짓, 자세 등을 감지한다. 반복해서 이러한 감각을 받아들이고, 강화하고, 흡수하여, 지혜로운 말하기가 점점 몸에 체화해 반사적으로 반응하게 한다.

1인칭으로 말하기

조언 중에 '2인칭 문장'보다는 '1인칭 문장'을 사용하라는 것이 있다. 사람들에게 자신의 생각과 느낌, 의도 등을 말할 때는 조심해야 한다. 예를 들어, "너는 고의로 이런 짓을 했어", "너는 이 팀에서 내 평판에 손상을 주고 있어", "너는 관심이 없어", "너는 어머니에 대한 감정을 내게 투영하고 있어" 같은 표현 대신 "네가 그런 행동을 했을 때, 나는 마음이 아팠어", "네가 내 평판에 손상을 입혔다고 나는 느꼈어", "내가 느끼기에, 너는 날 존중하지 않아" 같은 표현을 쓰도록 신경 쓴다.

비폭력 대화로 말하기

비폭력 대화는 마셜 로젠버그가 개발한 구조화된 말하기 방식이다. 비폭력적인 의사소통의 복잡성은 살펴봐야 할 만한 가치가 있지만, 본질은 간단하다. "X가 일어났을 때 내가 Y라고 느낀 이유는 Z가 내게 필요하기 때문이야."

첫 번째 부분인 X는 중립적인 관찰자가 본 것처럼 최대한 사실적으로 묘사한다. 예를 들어, 다음과 같은 식으로 말할 수 있을 것이다. "당신 보고서가 미비하다면⋯." "저녁 식사 시간보다 한 시간 반 늦게 집에 오면⋯." "내가 말할 때 나를 보지 않으면⋯." "거의 성관계를 먼저 하려고 하지 않는다면⋯." "당신 아버지가 부모 노릇을 잘하라고 내게 말할 때 나를 도와주지 않는다면⋯." 하지만 이렇게 말해서는 안 된다. "당신이 업무상 실수를 한다면⋯." "가족을 돌보지 않는다면⋯." "정신이 딴 데 가 있다면⋯." "나를 좋아하지 않는다면⋯." "아버지 기분 맞추려고 나를 깎아내린다면⋯."

두 번째 부분 Y는 경험, 특히 의견이나 판단, 문제 해결이 아닌 감정과 느낌, 욕망에 관한 것이다. 바로 위에 있는 X의 사례를 확장한다면 이렇게 말할 수 있다. "이 프로젝트 때문에 걱정이야." "당신이 약속을 지킬지 몰라서 화가 나고 답답해." "나는 외로워." "당신의 사랑이 그리워." 하지만, 이렇게 말하면 안 된다. "당신은 게으르고 믿음직스럽지 않아." "남의 말을 잘 들어주지 못하는군." "나를 원하지 않는군요." "내가 나쁜 부모라고 생각하네."

세 번째 부분 Z는 당신이 느끼는 것의 기초가 되는 보편적이고, 이해할 만한 인간의 욕구를 밝힌다. X와 Y의 예를 기억하면서, 다음처럼 말할 수 있다. "나는 함께 일하는 사람들이 신뢰감을 주었으면 좋겠어." "우리 아이들은 당신이 자신들을 가장 중요하게 생각한다는 사실을 알 필요가 있어." "나는 내가 남을 위해 존재한다고 느끼고 싶어." 하지만 이렇게 말하지는 않을 것이다. "정신 차리고 이 일을 신중하게 맡아주면 좋겠어." "우리 아이들이 필요할 때 없는 부모는 필요 없어." "당신도 나와 같은 마음이었으면 좋겠어." "우리는 일주일에 두 번은 섹스해야 해." "당신은 아버지와의 대화를 중단해야 해."

훌륭한 대화가 모두 정확히 비폭력 대화의 형태를 따르는 것은 아니다. 하지만, 누군가와 이야기할 때 분위기가 격해지거나, 주제를 벗어난다면 이 대화를 이용한다. 그러면 대개 상황이 좋아진다.

다른 사람을 가슴속에 간직하기

순간적인 흥분으로 우리는 자신만의 관점과 감정적 기복에 사로잡혀 다른 사람의 내면에서 무슨 일이 일어나는지 보지 못한다. 그들의 행동은 당신과는 상관없는 많은 요인(낫지 않는 두통, 늦게 도착한 버스, 어린 시절의 잔재 등)의 영향을 받는다. 다른 사람의 영향이 당신에게 미치는 것을 해결해야 하지만, 개인적으로 받아들일 필요는 없다.

상대방이 생각하는 우선순위와 민감한 문제를 염두에 두면 도움이 된다. 예를 들어, 그가 특정한 단어에 반응한다면 다른 방법으로 당신의 주장을 전달할 수 있을 것이다. 한 친구가 어린 시절에 소외되고 버려졌다면, 당신이 점심시간에 늦게 도착하는 것처럼 겉보기에 사소한 일이 그에게는 아프게 다가올 수 있다는 것을 이해해야 한다. 어떤 사람은 자율성을 매우 중요하게 생각하지만, 다른 사람은 친밀성을 더 중요시한다. 당신이 강조하는 것과 누군가 강조하는 것이 다르다면, 자신에게 충실하면서 그 사람이 중요하게 생각하는 것에 접근한다.

어떤 의미에서는 우리는 모두 머리에 다음과 같은 질문을 늘어뜨려 놓고 다닌다. "나를 존중하나요?" "나를 못살게 굴 건가요?" "내가 아픈 게 보이나요?" "제 편인가요, 아닌가요?" "저를 사랑하나요?" 우리가 다른 사람의 마음에 있는 의문에 진실하고 안심할 수 있는 답을 준다면 인간관계는 좋아진다. 대개 간단한 말이나 시선, 접촉으로도 충분하다.

당신은 사업이나 친구 관계, 또는 연인 관계에서 누군가에게 벗어나야 할 수도 있다. 혹은 인생의 모든 관계를 끊어야 할 수도 있다. 하지만 이 사람들을 마음에서도 지울 수 있는가?

가장 협조적이고 긍정적인 관계에서도 우리는, 비록 작고 미묘한 방식일지라도 자기주장을 해야 한다. 확신에 차서 하는 말이 무례하거나 강요하는 것처럼 보일 수도 있지만, 사람이 자신을 표현하고 원하는 것을 찾으려고 노력하는 것은 당연한 일이다. 그렇기에 당신이 이와 같이 하는 것도 당연하다.

모든 사람이 똑같은 것을 원한다면 인간관계는 원만할 것이다. 하지만 얼마나 비슷할까? 예전에 있었던 일이다. 어머니와 아버지는 서로 다른 텔레비전 프로그램을 보고 싶어 했다. 부모님은 이 문제로 다투다가 어머니는 홀숫날에 원하는 프로그램을 보고 아버지는 짝숫날에 보는 것으로 합의했다. 게다가 모든 사람이 정당한 자기 몫의 일을 한다면 인간관계는 원만할 것이다. 하지만 늘 그럴까? 약간의 의견과 조정으로 이런 문제가 해결된다면 좋을 것이다. 그렇지 않을 경우, 사람 사이의 문제를 해결하는 좋은 방법을 소개하고자 한다.

●

사실 입증하기

어떤 상황에 대한 사실이 분명하지 않거나 사람마다 사실을 다르게 아는 경우가 많다. 문제가 어떠한 것이든, 관련 사실에 동의할 수 있도록 노력한다. 그렇게 하면 대개 문제가 한정되고 객관적인 현실에 근거할 수 있다. 예를 들자면 이렇다. 누군가는 얼마나 자주 지각하는가? 싸울 때 했던 감정이 실린 말은 무엇인가? 십 대 청소년이 숙제하는 데 얼마나 시간을 들이는가? 사람들은 사실이 의미하는 것에 동의하지 않을 수 있지만, 사실 자체는 진실일 뿐이다.

혼자 혹은 다른 사람과 함께 하루나 일주일 정도 시간을 들여 실제로 무슨 일이 일어나는지 관찰할 수도 있다. 걱정스럽고 마음에 거슬렸던 일이 사실은 거의 일어나지 않거나 사소한 일이라는 것을 발견할지도 모른다. 또는 오히려 당신의 주장을 효과적으로 할 수 있게 도와주는 강력한 단서를 찾을 수도 있다.

●

가치관 명확히 하기

일단 사실이 명백해지면, 가치관과 관련이 있어야 한다. 가치관에는 우선순위, 원칙, 선호도 등이 있다. 사람은 대개 가치관이 명백하게 드러나 있고 모든 사람이 공유한다고 생각한다. 실제로는 그렇지 않은데도 말이다.

어떤 문제와 관련해 당신에게 가장 중요한 것은 무엇인지, 왜 중요한지 곰곰이 생각해보자. 가능하다면 다른 사람의 가치관은 어떠한지 알아낸다. 기질, 교육, 신앙, 개인적인 이력 등 우리 가치관을 형성한 것들의 깊은 곳까지 내려가 보자. 어떤 부분에서 서로 비슷한 관심이 있고, 어떤 점은 다른지 보자.

그리고, 몇 가지 선택지가 있다.

- 내가 어떻게 느끼는지 혹은 무엇을 원하는지를 상대방의 가치관으로 설명한다.
- 내 가치관이 정당하다는 것을 입증한다.
- 영향권을 만든다. 내 가치관이 한 영역에서 일어나는 일을 지배하는 범위를 만든다(직장에서 보고서 서식 만드는 방법이나 아이에게 얼마나 텔레비전을 시청하게 해야 하는가 등).
- 가볍게 생각한다. A가 무언가에 대단한 관심이 있고 B는 그렇지 않다면 A가 원하는 것을 따를 수 있다.
- 다른 것을 성취하기 위해 가치관을 포기한다. 예를 들어, 아이들과 더 즐거운 시간을 보내기 위해 집을 깨끗이 유지하는 것을 그만둔다.
- 태도를 정한다. 어떤 가치관이 나에게 중요하다면, 결과가 어찌되었든 그것을 추구하기로 할 수 있다.

●

목표를 향해 똑바로 가기

정말 관심 있는 결과에는 집중하고 다른 문제는 신경 쓰지 않는다. 내성적인 성격의 성난 십 대 아들과 교감을 느끼길 절실하게 바라는 아버지와 가족 심리치료를 했었다. 아버지는 긴장을 풀고 인정하기 시작했고, 아들은 아버지를 따뜻하게 대했다. 그러자 아버지는 의도는 좋았지만 은연중에 비판적인 조언을 하며 성급하게 다가갔고, 아들은 다시 마음의 문을 닫고 말았다. 시간이 흐르면서, 아버지는 자신과 아들 사이에 커가던 교감을 간직하는 법을 배웠다. 그것이 그에게는 조언하는 것보다 훨씬 소중한 것이었다.

무언가를 주장할 때 상대방이 부차적인 문제나 자극적인 평을 당신에게 던질 때를 생각해보자. 그렇다면 어떻게 해야 할까? 아무리 치고 싶어도, 일반적으로 스윙을 하지 않고 그냥 두는 것이 제일 좋은 방법이다. 그리고 그냥 자신의 주장으로 돌아가는 것이다.

●

목표 강화하기

한 친구에게 서로 간에 일어난 어떤 일 때문에 당신이 상처받은 이유를 설명하는데, 마침내 친구가 이해했다고 가정해보자. 가장 좋은 방법은 둘 사이에 다른 문제는 꺼내지 말고 그대로 두는 것이다. 또는 밤 늦게 배우자와 함께 이야기를 나눈다고 생각해보자. 대화로 배우자는 아이가 책을 읽는 데 어려움을 겪고 있다는 사실을 깨닫는다. 아침까지 기다렸다가 (동의하지 않을 수도 있지만) 학교에 어떻게 말할지 서로 알아보는 것이 현명할 수 있다.

대화 한 번으로 큰 문제를 해결할 가능성은 없다. 그리고 한 문제 다음에 다른 문제를 꺼내면 부담을 느낄 수 있다. 그러므로 앞서가면 멈추고, 둘 사이의 깊은 감정적 이해나 미래에 어떻게 하기로 한 명확한 합의처럼 성취한 그것을 보호하는 것이 가장 좋다. 그런 다음 때가 되면 다음 단계로 넘어간다.

●

미래에 중점 두기

어머니는 마음이 넓었다. 어머니가 사랑을 표현하는 한 가지 방식은 조언해주는 것이었다. 우리 아이들이 어렸을 때, 아내와 나에게 아이들을 키우는 방법에 관해 많은 조언을 해주었다. 얼마 지나지 않아 우리는 신경이 쓰이기 시작했다. 그래서 나는 어머니께 앞으로는 부탁하기 전에는 조언하지 않았으면 좋겠다고 했다. 어머니는 "이런, 그럴 수는 없다!"라고 대답했다. 그때 어머니와 나는 옛날에 있었던 일을 놓고 늘 벌이던 말다툼을 할 수도 있었다. 하지만 이번만은 평정심을 되찾고, 투덜대는 선에서 멈추었다. "좋아요, 별문제는 없겠죠." 그리고는 자리를 떴다. 다음 날 어머니는 우리에게 더 좋은 부모가 되는 법에 대해 말하려다가 그만두었다. 말다툼 없이도 메시지가 충분히 전달된 것이다.

때로는 과거가 어떤 영향을 미치는지 설명하기 위해서, 혹은 희망 사항이 미래에 어떻게 달라지는지에 대한 사례를 보기 위해서 과거를 논하는 것이 필요하다. 하지만 대부분 또 다른 말다툼을 부를 뿐이다. 과거에 대해서는 서로 다르게 아는 경우가 많기 때문이다. 사람은 과거에서 서로 다른 부분을 기억하거나 잘못된 기억을 가진다. 그리고 실제로 일어난 일의 일부를 감추거나 부정한다. 바꿀 수 없는 과거에 집중하면 당신이 바꿀 수 있는 것에서 멀어진다. '앞으로 일어날 일' 가운데 '앞으로'는 당신이 아는 단어 중 가장 희망적인 말이다.

중요한 문제 한 가지를 고른 다음, 다음과 같은 질문에 답한다. 상대방이 당신 말을 정말 들었다면 어떤 모습일까? 당신이 원하는 것을 존중했을까? 적당히 그런 척했을까? 아니면 원하는 것을 주었을까?

그런 다음 당신이 앞으로 하고 싶은 것을 말한다. 또한 바꾸려는 생각이나 말, 행동에 대해 설명한다. 이 모든 것을 말할 때 과거의 일을 들먹이거나 비판하지 않고, 사무적이고 구체적으로 말하려고 노력한다. "앞으로 우리가 X를 한다면 Y라고 느끼는 것은 Z가 필요하기 때문이야."처럼 비폭력 대화를 사용할 수도 있다. 상대방이 과거에 방어적이라면 거기에 말려들지 말고 미래에 관심을 집중한다.

●

요구하기가 아닌 요청하기

의사소통에는 세 가지 고유한 요소가 있다. 내용, 감정적 어조, 관계의 본질이 그것이다. 우리는 대개 내용을 가다듬는 데 관심을 집중하지만, 가장 큰 영향을 미치는 것은 보통 감정적 어조와 관계에 관한 메시지이다. 명령의 형식을 사용해 무언가 말한다면("전화를 받아라", "그것을 내게 주어라", "이것을 그만두어라"), 당신이 우리 관계에서 명령을 내리는 위치가 되었다는 것을 암시한다. 이는 대부분 사람을 분노하게 하여 해결하려는 문제를 처리하기 어렵게 한다.

반면에 요구가 아닌 요청을 한다면 부차적인 문제가 나타나는 대신 당신이 제기한 주제에 집중할 수 있어, 권력 분쟁도 최소화할 수 있다. 상대방이 무언가를 하도록 할 수는 없다는 일반적인 사실을 인정하고 받아들인다. 이는 다른 사람의 행위와 책임을 강조한다. 그들이 당신 의견에 동의했다면 강요에 의한 것이 아니므로 존중해야 한다.

때로는 정중하고 겸손하게 요구를 표현하는 것이 유용하다. 그래야 상대방이 쉽게 받아들일 수 있기 때문이다. 다른 때는 진지하고 단호하게 하는 것이 적절하다.

나는 넬슨 만델라 같은 사람들의 윤리적 무게, 그들의 대의명분에 실린 위엄과 중대함에 대해 생각한다. 당신은 존경하는 사람의 특징을 구체화하거나, 그러한 존재 방식에 한 걸음 다가갈 수도 있다. 그런 다음, 다른 사람과 어떤 문제에 관해 이야기할 때 이런 방식을 몸에 지녀 자존감이 생기도록 한다. 결국 아무리 정중하고 단호하게 요청한다고 해도, 요청이 충족되지 않았을 때 무엇을 할지 결정하는 것은 자신에게 달렸다.

●

명확하게 약속하기

다른 사람과 암묵적으로 서로 뜻이 통하여 일이 완벽하게 진행되는 경우가 많다. 하지만 오해가 계속 발생하거나 상대가 하겠다고 말한

대로 일에 전념하지 않는 것 같다면, 명시적인 약속을 하는 것이 큰 도움이 된다.

우선, 무엇에 합의하려는지 파악한다. 최대한 구체적이고 현실에 근거해야 한다. '노력', '도움', '일찍', '잘'과 같은 애매한 단어의 의미를 명확하게 정의한다. 상대에게 약속이 지켜진다면 어떨 것 같은지 묻는다. 또한, 새로운 계획을 요약한 이메일이나 냉장고에 게시된 집 규칙 목록과 같이 글로 남겨둔다.

둘째, 상대가 약속을 지키도록 하거나 도울 방법을 알아본다. 원하는 것을 얻기 위해 무엇을 줄 수 있는지 자신에게 물어보자. "이것을 하는 데 무엇이 도움 될까?", "나한테 필요한 게 있을까?", "어떻게 하면 이 일을 지속할 수 있을까?" 같은 질문을 해본다. 때로는 질문에 대한 답이 약속의 주체와 밀접한 관계가 있다.

어떤 때는, 당신이 할 수 있는 일이 우회적인 방법으로만 약속과 관련이 있을지도 모른다. 대부분 인간관계는 일반적으로 어느 정도 주고받는 것이 수반된다. 엄격하게 보상을 따지지는 않더라도, 현실적으로 "내가 원하는 것을 신경 쓰지 않는다면 네 부탁을 들어주긴 어려워" 같은 상황이 인정된다. 사람들이 무엇을 좋아하든 실용적으로 어떤 분야에서 그들이 원하는 것을 들어주고, 다른 분야에서 당신이 원하는 것을 그들이 들어주는 거래를 하는 것이 효과적일 때가 많다.

자전거를 탈 때, 우리는 자연스럽게 한쪽이나 반대쪽으로 방향을 틀고 계속 방향을 바꾸면서 길을 따라 달려간다. 인간관계(상대가 친구, 동료, 가족, 연인이건 상관없이)에서도 똑같다. 가장 좋은 시기라고 할지라도, 인간관계는 사소한 오해를 없애고 불화가 생긴 지점을 완화하기 위해 자연적인 교정(회복이라고 부르기로 하자)의 과정이 필요하다. 더욱 심각한 것은 갈등을 겪으며 일을 하거나, 신뢰를 재구축하거나, 관계의 양상을 바꾸어야 할 수도 있다는 것이다.

회복이 필요하다면 일종의 노란 깃발이 올라간 상황이다. 처리할 무언가가 생겼는데, 괜찮으리라고 예상되는 상황인 것이다. 하지만, 닳거나 찢긴 무언가를 고치려는 당신의 수고를 누군가 거절한다면 빨간 깃발이 중요한 관계에 나타난 것이다. 고트먼 부부관계 연구소는 한 커플이 서로 같이 있으면 얼마나 만족하는지, 함께 지낼지 여부에서 회복이 주요한 요인이라는 것을 알아냈다. 노란 깃발을 처리하기 위해, 그리고 빨간 깃발이 필요하다면 다음과 같은 방법을 시도해보자.

●

이해한 내용 확인하기

다른 사람 때문에 상처받거나 화가 날 때는 중요한 세부 사항을 간과하거나, 말을 잘못 듣거나, 표정을 잘못 해석하거나, 잘못된 결론으로 비약하기 쉽다. 나도 이런 실수를 수없이 했다. 남에 대한 반응은 우리가 본 것과 해석한 방식에 따른 평가와 생각과 감정, 의도가 마음속에서 움직이는 속성에 의해 형성된다. 예를 들어, 친구가 점심 초대를 거부한 이유가 당신과 함께 시간을 보내기 싫어서라면 당신은 무시당한 기분이 들어 화가 난다. 하지만 친구가 점심 식사 메시지를 받지 못했고, 사실은 당신을 보고 싶어 한다면 이런 혼동은 번거로운 일일 뿐이다.

어떤 일이 일어나는 데 일부분만 아는 경우가 얼마나 많은지, 나중에 후회할 반응을 얼마나 자주 하는지 깨닫는다면 겸손해질 수 있다. 따라서 속도를 늦추고 무엇이 진실인지 알아내려고 노력한다. 실제로 무슨 일이 일어났나? 이 일을 둘러싼 맥락은 무엇인가? 이는 사건을 보다 중립적 혹은 긍정적인 측면에서까지 보게 할 수 있다. 상대가 정말 구체적인 약속을 했는가? 어쩌면 단지 명백한 오해였을 수도 있다. 예를 들어, 룸메이트는 "설거지해라"라는 말이 단지 식기세척기에 넣으라는 뜻이지 조리대를 닦아놓으라는 말이라고는 생각하지 못할 수 있다. 또한 다른 사람이 당신에게 무언가를 설명하려고 한다면, 그것이 반드시 당신이 멍청하다고 생각해서 그러는 것일까? 비록 불필요한 방법을 쓰긴 했지만, 단순히 도우려고 했을 수도 있다.

일단 명확히 이해했다면 그냥 흘러가게 놓아두기로 할 수 있다. 대단한 일이 아닐 수도 있고, 회복했을 때의 이점보다 회복 비용이 더 클 수도 있다. 어려운 문제를 통해 다른 사람이 이야기할 수 있는 능력에 대해 현실적으로 고려해야 한다. 또는 중소 규모의 문제가 커다란 문제가 되지 않게 앞장서서 살핀다.

내가 중요하다는 것 알기

일단 무언가에 회복이 필요하다고 확신한다면 그 문제에 관한 당신 편과 함께한다. 누군가 당신을 깎아내리거나, 일을 망치거나, 당신이 없는 것처럼 행동하거나, 화를 내거나, 약속한 일을 하지 않고 다른 일을 하거나, 무시하거나, 당신 영역을 침범하거나, 남에게 험담하거나, 위협하거나, 이용하거나, 착취하거나, 차별하거나, 기만하거나, 거짓말하거나, 공격한다면, 그로 인해 괴로운 것은 자연스러운 일이다. 당신은 다른 사람과 마찬가지로 공정하고 예의 바른 대접을 받을 자격이 있다.

역사와 환경 그리고 당신이 했던 일로 다른 사람이 했거나 하지 않은 일을 폄하하지 않는다. 신뢰가 흔들렸다면, 이 일은 해결하는 것이 정말 중요하다. 예를 들어, 약속을 지키는 일에 까다롭게 구는 사람이 가족이나 친구, 연인과의 약속을 일상적으로 어긴다. 이들이 실제로 가장 중요한 관계인데도 말이다. 인간관계는 신용이 필요하고, 신용은 신뢰에서 나온다. 다른 사람에게 의지할 수 있는 것이 무엇인지 알아야 할 정당한 이유가 있는 것이다.

당당하게 말하기

누군가와 이야기할 때, 당신 마음속에서 어떻게 느끼는지가 중요하다는 것과 상대방이 약속을 지키고 당신을 존중해야 한다는 것을 믿어야 한다. HEAL 과정을 이용해 이러한 확신의 느낌을 마음속으로 받아들인다. 자신을 검열하지 않고 지혜로운 말하기를 이용해서 차분하게 회복의 대화를 시작할 수 있는지 본다. 이는 상대방이 당신이 말하는 것을 받아들일 확률을 높인다.

사람들에게 상대방이 당신에게 미친 영향을 알린다. 당신을 얼마나 상대방이 고통스럽게 했는지 말하기를 피하는 것은 이해할 수 있는 일이다. 이 때문에 감정적으로 약해질 수 있다. 그럼에도 머리를 높이 쳐들고 이런 말을 할 수도 있을 것이다. "이런 일이 일어났고, 나는 상처를 받았어. 그것은 잘못된 일이라고 생각해." 이것이 자존감이며, 관계 회복을 위한 당신의 노력이 중요하다.

이것이 상대방을 불편하게 했을지도 모른다. 그리고 당신은 그것이 옳은지 아닌지 스스로 판단할 수 있다. 때로는 진실보다 화합을 선택하는 것이 맞다고 느낀다. 하지만 다른 사람이 당신과 관계를 회복하려고 할 때, 그리고 해결되지 못한 문제가 시간이 흐르면서 쌓일 때 당신은 불편해질 수 있음을 기억해야 한다. 계속해서 진실보다 화합을 중요하게 여기는 사람은 대개 둘 다 얻지 못한다.

●

진정한 토대와의 관계 조정

인간관계는 신뢰와 존중, 헌신의 토대에 기반한다. 만일 인간관계가 그 토대보다 크다면 피라미드를 뒤집어놓은 것처럼 불안해질 가능성이 있다. 집이나 직장에서 당신이 공평하게 대해주는 사람이 당신을 공평하지 않게 대한다면, 인간관계를 재정립해야 할지도 모른다.

가령 상황을 바로잡으려는데 잘 안 되거나, 이런저런 이유로 그런 수고를 하지 않기로 했다고 가정해보자. 이제는 뭘 해야 할까? 조정하고 싶은 관계를 하나 선택한 다음 그 관계가 가능성이라는 동그라미라고 상상해보자(종이에 그려도 된다). 그런 다음 줄이고 싶은 것, 벗어나고 싶은 것, 혹은 새로운 방향으로 바꾸고 싶은 것을 생각한다. 이 사람은 어쩌면 돈을 빌려주거나, 함께 커피를 마실 수는 있지만 술을 마시거나, 정치 이야기를 하면 안 되는 사람일 수도 있다. 무엇을 바꾸고 싶은지(몇 가지가 있다고 해보자) 동그라미에 표현한다. 결과적으로 원의 크기는 당신에게 가장 적당한 관계의 크기를 말해준다. 어떤 관계가 되어야 하는지 직면한다면 상실감, 좌절된 희망, 불만, 환멸 등이 있을 수 있다. 이를 명심하고 자신에게 연민을 베풀어야 한다.

당신이 바꿀 수 없는 것도 있을 수 있다. 이를테면 나이든 부모를 보살펴야 하는 의무나, 업무상 어쩔 수 없이 마주쳐야 하는 사람 등처럼 말이다. 하지만 당신 외부에 있는 것을 바꾸지는 못한다고 하더라도, 적어도 마음속에서는 뒤로 물러나 당신에게 미치는 영향을 통제할 수 있다.

우리는 보통 어떤 관계에서 변화를 일으킨다. 다른 사람에게 당신이 무슨 일을 하고, 왜 하는지 이야기하기도 한다. 그리고 단순히 새로운 방식으로 행동하기도 한다. 그러면 세 가지 중 한 가지가 일어난다. 먼저, 당신이 일으킨 변화로 상대방이 막대한 수고를 들여 회복해야 한다. 회복이 잘 되면 과거의 관계를 폭넓게 확장하는 것을 고려할 수 있다. 둘째, 상대방이나 친척 같은 상대 집단이 과거의 상태로 되돌리려고 한다. 당신에게는 변화를 일으킬 권리가 있다는 사실을 잊지 말고, 그렇게 하는 이유를 기억한다. 셋째, 당신의 새로운 접근을 받아들이거나 그에 관해 아무런 말도 하지 않는다. 예를 들어, 당신이 원하지 않는다면 누구도 당신에게 전화나 이메일로 답을 하라고 강요할 수는 없다.

아이나 부모처럼 피할 수 없는 의무가 아니라면, 관계를 바꿀 권리가 있다. 여기에는 어느 정도 어려움이 있지만, 또한 호의적인 시선도 있다. 지금까지의 상황 때문에 속마음이 편치 않다면 다른 사람도 말로는 표현하지 않더라도 대개 그렇게 느낀다. 당신을 위해 관계를 개선하는 행동이 때로는 상대방에게도 좋을 수가 있다.

- 우리에게 용기가 가장 필요한 때는 대부분 다른 사람과 이야기할 때이다.

- 개방적이고 진정한 의사소통은 모든 중요한 관계의 바탕이다. 하지만 이는 또한 위험을 내포한다. 안전을 위해서는 실제적인 위험을 인지하고, 대화에 대해 대화하고, 경험 공유와 문제 해결을 구분한다.

- 지혜로운 말하기는 의도가 좋고, 진실하고, 이롭고, 가혹하지 않고, 적절하게 필요한 말을 한다는 의미이다.

- 누군가에게 능숙하게 자기주장을 하려면 사실을 확증하고 자신의 가치관을 알린다. 당신이 원하는 결과에 집중하고, 목표를 강화하고, 지금부터 일어날 일을 강조한다. 요구하지 말고 요청하고, 주장을 명확히 한다.

- 관계는 원래 불안정해서 당연히 회복이 필요하다. 중요한 관계에 있는 상대방이 회복하지 않으려고 한다면 위험 신호이다.

- 관계를 회복할 때 당신이 생각한 것이 일어났는지 확인한다. 그런 다음 남에게 무시당하고, 상처받고, 학대받았다는 사실을 말하는 것을 부끄러워해서는 안 된다. 필요하다면 안전한 크기와 형태로 관계를 축소해야 한다.

법칙 11

열망

실패해도 전속력으로 달리자

말해 봐, 험하고도 소중한 인생을 어떻게 살아갈 건지?

_ 메리 올리버

산다는 것은 미래를 기대한다는 것이다. 우리는 늘 다음을 향해 나아간다. 다음 사람, 다음 임무, 다음 광경, 다음 순간 등등.

이 법칙에서는 친밀한 사람과의 관계를 더욱더 깊게 하거나, 더 좋은 일자리를 구하거나, 집이나 직장에서 더 나은 방식으로 생활하는 것처럼 자신에게 소중한 결과를 성취함으로써 만족의 욕구를 충족시키는 방법에 집중할 것이다.

특히, 무슨 일이 있더라도 자신의 근본은 평온하게 유지하면서 목표를 추구하는 방법을 살펴볼 것이다.

외 면 했 던 꿈 을 다 시 봐 야 하 는 이 유

한 사람이 걸어가는 인생의 여정은 많은 요인으로 결정된다. 그중에는 유전자나 출생지처럼 어쩔 수 없는 요인도 있지만, 한 연구에 따르면 안정과 변화에 어떻게 대처하는지, 어떤 선생과 멘토에게 도움을 청하는지 그리고 어린 시절의 꿈을 비롯한 자신의 꿈을 어떻게 실현하는지에 따라 많은 것이 달라진다고 한다.

●

어릴 때 깨달았던 것

아이는 비록 아주 어리더라도, 많은 것을 안다. 단지 말로 표현하지 못할 뿐이다. 예를 들어, 내 어린 시절의 기억에는 여러 아이와 어른의 모습이 남아 있다. 그리고 우리 가족이 너무 불행하게 살고 있다는 고민에 빠진 기억이 난다. 집이 무섭지는 않았지만, 집 안에 쓸데없는 긴장과 불안이 흘렀고 말다툼이 많았다. 돌이켜보면 나는 우리 집이 이렇게 된 이유를 알아내 무언가 하고 싶었던 것 같다. 시간이 흐르면서 이러한 노력은 내 길을 이끄는 목표가 되었다. 그러한 목표를 마음 한구석에 처박아 넣은 채 깨끗이 잊고 지낸 적도 많았다. 생각해보면 길을 잃고 방황했던 때가 그때가 아니었나 싶다.

당신은 어떠한가? 가장 오래된 기억과 가장 최근의 정신적 경험에 대해 생각해보자. 무엇이 보이는가? 당신이 바란 것은 무엇이었나? 어렸을 때 자신이 말로 표현할 수 없다는 것을 알았나? 십 대를 통과하여 성인으로 성장하면서 가졌던 야망이나 엉뚱한 생각, 당신만의 희망은 무엇이었나? 어떤 사람과 친해지고 싶었나? 어떤 사람이 되고 싶었나?

이제 그 꿈들은 어떻게 되었나? 우리에게는 모두 잊거나 미루어 놓았던 꿈이 있다. 그 꿈들은 우물 바닥에 떨어진 동전처럼 내면에 그대로 있다. 때로는 꿈을 한쪽 구석에 치워놓아야 할 마땅한 이유가 있다. 하지만 사람은 대개 소중한 꿈을 유치하고 어리석다며 쓸데없이 무시하거나, 계속 나중으로 미루기만 한다. 성취감도 크고 다른 사람에게 도움도 줄 수 있는 일을 그만두라고 자신에게 말하는 것은 가슴 아프게도 쉽다. 이것을 염두에 두고, 꿈에 방해가 되는 요인을 알아보자.

타인의 영향

우리는 선천적으로 남의 의견에 영향을 받는다. 부모와 친구, 선생이 꿈에 얼마나 영향을 미쳤는지 생각해보자. 당신을 응원하고 도와주었던 사람은 누구였는지, 그리고 거부하고 의심하고 공격했던 사람은 누구였는지 생각해보자. 이러한 영향은 오늘날 어떻게 인생에 남았는가? 예를 들어, 남에게 당신 꿈이 알려지면 불편한가?

꿈에 대한 태도를 생각해보자. 자신에게 묻는다. "이러한 태도 가운데 진정 나의 것은 어느 것인가, 그리고 남에게서 빌려온 것은 어떤 것인가? 내가 원하는 것은 무엇이고, 나에게 가장 중요한 것은 무엇인가?"

두려운 경험

사람은 대개 두려운 경험을 감수하지 않으려고 꿈으로 가는 길에서 벗어난다. 예를 들어, 어떤 사람은 거절당하지 않으려고 낭만적인 관계를 추구하지 않기도 한다. 우리가 두려워하는 경험의 경계들이 일종의 보이지 않는 담장을 형성하여 스스로 허락한 삶을 가둔다.

잠시, 지금까지 회피해온 경험으로 형성된 담벼락에 가두어진 인생은 어떠했는지 생각해보자. 당신에게 일어났던 일, 다른 사람에게 일어났던 일, 일어났을지도 모르는 일을 생각해보자. 또한 기질에 대해서도 생각해보자. 예를 들어, 어떤 사람은 특히 교감에 나쁜 영향을 미칠까 두려워, 잘못을 저질렀다거나 '나쁜 사람'이라는 기분을 느끼게 하는 수치심과 관련된 경험을 우선적으로 회피한다. 또 어떤 사람은 안전에 미치는 영향 때문에, 비행기 출장 같은 불안과 관련된 경험을 피하려고 각별한 노력을 하기도 한다. 꿈을 추구하다 방향을 바꾸게 된 인생의 전환점을 생각해보자. 그때 회피하려고 했던 경험은 무엇이었나? 요즘, 특정한 경험을 감수하지 않으려고 더 적게 말하고 수동적으로 행동하는가? 그러한 위험을 감수했다면 인생이 얼마나 확장되었을지 생각해보라.

두려운 경험은 우리 꿈에 기나긴 그림자를 드리운다. 하지만 두려움은 보통 어린 시절에 뿌리를 두며, 현재에 그것은 우리가 걱정하는 것보다 일어날 가능성이 적다. 그리고 덜 고통스럽고, 덜 압도적이다. 소중하지만 나중에 하기로 연기했던 무언가를 생각해보자. 그런 다음, 스스로 다음과 같은 질문을 한다. "내가 피해왔던 게 뭐지?" 어떤 상황이나 다른 사람과의 관계에서 생각해보는 것이 좋다. 그런 다음 더 깊게 들어가, 당신이 두려워하는 불편하거나 스트레스를 유발하는 경험이 피하고 싶은 상황이나 관계에 있었는지 찾아본다. 일단 위험을 감수하고 싶지 않은 경험을 파악했다면 다음 질문을 진지하게 생각한다.

- 실제로 내가 이 꿈을 추구한다면 두려워하는 대로 될 가능성은 얼마나 되는가?
- 내가 두려워하던 대로 일이 안 좋게 되었다고 하더라도, 그 고통은 어느 정도나 될까? 얼마나 지나면 고통이 사라지기 시작할까?
- 어떻게 하면 그런 경험에 대처할 수 있을까? 해결할 만한 어떤 내적 자원이 있을까?
- 이 꿈을 이루었을 때 나와 다른 사람에게 어떤 이로움이 있을까? 단순히 그 꿈을 추구하기만 하면 어떤 이로움이 있을까? 이러한 이로움이 두려운 경험의 위험을 감수할 만한 가치가 있는가?

꿈의 본질

이쯤에서 이런 말을 할 수도 있을 것이다. "음, 어렸을 때 나는 영화배우가 되고 싶었는데, 당신은 내가 영화배우가 되지 않으면 절대 행복하지 않을 거란 말을 하는 건가요?" 전혀 그렇지 않다. 꿈 그 자체는 '영화배우'가 아니다. 영화배우가 되는 것은 명성이나 연기의 즐거움, 상업적인 성공 등 다양한 목적을 위한 수단이다. 그것이 본질적인 목적은 아니다.

사람은 꿈의 진정한 목적을 위한 특정 수단에 사로잡히는 경우가 많다. 하지만 이러한 수단 때문에 목적에 이르지 못한다. 소중한 꿈을 한 가지 선택해서 자신에게 물어보자. 이 꿈의 본질인 근본적인 감정 혹은 인간관계에 관한 요소는 무엇인가? 지금까지 추구해왔던 방법이 아닌, 꿈이 열망하는 목적을 이루기 위해 이 본질을 충족시킬 다른 방법이 있을까?

이것은 어떨까? 두려움과 한계가 무엇이었는지 모르겠지만, 오늘은 그 꿈을 이루기 위해 몰두하는 느낌을 받아보자. 어떤 의미에서 꿈을 꾸는 꿈을 상상해보라. 당신을 통해, 당신으로서 사는 꿈을 말이다. 이러한 경험을 간직하고, 안으로 들어오게 하여, 안정적으로 자리 잡게 한다. 마음속 깊이 이 꿈의 본질을 느낄 수 있는지 본다.

●

사랑과 일과 놀이

구체적인 방법으로 꿈에 따라 행동하기 위해 인생의 세 가지 주요 영역을 고려해보자.

- 사랑: 우정, 친밀한 관계, 양육, 연민, 친절
- 일: 일자리, 경력, 가정 꾸리기, 타인 돕기
- 놀이: 창의성, 상상력, 재미, 취미, 즐거움, 놀라움, 경외감

잠시 각 영역을 평가해보자. 영역에 따라 다소 겹칠 수도 있다. 잘 되는가? 바뀌었으면 하는 것이 있다면 어떤 점인가? 이러한 삶의 각 영역을 개선하는 효과적인 방법은 다음의 영역을 기반으로 두는 정도를 높이는 것이다.

- 선호: 즐거움을 주는 활동, 상황, 주제
- 재능: 글쓰기나 기계 고치기, 사람을 즐겁게 하기, 회의 진행하기, 부담스러운 상황에서 침착하기, 요리나 음악 등 선천적으로 타고난 온갖 능력
- 가치: 가족이나 환경처럼 소중한 것

선호, 재능, 가치가 각각 하나의 원이라고 생각해보자. 두 원의 공통부분은 '좋음'이고 세 원이 모두 겹치는 부분은 '가장 좋음'이다. 예를 들어 만일 당신의 일이 그 자체로 진짜 좋아하는 것과 선천적으로 잘하는 것, 가장 아끼는 것이 결합된 것이라면 충실하게 일하고 성공할 가능성이 크다. 고용 시장 등 다른 요인도 관련이 있을 수 있지만, 근본적인 원칙이 옳다면 나머지는 보통 따라오기 마련이다.

삶의 각 영역에서 선호, 재능, 가치를 현실적으로 증가시키는 방법을 생각해보자. 예를 들어, 사랑의 영역에서 오래된 연인 관계가 즐겁지 않고 재미가 없다면 서로 대화하면서 무엇을 할 것인지 고민해볼 수 있다. 일의 영역에서는, 타인을 위해 봉사하는 데 능력을 이용할 새로운 방법(비영리단체 활동 등)이 있을 수도 있다.

좋아하고, 잘하고, 아끼는 것을 존중하는 일은 관습적인 길 대신 자기가 가고 싶은 길을 따르겠다는 의미이다. 예를 들어, 아이는 성장하면서 '자기가 원하는 것'이 무엇인지 찾아야 한다는 것이 상식이었다. 의사나, 미술가, 우주 비행사 따위의 것들 말이다. 하지만 성인 중에는 뭐라고 불러야 할지 모를 구체적인 직업이 없는 사람이 많다. 사실 이것은 아주 자연스러운 현상이다. 수렵 채집인 선조들은 다방면의 지식과 경험이 있는 사람이었지, 한정된 분야의 전문가는 아니었기 때문이다. 마침내 당신 삶의 끝에 다가가 뒤돌아보았을 때, 자신에게 솔직하고 꿈을 존중할 기회를 얻는 것이 가장 안전한 선택이었을 수도 있다.

●

가진 시간 이용하기

하루는 길지만 1년은 짧다는 말이 있다. 특히 지루할 때 한 시간은 영원처럼 느껴진다. 하지만 1초가 재깍거리며 흘러갈 때 그 시간은 영원히 사라진다. 그리고 미래에는 무슨 일이 일어날지 모른다. 가까운 곳에서 사고가 날 수도 있고, 병이 나타날 수도 있다. 스티븐 레빈이 언급했듯이, 우리에게 살날이 1년밖에 남지 않는 날이 올 것이다. 그날이 언제인지는 알 수 없지만 말이다.

인생은 연약하고 덧없고 소중하다. 그것을 아는 것이 무서운 일은 아니다. 오히려, 우리가 가진 날들을 축복하고 최대한 이용할 수 있는 하나의 방법이다.

여러 해 전에 나는 친구 톰에게 도대체 얼마나 있어야, 대학원 과정을 마치고 요건을 충족하여 심리학자가 될 수 있는지 불만을 터놓고 있었다. 30대 중반이었고 여전히 학생이라는 것이 지겨웠다. 아마 마흔 살이나 되어야 자격증을 딸지도 모른다고 투덜대었다. 당시에는 아주 늙었다고 생각했던 나이였다. 톰이 물었다. "마흔 살에 뭘 할지 계획은 있니?" 나는 놀라서 말했다. "음, 그래, 그래야지." "그렇다면 마흔 살에 어떻게 되길 바라니?"

그때부터 나는 톰의 질문에 대해 수없이 생각했다. 때로 그냥 불가능한 것이 있다. 예를 들면 직업을 바꾸거나 아이를 갖기에 너무 늦었을 수 있다. 하지만 사람은 대개 지나간 기회는 돌이킬 수 없다고 너무 일찍, 그리고 너무 빨리 결론을 내린다.

오랜 바람(사업하거나, 다시 연애를 시작하거나, 파르테논 신전을 보거나)를 생각해본 다음 5년에서 10년 후의 나이를 선택한다. 스스로 묻는다. "그 나이에 무엇을 할지 계획이 있나? 그 나이에 나는 어땠으면 좋겠는가?" 인생의 끝자락에 이르러 과거를 돌이켜 본다고 상상해보자. 당신에게 남아 있는 날에 무엇을 하면 기쁘겠는가?

이러한 생각을 하면서, 직업상 큰 도약을 하거나 큰 프로젝트에 성공할 만큼 야망이 있는 사람이라는 것을 발견할지도 모른다. 또는 그보다는 작은 일이 기다릴 수도 있다. 병원에서 자원봉사 활동하기, 규칙적으로 명상하기, 친척과 화해하기, 그랜드 캐니언 관광하기, 피아노 배우기, 손자 손녀와 친해지기, 지역 정치에 참여하기 등등.

또는 진짜 당신에게 중요한 것은 특별한 것이 아니라 근심 걱정 없

고, 자신에게 솔직하며, 다정하고 장난기 많은 것처럼 어떤 존재 방식일지
도 모른다.

애 착 없 이 열 망 하 기

여러 해 전에, 일주일 동안 콜로라도에서 친구 밥과 길잡이 데이브와 함
께 암벽을 등반했다. 첫날 나는 안간힘을 다해 중간 등급의 암벽(5.8등
급) 등반에 도전했으나 실패했고, 밥은 그곳을 쏜살같이 올라갔다. 얼마
후 데이브가 우리에게 일주일 동안의 목표가 뭐냐고 물었다. 나는 5.11
등급을 오르고 싶다고 말했다. 이는 대단히 어려운 일이었다. 밥은 아주
단호하고 의욕적이며 경쟁심이 강한 사내(얼어 죽을 뻔했던 밥과 동일인물)였
다. 그가 버럭 소리를 질렀다. "미쳤군. 절대 할 수 없어. 자신에게 실망
하게 될 거야!" 밥은 내가 실망하거나 부끄러운 상황에 처하지 않길 바
랐다. 하지만 나는 반대였다. 너무나도 황당한 목표였기 때문에, 이런 목
표를 추구하는 것은 모두에게 이익이었다. 성공하지 못해도 부끄러운
일이 아니었고, 성공하면 엄청나게 기쁠 터였다.

우리는 매일 데이브와 함께 등반했고, 실력은 점점 좋아지기 시작
했다. 일주일이 반쯤 지났을 때 내 목표는 그렇게 정신 나간 짓이 아닌
것처럼 보였다. 그리고 밥은 실제로 내가 해낼지도 모른다고 생각하며
흥분했다. 마지막 날, 나는 5.11등급의 암벽을 오르기 시작했고, 떨어지

지 않고 정상까지 올라가는 데 성공했다. 정말 짜릿한 순간이었다.

이러한 경험은 위에 나온 것처럼 '애착 없는 열망'이 어떤 것인지에 대한 사례가 되었다. 즉, 꿈은 크게 꾸고 온몸을 바쳐 그 꿈을 추구하되 무슨 일이 일어나도 평온함을 잃지 않아야 한다. 하지만 행동보다 말이 쉬운 법이다. 어떻게 전속력으로 달릴 수 있단 말인가…녹색 구역에 머물면서?

●

성장하려는 마음가짐

'성장형 마인드세트growth mindset'라는 용어는, 구체적인 결과보다는 학습과 성장을 더 중요시하는 사람에 관한 캐롤 드웩의 연구에서 처음 사용되었다. 예를 들어, 어떤 사람이 자기보다 훨씬 뛰어난 선수와 테니스 시합을 하고 있다면 득점을 올리기보다는 백핸드를 향상하는 것으로 목표가 바뀔 수 있다. 성장하려는 마음가짐이 있는 사람은 행복하고, 회복탄력성이 강하며, 성공하는 경우가 많다. 원대한 목표 한 가지를 세운 다음, 그 목표의 성공을 새로운 능력 개발과 사람에 대한 이해 그리고 지식 습득의 관점에서 재정립해보면 어떨까? 그러면 어떤 결과가 나오더라도 성공이라고 할 수 있을 것이다.

이러한 태도를 갖추면 목표를 높게 잡을 수 있다. 약간의 노력만으로도 훨씬 의미 있는 무언가를 성취하는 일이 많아진다. 목표를 높게 잡으면 집중력이 커지고 힘이 생기며 일을 지속할 동기를 얻을 수 있다. 목표가 높을수록, 직관적이지는 않지만 그 목표에 도달할 가능성이 커진다.

●

실패를 두려워하지 않기

실패는 일어나기 마련이다. 모든 것이 성공할 수는 없다. 많은 사람을 도와주고 많은 것을 성취한 선종禪 지도자에 관한 이야기가 있다. 그의 생이 끝나갈 무렵, 누군가 자신이 성취한 것을 보면 어떤 느낌이 들었는지 물었다. 그는 슬프게 웃으며 말했다. "실패의 연속이었군." 때로 큰 실패를 겪지 않으면 크게 성공할 수 없다.

원대한 목표를 잡았지만 거기 미치지 못했다면 어떤 기분이 들까? 실망이나 헛된 노력을 했다는 느낌, 안쓰럽게 바라보는 남들의 시선에 대한 두려움 등이 나타날 수 있다. 무엇보다도 부적 편향 탓에, 뇌는 현실을 구성하는 여러 조각 가운데 당신이 실패하면 경고등을 깜박일 소수의 조각에 집착한다. 반면 다른 사람의 사랑, 잠자리에서 느끼는 안락함, 열심히 노력했고 자신과의 약속을 지켰다는 데서 느끼는 자긍심과 자존감처럼 안정적인 상태에 있는 더 많은 조각은 무시한다. 어떤 결과가 나오든 가슴으로 받아들일 수 있는가? 결과가 마음에 들지 않을지도 모르지만, 괜찮을 것이다.

사람은 실패를 인정하면 현실에 안주하고 포기할까 봐 걱정하기도 한다. 실제로는, 실패하려는 의지가 강할수록 성공할 가능성은 커진다. 실패에 대한 두려움은 인생을 짓누르는 큰 짐이 될 것이고, 실패에 대한 집착은 한 곳에 힘을 집중하지 못하게 한다. 패배할 가능성을 인정한다면 승리할 가능성이 커질 수밖에 없다.

●

지나치게 개인적으로 받아들이지 않기

성공 혹은 실패의 원인이 당신이 아니라는 것을 인식한다. 예를 들어, 콜로라도에서는 내 노력도 5.11등급의 암벽에 오르는 데 한몫했지만, 여러 성공 요인은 나와는 무관한 것이었다.

데이브는 기술적으로 나를 이끌어주었고, 밥은 힘을 북돋아 주었으며, 날씨마저 협조적이었다. 불편한 진실은, 우리 삶이 대부분 환경적, 유전적, 역사적, 문화적, 경제적 요인 등 통제할 수 없는 것으로 이루어졌다는 것이다. 주요 사건은 무작위적인 우연으로 좌우되는 경우가 많다. 이력서가 서류 더미에 떨어지거나, 부주의한 운전자가 자기도 모르게 차선을 바꾸는 경우처럼 말이다.

어떤 사람이 다른 사람과 비교하거나 인정을 받거나 공과를 놓고 다투는 데 정신이 팔리면, 모든 것에 '나'를 앞세우려고 한다. 그러므로 자아를 가볍게 대하려고 노력해야 한다. '나'에게 너무 몰두하면 긴장이 느껴져 다른 사람이 도와주기 어려워진다. 게다가 스트레스를 받고 특정 결과에 집착한다. 마치 《반지의 제왕》에 나오는 골룸이 반지에 집착하는 것처럼 말이다.

●

열망이 나를 이끌게 하기

열망을 채우는 한 가지 방법은 마치 힘겹게 암벽을 올라가듯, 열망하는 것이 당신 외부 먼 곳에 있는 것처럼 그것을 향해 돌진하는 것이다. 잠시 효과가 있을지는 모르겠지만, 힘이 너무 많이 든다. 다른 방법은 강에서 물살을 타고 내려가며 래프팅을 하듯 열망하는 것에 당신을 맡겨, 열망이 당신을 이끌게 하는 것이다. 사실상 의지를 열망에 내맡기는 것이며, 이 방법이 더 편하고 지속 가능하다.

어떤 느낌인지 알아보기 위해, 열망 한 가지를 선택한다. 그것을 당신과 분리되어 먼 곳에 있는, 당신이 밀고 나아가야 할 목표라고 생각하자. 그리고 어떤 느낌인지 인지한다. 그런 다음 당신과 하나가 된 열망이 당신을 들어 올려 목적지까지 이끌어간다고 생각한다. 이제 이것이 어떤 느낌인지 주목한다. 이 특정한 열망을 대상으로 HEAL 과정을 이용해 내면화한다. 다른 열망을 선택해 그 열망에 의해 들어 올려지고 이끌리는 느낌이 어떤지 느껴본다. 열망에 대한 접근이 습관 될 수 있도록 이러한 경험을 강화하고 흡수한다.

베 푸 는 삶 의 중 요 성

우리가 사랑하고, 일하고, 노는 행위는 다른 사람에게 베푸는 일종의 선물이다. 집과 직장, 친구, 낯선 사람, 그리고 더 넓은 세상에 우리가 베풀었던 크고 작은 것들을 생각해보자. 그 순간에는 깨닫지 못할 수도 있지만, 매일 우리는 너무나도 많은 선물을 한다.

당신이 무언가를 선물할 때, 사람들은 더 겸손하고, 더 부드러우며, 더 진심 어린 느낌을 받는다. 심지어 일상적이고 겉보기에 하찮은 일도 새로운 의미와 가치를 지닌다. 그리고 당신은 사람들의 반응을 걱정하는 대신, 스스로 할 수 있는 것이 무엇인지에 집중할 수 있다. 이는 오래전 장차 선승이 되려는 한 친구와 이야기하면서 깨달은 것이다.

그 친구는 자신이 수련하는 샌프란시스코 중심부에서 첫 강연을 하기로 되어 있었다. 그에게는 아주 중요한 강연이라, 두려움마저 느꼈다. 신문에는 노숙자들이 거리를 떠나 명상실로 들어오려고 한다는 소식을 전했다. 불교에 관심이 있는 것이 아니라 따뜻하고 안전한 장소가 필요했기 때문이다. 나는 장난삼아 친구에게 청중이 강연을 듣지 않으면 어떤 기분이 들지 물었다. 그러자 그는 내가 중요한 점을 놓치고 있다는 듯이 쳐다보았다.

우리는 서로 마주 보며 앉아 있었는데, 그가 마치 무언가를 내 발에 올려놓는 것처럼 몸짓했다. "나는 그냥 선물할 뿐이야." 그가 말했다. "나는 좋은 강연을 하려고 노력할 거야. 아마도 흥미를 잃지 않게 하려고 농담도 하겠지. 하지만 그 이후에는 내 손을 떠난 일이야. 강연을 듣고 무엇을 하든 그들에게 달린 거지." 이 말을 할 때, 남의 일은 신경 쓰지 않는다는 듯이 냉정하거나 무시하는 태도가 아니었다. 차분하고 현실적이었다. 그리고 실제로 강연에서 자신의 말을 억지로 이해시키려고 하지 않았고 청중에게 더 가까이 다가갈 수 있었다.

우리 집 마당에 있는 과일나무에서 얻은 교훈이 생각난다. 우리는 튼튼한 묘목을 골라 잘 심은 다음, 몇 년 동안 가꿀 수는 있지만 사과가 열리게 할 수는 없다. 원인을 관리할 수는 있지만 결과를 통제할 수는 없다. 우리가 할 수 있는 것은 베푸는 일뿐이다.

●

무엇을 베푸는지 알기

자신이 정확히 무엇을 베풀고 싶은 것인지 잊을 때가 많다. 특히 상황이나 관계가 복잡할수록 그러하다. 다른 사람이 당신이 해주길 바라는 일이 부담을 주는 경우나, 어린 시절부터 맡아서 해온 일이라 당연히 당신이 하는 일로 여기는 경우 등이 있을 것이다. 그러므로 특정인이나 특정 상황과 관련해서 당신의 업무나 직무, 의무, 목적을 명확히 구분하는 것이 좋다.

잰과 나는 부모가 되면서, 누가 무엇을 할지 정해야 했다. 나는 '해야 할 일' 목록을 작성하는 유형의 사람이라서 아버지와 남편으로서 해야 할 일을 작성하는 것이 정신적으로 도움이 되었다. 그러자 매일 내가 할 일을 알 수 있었고, 일을 망치지 않을까 하는 걱정에 집착하지 않을 수 있었다.

이 방법이 다소 기계적으로 보일 수 있지만, 실제로는 자연스럽고, 편안하고, 유연하다. 그리고 너무나 명확하며, 자유롭게 해준다. 맡은 부분을 모두 했으니, 나머지는 자신의 책임이 아니라는 것을 알면 평화가 찾아온다.

동료, 친구, 가족과의 관계에 대해 생각해보자. 당신이 할 일은 무엇이고, 그들이 할 일은 무엇일까? 예를 들어, 십 대 아이와의 관계에서 숙제하라고 잔소리하고, 필요에 따라 도와주고, 수업을 빼먹으면 그에 따른 벌을 내리는 것이 할 일이라고 정할 수 있다. 하지만 학교에서 공부하는 것은 아이들만 할 수 있다. 혹은, 연애 상대에 대해 생각해보자. 당신은 사랑과 관심, 애정을 줄 수 있지만, 가슴 아프게도 당신을 향한 사랑은 상대방이 주는 것이다.

사람은 대개 다른 사람의 마음이라는 블랙박스 안에서 무슨 일이 일어나게 하는 데 몰두한다. 어떤 사람을 특정한 방식으로 생각하고, 느끼고, 관심을 두게 만들고 싶어 한다. 여기에서 많은 좌절과 갈등이 발생한다. 우리가 할 수 있는 일은 상황에 맞는 의견과 충고를 주고, 그 이유를 설명해주는 것이다. 나머지는 상대방이 결정할 일이다.

특히, 다른 사람을 행복하게 해줄 수는 없다. 비록 자기 아이들이라고 하더라도 말이다. 그럼에도 특정한 사람, 특히 가족 중 누군가의 기분이나 행동에 대해 부담이 될 정도로 책임지려는 모습을 흔히 볼 수 있다. 우리는 아이에게 기분이 어떤지 묻거나, 아이를 심리치료사에게 데려가는 등, 단계별로 다양한 조치를 할 수 있다. 하지만 우리가 무엇을 베푼다고 해도 그것으로 무엇을 할 것인지는 아이들이 결정할 일이다.

또는 회사에서 어떤 프로젝트를 진행한다고 해보자. 당신이 할 수 있고 해야 하는 모든 것을 생각해보자. 그리고 그 주변에 선을 그린다.

이것이 당신이 줄 수 있는 것이다. 일반적인 직장생활도 마찬가지이다. 새롭게 들어가서, 준비하고, 배우고, 시간을 쏟고, 꾸준히 당신의 일을 한다. 그러면 이번 인생에서 어떤 길을 걸어왔는지는 모르지만, 노력 부족 때문에 성공하지 못했던 것은 아니었을 것이다. 나머지는 수없이 많은 다른 요인에 달렸다. 멋진 영업 프레젠테이션을 할 수는 있지만, 잠재 고객이 "좋아요"라고 말하게 할 수는 없다. 상점을 개업할 수는 있지만, 사람들이 오게 할 수는 없다. 이미 당신 손을 떠난 일에 집착하여 가까운 곳에 있는 것을 챙기는 데 방해되지 않게 한다.

●

비옥한 땅 찾기

때로는 베푸는 것이 마치 돌이 많은 땅에 씨를 뿌리는 것처럼 느껴진다. 당신의 활동과 인간관계를 고려할 때, 다음 중 비옥한 땅이라고 할 수 없는 것을 찾아보자.

- 친구와의 관계에서 얻는 것보다 많은 것을 준다.
- 사업에서 빚을 지지 않기 위해서 극도의 노력을 해야 한다.
- 도움을 바라지 않는 사람을 돕는다.
- 똑같은 부류의 사람을 선택하고 다른 결과를 기대한다.
- 사소한 것을 얻으려고 힘들게 싸운다.
- 소통을 단절한다.

- 병이나 기능 장애를 고치지 않고 증상하고만 씨름한다.

보람이 별로 없는 일에 몰두하다 보면 우울해지거나 실망에 빠질 수도 있다. 계속 밀어붙이면서 상황이 좋아지길 바라는지도 모른다. 결국 해낼지도 모르지만 일반적으로 미래를 가장 잘 예측하는 것은 과거이다. 속으로는 상황이 좋아질 가능성은 없다는 것을 알고 있을 수도 있다. 건강한 각성이라는 것도 있다. 일종의 주문에서 풀려나는 느낌 같은 것이다. 우리는 모두 많은 재능이 있지만 시간이 무한히 주어지는 것은 아니다. 시멘트에서 장미를 키우려고 노력하는 대신 다른 일을 했으면 당신과 다른 사람 모두에게 더 좋은 결과가 나왔을 수 있다.

비옥한 땅을 많이 제공할 수 있는 관계, 환경, 활동을 생각해보자. 성공을 보장할 수는 없지만, 가능성은 높을 것이다. 대개 직관적으로 도전해보고 싶은 일이 나타난다. 당신의 기질과 타고난 재능, 숨겨진 본성 등을 보라. 누가 내 재능을 이용할 수 있을까? 내 능력을 최대한 끌어낼 수 있는 환경과 활동은 무엇일까? 늘 나의 가치를 인정했던 사람은 어떤 유형이었나? 가장 편하게 느끼는 일은 무엇인가?

인생에서 가장 아름다웠던 순간을 떠올려보자. 이를테면 여름철마다 농장에서 보냈던 일주일이나, 고등학교 때 했던 공연, 업무 회의 때 했던 강연 등이 있을 것이다. 어린아이들을 캠핑에 데려갔을 때나 재무 분석을 했을 때, 마구간에서 일했을 때, 노숙자에게 음식을 가져다주었을 때, 웹 사이트를 만들었을 때일 수도 있다. 그러한 순간이 생각났을 때 그 특징을 자세히 관찰한다. 가장 좋았던 특징은 무엇이었나?

그런 다음 현재의 관계와 환경, 활동에서 이러한 특징을 어떻게 발전시킬 수 있을지, 그 특징들이 당신을 위한 비옥한 땅이 될 수 있을지 생각해보자. 또한 어떻게 하면 당신에게 어울리고, 당신을 성장시켜주고, 이해해주는 새로운 관계와 환경, 활동을 시작할 수 있을지 고민해본다. 당신의 아이나 친구를 위해 그러한 비옥한 땅을 찾는 것을 좋아한다면, 소중한 인생에서 당신을 위해 비옥한 땅을 찾는 것도 좋을 것이다.

✅ 어린 시절 우리는 인생에 대한 희망과 꿈이 있었다. 살아 오는 동안 그 꿈은 어떻게 되었나?

✅ 사람들은 다양한 이유로 꿈에서 멀어진다. 특히 '두려운 경험'을 피하려고 애쓴다. 이러한 두려운 경험을 감수하면 인생이 얼마나 넓어지는지 생각해보라.

✅ 사랑과 일, 놀이에서 내가 좋아하는 것, 잘하는 것, 아끼는 것의 세 원이 겹치는 스위트 스폿을 찾는다.

✅ 하루는 길지 모르지만, 1년은 짧다. 당신에게 주어진 시간을 활용한다.

✅ 목표는 높게 잡되, 결과에 연연하지 않는다. 성장하려는 마음가짐을 갖는다. 실패해도 괜찮다는 것을 잊지 않는다. 그리고 이미 일어난 일을 너무 개인적으로 받아들이지 않는다.

✅ 당신이 베풀 수 있는 것을 베푼다. 그러고 나면 그것은 이미 당신 손을 떠난 것이다.

법칙 12

관용

모든 용서는 나를 존중하는 일

베푸는 사람의 공덕은 커질 것이다.

_ 디가 니까야

아이들이 다 그렇듯 아들 포러스트도 단것을 좋아했다. 포러스트가 유치원에 다니던 어느 날 우리는 동네 식당에서 저녁을 먹었다. 나이 지긋한 부부가 옆 테이블에서 우리를 흥미롭게 쳐다보고 있었다. 나는 계산서와 함께 나온 빨간 선이 그려진 박하사탕 한 개를 포러스트에게 주었다. 포러스트는 기대에 부풀어 포장지를 뜯기 시작했다. 그때 옆 테이블에 있던 남자가 장난삼아 손을 내밀면서 물었다. "네 사탕 내가 먹어도 되니?" 우리는 모두 포러스트가 자기 것이라며 사탕을 쥐고 놓지 않으리라고 생각했다. 그런데 포러스트는 잠시 남자를 쳐다보더니 박하사탕을 그에게 주었다. 놀란 그는 잠시 후에 환한 미소를 지으며 말했다. "오, 아니야. 고맙지만 네가 가지거라." 다른 손님들은 이 광경을 지켜보다가 대견해하며 감탄사를 내뱉었다. 우리는 손님이 가득했던 식당에서

한 소년 덕분에 잠시나마 관용이 무엇인지 느낄 수 있었다.

언뜻 보기에 관용은 정신적 자원이 아닌 것처럼 보인다. 하지만 관용은 이미 당신 안에 있는 충만감으로 당신을 강하게 하는 동시에, 사람과 소통하게 한다. 타인에 대한 관용은 그 과정에서 당신에게 주어지는 선물이며, 선순환 과정을 통해 훨씬 많이 베풀 수 있게 된다.

우리는 이미 자신을 충만하게 하는 여러 가지 방법을 알아보았다. 이러한 방법을 통해 당신은 당신이 베푸는 것보다 많은 것을 받는다. 이 법칙에서는 일상에서 관용을 인지하고 확장하는 방법부터 알아볼 것이다. 그런 다음, 연민이 고갈되지 않고 계속해서 베풀 수 있도록 평정심을 유지하는 방법을 배운다. 그리고, 가장 중요하면서도 가장 베풀기 어려운 용서에 대해 자세히 알아본다. 우리는 관용에 대한 가장 폭넓은 표현으로 결론을 내릴 것이다. '그들'을 더 많이 포함하려면 '우리'의 범위를 확장해야 한다.

일 상 의 베 풂

관용의 본질은 아무런 대가를 기대하지 않고 베푸는 이타주의이다. 자신감에 관한 내용에서 말했듯이, 자연에서 이타주의는 거의 볼 수 없다. 남에게 얻어먹기만 하는 것들이 이타주의를 이용해 아무런 대가를 치르지 않고 남의 먹이를 가져가기 때문이다. 이 법칙의 가장 큰 예외는 우리 호모 사피엔스이다. 선조의 사회적 능력이 발달하면서 호모 사피엔스는 정당한 대가를 치르지 않는 이들을 식별하여 처벌하는 효과적인 방법을 터득했다. 그 과정에서 자신의 음식을 나누거나, 외부 공격에 맞서 함께 싸우는 등, 관용을 베푼 사람과 같은 유전자를 공유한 사람의 생존 가능성이 커졌다. 이타주의적인 기질은 보존되었고, 또한 그만한 가치가 있었던 것이다. 그리하여 이타주의적 기질은 우리의 DNA를 구성하게 되었다. 우리는 여러 면에서 호모 베네피쿠스Homo Beneficus, 즉 자비로운 인간이다.

결과적으로 관용은 우리 주변 어디서나 볼 수 있다. 커피숍에서 팁을 두고 나가거나, 자선단체에 기부하는 사례는 너무나 쉽게 볼 수 있다. 또한 돈과는 무관한 형태의 관용도 생각할 수 있다. 우리는 일상적으로 남에게 관심을 기울이고, 인내하며, 도와주고, 격려한다. 힘든 하루를 보낸 동료를 위로하고, 인도에 떨어진 쓰레기를 줍고, 학교 행사를 함께 준비하기도 한다. 가족, 친구, 연인 등과 함께 있을 때면 그 순간만큼은 자신의 취향이 아닌 일도 하고 타인을 고려한다.

물론 이것이 베풂을 의미하지는 않는다. 부담을 느꼈거나, 의지를 따른 것이 아니기 때문이다. 강압적인 관용은 해가 된다. 게다가 당신보다 이 기회를 잘 활용할 수 있는 사람에게 주어질 기회가 사라진다. 함부로 베풀지 않는다면 더 많은 관용을 베풀 수 있을 것이다. 따라서 관계의 균형이 무너진 상태라면 자신에게 관계 변화를 일으킬 권한을 주고, 당신이 베풀고 싶은 것을 베풀어야 한다.

무엇을 베풀든 베푼 것은 당신이 무언가를 베풀지 않았거나 남에게 무언가를 받았다고 해서 줄어들지 않는다. 하루를 보내면서 자신이 베풀었던 것에 집중한다. 삶의 속도를 늦추고, 관용을 베풀 때의 느낌을 생각하면서, 그 느낌을 당신 안에 스며들게 한다. 자신이 베푸는 사람이자 관대한 사람이라는 것을 깨닫는다. 그리고 이런 식으로 자신을 이해하는 것이 어떤 느낌인지 주목한다. 마음이 열리고, 자존감과 사랑이 생길 수 있다. 행복을 지속시키는 데 도움이 될 행복을 베풀면서 행복을 느낄 수 있을 것이다.

우리는 베풀어야 할 것을 베풀지 못하면 마음이 아프다. 사랑은 있으나 사랑을 베풀 사람이 없고, 재능은 있으나 쓸 곳이 없는 것이다. 많은 사람이 베풀 곳을 찾지 못해 슬퍼하지만 내색하지 않는다. 재능을 펼칠 길을 찾는 것이 중요하다. 특히 일상에서 재능을 펼칠 작은 무대를 찾아야 한다. 단지 짧은 칭찬이나 평소보다 길게 주목해주는 것만으로도 간단하게 다른 사람의 삶에 도움을 줄 수 있다. 누군가에게 특별히 감사하거나 도움을 줄 만한 방법을 찾아본다. 당신 기분은 어떨까? 상대방에게는 어떤 일이 생길까?

친구나 가족, 동료 중에 베풀고 싶은 게(따뜻한 마음이나 실질적인 도움, 사과 등) 있는데, 아직 주지 못한 사람이 있는가? 이유야 있겠지만, 때로는 너무 자기만 생각하는 것이 방해되기도 한다. 사람들의 반응이 어떨지 고민하거나, 아주 사소한 부분까지 완벽한 결정을 내리기 위해, 혹은 완벽한 시점을 기다리느라고 말이다. 자신에게서 관심을 거두어 그 관심을 다른 사람에게 돌리면 어떻게 될까? 그들이 필요한 것은 무엇이고, 바라는 것은 무엇이며, 어디가 아프고, 어떻게 하면 도울 수 있을까?

연민과 평온함

'연민compassion'이라는 단어는 라틴어 'com'과 'pati'에 어원을 두는데, '함께 괴로워하다'는 뜻이다. 우리는 자신의 고통에 남의 고통을 더한다. 이것은 인간의 타고난 재능이다. 눈물을 흘리다 지쳐 탈진하지 않고서 어찌 우리가 남의 슬픔에 마음이 아프다고 할 수 있겠는가?

연민을 지속하려면 평정심이 필요하다. 평정심은 우리 존재의 중심과 우리가 인식하는 모든 것 사이에 있는 충격 흡수기 같은 역할을 한다. 어떤 경험은 첫 번째 화살이다. 이를테면 남의 고통을 느끼는 것이다. 평정심이 있으면 이 첫 번째 화살이 두 번째 화살이 되어 반응성 위험 구역으로 당신을 밀어 넣지 못한다. 대신 시야가 넓어져, 고통 사이에서 행복을 느낄 수 있고, 고통의 원인(대부분 비개인적인 것)이 무엇인지 알 수 있다. 예전 나를 가르쳤던 스승은 새벽에 작은 배를 타고 갠지스 강을 따라갈 때, 왼편에 보이던 아름다운 장밋빛 탑과 오른편에 보이던 장례식장 굴뚝에서 연기가 나오는 모습을 묘사한 적이 있다. 그는 이러한 삶의 양 측면을 볼 수 있도록 넓고, 균형 잡힌 마음을 키워야 한다고 말했다. 평정심이 있으면 남의 고통에 휩쓸리지 않고 그 고통을 느낄 수 있다. 이로 인해 마음의 문을 더 활짝 열 수 있는 것이다.

우리는 지금까지 평정심을 키우는 여러 가지 방법을 알아보았다. 연민에 평정심을 더하려면 자신의 몸에 중심을 두고 남의 고통을 느끼며 호흡을 의식한다. 고통은 원인과 결과가 얽히고설킨 방대한 그물망의 일부라는 사실에 대해 깊이 생각한다. 그 사실을 정당화하거나 축소하려고 하지 말고, 인정과 통찰을 바탕으로 더 큰 맥락을 바라본다. 다른 사람에게 깊이 감동하는 동시에 안정적으로 차분하게 인식한다는 것이 어떤 것인지 주목한다. 내면에 이런 식으로 자리 잡는다면 나중에 여기에 의지할 수 있다.

엄청난 고통을 접하면 아무리 최선을 다해도 안 될 것이라는 절망감에 허우적거릴지도 모른다. 이럴 때는 어떤 행동을 하는 것이 좋다. 행동은 절망을 달래주기 때문이다. 이에 관한 이야기가 하나 있다. 해변을 따라 두 사람이 걸어가는데, 불가사리 수천 마리가 조수에 밀려와 햇볕에 말라 죽어가고 있었다. 두 사람 중 한 명이 몇 걸음마다 허리를 숙여 불가사리를 잡아 바닷물에 던졌다. 얼마 지난 후, 한 사람이 말했다. "너무 많아서, 별 소용이 없어." 듣고 있던 사람이 답했다. "내가 선택했던 불가사리에게는 소용이 있겠지."

그다지 친하지 않은 사람을 포함해서 당신 인생의 사람을 생각해보자. 당신이 누군가에게 영향을 미칠 수 있을까? 겉보기에는 하찮아 보이는 것이 큰 감동을 줄 수 있다. 보통 사람은 물론이고 인간이 아닌 동물까지 포함하여 생각해보자. 무엇이 떠오르는가. 부담을 주려는 것이 아니라 무기력과 절망에 대처하기 위해서이다. 그리고 당신도 불가사리를 바다에 되돌려 보낸 적이 있다는 것을 깨닫기 위해서이다.

또한 과거나 현재에 남을 도와주었던 경험을 잠시 생각해보자. 이 모든 것이 눈에 보이는 식으로든, 보이지 않는 식으로든 얼마나 세상에 엄청난 영향을 미쳤을지 생각해보자. 당신이 무언가를 베풀었다는 진실과 세상에는 여전히 고통이 너무 많다는 진실이 나란히 공존한다. 당신이 무언가를 베풀었다는 진실을 깨닫는다면, 세상에는 여전히 고통이 너무 많다는 진실에도 마음을 열 수 있을 것이다.

타 인 , 그 리 고 자 신 을 용 서 하 다

어떤 사람이 당신 혹은 다른 사람에게 해를 끼치거나 중대한 실수를 저질렀다고 생각해보자. 그 문제를 처리하고, 당신이 최선이라고 판단한 대로 주장한 다음에는 무엇을 해야 할까? 다음에는 용서라는 관용을 베풀 수 있을 것이다.

●

완전한 용서

용서에는 두 가지 종류가 있다. 첫 번째는 누군가를 완전히 용서하는 것이다. 무슨 일이 일어났든 지나간 일이 되는 것이며, 과거를 깨끗이 청산하는 것이다. 보상하거나 처벌받기를, 또는 빚 갚기를 요구하지도 않는다. 과거에 일어났던 일이 부당하고, 여전히 비도덕적이라고, 즉 범죄라고 믿으면서도 상대에게 호의나 사랑을 느낄 수도 있다. 정의 수레바퀴는 사사로운 것과 무관하게 돌아가야 하겠지만, 우리 마음에 원한이나 불만을 품어서는 안 된다. 그들이 무엇 때문에 그런 짓을 저질렀

느지 이해해야 한다. 그들의 행동이 고통에서 야기되었음을 이해하며 연민을 품어야 한다. 그들이 지닌 인간으로서의 훌륭한 자질을 소중하게 여기며, 그들과의 관계를 새롭게 시작하려고 해야 한다.

모든 용서는 사적인 선택이기에 일방적이지만, 다른 사람의 행동에 영향을 받는다. 자신이 저지른 짓을 인정하고, 후회하며, 그에 대해 보상하고, 앞으로 비슷한 일을 저지르지 않도록 노력하는 사람은 용서하기가 쉽다.

하지만 이러한 노력을 했다고 하더라도(노력하지 않았다면 더욱이) 완전히 용서하는 것이 옳지 않다고 여길 수도 있다. 아무리 회개한다고 해도 과거를 깨끗이 청산할 수는 없다고 믿을지도 모른다. 아니면 언젠가 완전히 용서할 수는 있겠지만, 아직 준비되지 않았다고 느낄 수도 있다. 여전히 충격에서 벗어나지 못했거나, 상처가 너무 생생하거나, 슬픔이 너무 클지도 모른다. 아니면 용서를 구걸하고 나서 과거에 했던 짓을 다시 하려는 누군가에게 속는 것은 아닌지 의심을 풀 때까지 시간이 필요할 수도 있다. 혹은, 과거에 있었던 일이 그렇게 나쁜 일이 아니기에 극복해야 한다고 말하는 사람들 때문에 완전히 용서하지 않는 것일 수도 있다.

때로, 어떤 이유에서든 완전한 용서가 없을 수 있다. 하지만 과거에 있었던 일에 사로잡혀, 상처와 분노의 감정으로 그때 일을 계속해서 곱씹고 싶지는 않을 것이다.

●

분리된 용서

분리된 용서는 이런 점에서 매우 유용하다. 도덕적 정당성이나, 연민, 인간관계의 완전한 회복 같은 조건이 없어도 된다. 누구에게나 기회가 주어질 수 있다. 이런 식으로 당신이 용서한 사람이 저지른 일을 부인하거나, 심지어 당신 탓을 할지도 모른다. 그럼에도 자신과 문제를 분리하여 결론을 내리고, 묻어둘 것은 묻어두고, 감정적으로 변화하려고 노력해야 한다. 또한 상대방이 어떤 행동을 해도, 당신은 안전 구역인 공감성 모드에서 일을 처리하려고 해야 한다.

이런 식으로 용서한다고 해도 여전히 정의에 따른 보상이나 처벌을 바랄 수도 있지만, 악감정이나 복수하려는 마음 때문은 아닐 것이다. 다른 사람이 저지른 짓의 결과를 첫 번째 화살처럼 다루어야 할지는 모르겠지만 서로 비난하고, 분노하고, 가족과 친구를 흥분시켜서는 안 된다. 즉 두 번째 화살을 추가해서는 안 된다. 특정한 사람과의 관계를 제한하거나, 축소하거나, 끝낼 것이라면 당신에게 상처를 주었던 사람에게 상처를 주기 위해서가 아니라 자신을 보호하기 위해서야 한다. 과거에 일어났던 일을 기억할 때면 여전히 가슴이 쓰라릴지도 모르지만, 계속해서 관심을 유지하지는 못할 것이다.

사람은 대개 용서를 통해 마음이 풀리면 결국 완전히 용서하게 되지만 반드시 그렇게 되리라는 보장은 없다. 하지만 용서를 이층집에 비유했을 때 2층(완전한 용서)까지 올라갈 의무가 없다는 사실을 알면 집에 들어가기가 조금이라도 쉬워진다.

●

용서의 토대

두 가지 유형의 용서는 모두, 세 가지 잠재된 환경의 도움을 받는다. 첫째, 시간이 충분히 지나야 한다. 용서는 엘리자베스 퀴블러로스의 슬픔의 단계 이론과 유사한 과정이다.

- 부정: "그런 일이 일어나다니 믿을 수 없어."
- 분노: "어떻게 나를 그런 식으로 대할 수가 있어!"
- 협상: "이봐, 실수를 인정하면 우리는 아무런 문제도 없을 거야."
- 우울: "슬프고 아프고 실망스러워."
- 수용: "안 좋은 일이 일어났지만, 어쩔 수 없지. 바꾸고 싶어."

마지막 단계에서는 능동적인 용서로의 전환이 일어난다. 전환이 시작되면 HEAL 단계를 이용해 이와 같은 수용의 마음이 안에 자리 잡게 한다.

둘째, 진실을 말해야 한다. 무슨 일이 일어났고, 자신을 포함한 사람들에게 어떤 영향을 미쳤는지, 마음 깊은 곳은 어떤지 당신이 모두 말하지 않으면 완전히 용서할 수 없다. 당신을 소중한 사람이라고 생각하며, 자신에게 묻는다. "내가 뭘 잘못 생각한 거지? 왜 그랬을까?" 당신이 믿는 것을 과장하지도 말고 축소하지도 말고 마음속에 자리 잡게 한다. 이 모든 일이 어떻게 당신에게 일어났는지에 대해 연민을 갖는다. 다시 말해, 자신에게 솔직해야 한다.

여기에 더해, 원한다면 남에게 일부 혹은 전부를 털어놓는다. 당신이 안 좋은 일을 당했을 때 남이 당신 편에 서주는 느낌은 진정과 성장 그리고 치유의 효과가 있다. 타인의 이해와 배려가 느껴지면 마음을 열고, 당신 안으로 받아들여 마음을 진정한다.

그리고 안전이 보장된다면 당신이 용서하려는 사람과 이야기를 나눠볼 수도 있다. 당신에게 어떤 일이 일어났고 어떤 영향을 미쳤는지 말하고 나면 상대방이 한숨을 쉬며 진심 어린 사과를 할지도 모른다. 하지만 변명이나 맞고소 등 여러 저항에 부딪힌다면 자신에게 질문해본다. "내가 여기서 나를 위해, 하고 싶은 말이 뭐지?"

우리는 여기서 상대방을 설득하거나 변화시키는 것에 관한 이야기를 하려는 것은 아니다. 그것은 통제할 수 없는 것이다. 하려는 이야기는 사람들 앞에서 자유롭게, 두려워하지 말고, 자신의 편에 서서, 자기 의견을 공개적으로 표현하는 법에 관한 것이다. 이러한 모든 것이 용서에 한 발짝 다가가게 한다.

셋째, 용서하지 않았을 때의 손실을 생각해본다. 삶이 분노와 괴로움에 빠지는 데 치른 대가와 이러한 태도로 다른 사람에게 끼친 피해를 인정하는 것은 고통스러운 일이다. 억울하고 화가 나는 감정은 인간관계에서 너무 흔하게 나타나는 주제이다.

●

자신을 분리하기

이러한 토대에서 준비가 된다면 분리된 용서의 상태가 될 수 있다. 여기 이를 위한 몇 가지 좋은 방법이 있다.

용서하기로 결심하기

분명하게 용서할 것을 결심한다. 용서를 통해 당신을 포함한 사람들이 얻을 이로움에 집중하려고 노력한다. 정당한 분노에서 오는 쾌감처럼, 사람들을 불만에서 벗어나지 못하게 하는 숨겨진 보상(심리치료사들은 이차적 이득이라고 부른다)에 유의한다.

남의 관점 고려하기

남들의 행동을 무시하지 않고 그들의 관점에서 사건을 보려고 노력한다. 그들은 왜 그런 행동을 했을까? 아마도 그들과 당신은 가치와 기준이 다를 것이다. 당신에게는 중대한 위법 행위로 여겨지는 일이 그들에게는 전혀 악행이 아닐지도 모른다. 이를 이해하면 다른 사람이 자신만의 선의에 따라 행동할 수 있다는 사실을 깨달으면서, 당신만의 개인적인 가치를 계속해서 믿을 수 있다.

게다가 그들은 배가 고팠거나, 아팠거나, 혼란스러웠거나, 스트레스받았을 수도 있다. 혹은 최근 끔찍한 소식을 전해 들었거나, 단지 잘 몰라서 그랬을 수도 있다. 이런 가능성까지 고려하는 것은 악행을 용서하기 위해서가 아니라, 완전히 이해하여 평온함을 유지하기 위해서이다.

경험에 대해 책임지기

행동에 대한 책임은 행동을 한 사람에게 있지만, 우리가 보인 반응에 대한 책임은 우리에게 있다. 세계 여러 곳에 사는 열 명이 똑같이 피해와 부당한 일을 당했다고 하더라도, 경험하는 방식은 모두 다를 것이다. 이는 누군가의 반응이 부적절하다는 뜻이 아니라 그들 자신만의 생각에 따라 반응이 정해진다는 뜻이다. 이러한 깨달음은 당신의 경험이 아무런 의미가 없다는 것이 아니다. 이는 경험을 더 가볍게 여기게 한다. 또한 당신과 당신의 경험이 분리되는 데 도움을 준다.

무엇을 할 것인지 알기

무슨 일이 일어났는지에 따라 편지를 쓸지, 가족 모임에 빠질지, 변호사에게 전화할지, 누군가를 믿으면 안 되는지, 아니면 그냥 주시하며 기다릴 것인지 결정할 수 있다. 사람들은 자기 할 일을 할 것이다. 그러는 동안 당신은 자신의 일에 집중한다. 계획이 무엇인지 그리고 당신에게는 계획이 있고 그것을 감당할 수 있다는 사실을 안다면 침착하게 중심을 잡을 수 있다. 그리고 용서를 위한 마음의 여지가 생긴다.

악의는 모두 버리기

분리된 용서를 하면 당신에게 잘못을 저지른 사람들을 좋아하지 않을 수도 있고, 그들에게 어떤 조치를 할 수도 있다. 하지만 어떠한 적대감이나 보복의 감정은 버려야 한다.

그러기 위해서 몸속에 있는 분노가 어떤 느낌인지 의식한다. 그리고 긴 숨을 내쉬며 긴장을 풀고 이러한 느낌을 배출한다. 악의를 무거운 돌이라고 생각한다. 어쩌면 진짜 돌을 집어 그 돌에 복수의 욕망이 있다고 상상하고, 땅이나 하늘 멀리 던질 수도 있을 것이다. 영영 보내지 못할 편지(아마도 비통함과 경멸, 격렬한 분노로 가득한)를 쓴 다음, 갈기갈기 찢어서 불태우고 그 재를 바람에 날려버릴 수도 있을 것이다. HEAL의 연결 단계를 사용하여 '해독'하는 경험을 불러와 악의를 줄이고 점차 바꿔나가자.

분리된 용서를 통해 안식을 찾으면 그것이 어떤 느낌인지 잊지 말자. 이러한 느낌을 간직하고, 마음을 채우고, 몸에서 느끼며, 당신에게 얼마나 적절하고 중요한 것인지 깨닫는다. 용서가 스며드는 것을 느끼고 그에 관한 좋은 느낌에 집중하여 그것을 흡수한다. 심호흡하고 얽힌 것에서 풀려난다.

●

완전하게 용서하기

몇 년 전, 우리 아이들이 어렸을 때 한 이웃의 커다란 나무가 우리 마당으로 쓰러져 그 사이에 있던 담장이 무너진 일이 있었다. 우리는 이웃 남자에게 나무를 치워달라고 부탁했고, 그는 그러겠다고 했다. 하지만 몇 주가 지나고 몇 달이 지나도 아무런 반응이 없었다. 그는 내가 이야기할 때는 웃으면서 처리하겠다고 약속했지만 아무런 일도 하지 않았다. 비상식적인 상황이었고, 화가 났다. 하지만 그래 보았자 우리 가족에게는 도움이 되지 않을 터였기에, 나는 분리된 용서를 시작했다. "저건 단지 커다란 나무일 뿐이야. 우리 집이 불탄 것도 아니잖아." 이처럼 단순한 상황에서 화를 터뜨려 일을 복잡하게 할 필요가 없었다. 앞으로 무엇을 할지 아는 것이 용서에 도움이 되었다. 나는 예의 바르지만 단호하게 보험회사에서 찾아갈 것이라고 이웃에게 편지를 썼다. 그 편지를 받은 다음 날, 그러니까 나무가 쓰러진 지 5개월이 지난 후에 인부들이 나무를 치우러 마당을 찾아왔다.

하지만 여전히 이웃 남자와의 사이는 아주 어색했다. 나는 완벽하게 용서하는 방법을 찾고 싶었다. 그래서 그를 '이웃집 얼간이'라는 평면적인 인물이 아닌, 한 인간으로 생각해보았다. 그는 죽어가는 잔디와 잡초로 둘러싸인, 다 쓰러져가는 집에서 혼자 사는 노인이었다. 그리고 그를 찾아오는 사람은 한 명도 없었다. 나는 그가 마당에 들어왔던 너구리를 좋아해서 먹이를 챙겨준 일이 떠올랐다. 핼러윈에 우리 아이들이 문 앞에 갔을 때도, 그는 사탕을 가득 안겨주었다. 착한 사람이었지만, 아마도 돈 문제와 나무를 치우는 비용을 비롯해 외로움과 늘어가는 나이를 걱정하고 있었을지 모른다. 나무를 그대로 방치한 이유를 어느 정도 이해하자, 그에게 연민을 느꼈다. 그가 사과하려고 했으나 하지 못했던 일이 떠올랐고, 이를 무시했었다는 기억이 떠오르자 당혹스러웠다. 우주에서는 그 나무가 얼마나 작은 점으로 보일까도 상상했다. 나는 붓다의 다음과 같은 가르침에서 도덕적 책임감을 느꼈다.

"우리 모두 죽는다는 사실을 깨닫지 못하는 사람이 있다. 이것을 깨달은 사람은 싸움을 원만히 해결한다."

이러한 단계를 거쳐 나는 완전한 용서를 하게 되었고, 우리는 이웃의 정을 느끼며 나란히 옆에서 살았다. 몇 년 뒤 그가 세상을 떠났을 때는 슬펐지만 그와 화해해서 다행이라고 여겼다. 이웃 남자와 나무를 돌이켜보면 거기에는 몇 가지 훌륭한 교훈이 있다.

전체적으로 사람 보기

우리가 누구 때문에 놀라거나, 상처를 받거나, 화가 나면 그 사람을 저지른 일로 환원하여 생각하기 쉽다. 하지만 그 외에도 그에게는 선의, 파란만장한 인생사, 자신만의 꿈과 희망 등 훨씬 많은 것이 있다. 우리가 그 사람의 전체를 볼 수 있다면 부분을 용서하는 것은 그다지 어렵지 않다. 사람은 모두 힘들게 산다. 우리에게 잘못을 저지른 사람들 역시 마찬가지이다. 그들이 고통과 상실, 스트레스를 경험했다고 해서, 저지른 일이 없던 일이 되거나 용서받을 수는 없다. 하지만 짊어진 짐에 대해 연민을 느낄 수 있다면, 그들이 당신에게 부과한 짐은 용서하기가 훨씬 수월할 것이다. 헨리 롱펠로의 글처럼, "우리가 적들의 인생 비화를 읽는다면 그들이 살면서 겪은 슬픔과 고난 때문에 우리의 적대감이 무장 해제될 것이다."

때로 사람들은 당신에게 직접 진심 어린 사과를 할 것이다. 또 어떤 경우에는, 어떠한 잘못도 인정하지 않으려고 하면서도 행동에서는 심경의 변화를 내비칠 수도 있다. 비록 겉으로 드러나거나 완전하지는 않지만, 손을 내밀고 용서를 구하는 그들을 이해하려고 노력해야 한다.

무슨 일이든 수많은 관계와 활동을 포함한 전체 삶의 맥락을 고려해야 한다. 그 일과 무관하여 아무런 피해도 받지 않은 수많은 시간과 인생의 많은 부분을 생각해보자. 사건을 여러 원인이 있는 강에 나타난 소용돌이치는 집합으로서 보아야 한다. 넓은 시야를 가지고 말이다. 이러한 관점이 처음에는 추상적으로 들릴지 모르지만, 용서하려는 일에 대한 진실을 깨닫게 해줄 것이다. 이것을 이해하고 느끼면 자연스럽게 놓아버린다. 그리하여 완전한 용서에 이른다.

●

자신을 용서하기

많은 사람이 자신을 용서하는 것보다 남을 용서하기가 훨씬 쉽다고 한다. 지금까지 살펴보았던 연민, 균형감, 전체적으로 사람 보기, 놓아주기, 과거를 깨끗이 청산하기 등을 남에게 베풀 때만큼 자신에게 관대하게 베풀 수 있는가?

자신을 용서하기 위한 첫 번째 단계는 자신이 한 일에 책임을 지는 것이다. 모든 것을 인정해야 한다. 자신에게는 물론이고 어쩌면 다른 누군가에게 인정해야 할지도 모른다. 여전히 잘못을 저질렀는지 여부를 두고 다툰다면 완전히 용서하기는 어렵다. 이와 마찬가지로 일어난 일에 대해 최대한 합리적인 책임을 지지 않고 자신을 용서할 수는 없다. 당신이 책임져야 할 일을 인정하면, 책임이 없는 일이 무엇인지 아는 데

(그리고 남에게 주장하는 데) 도움이 된다. 예를 들어, 당신이 한 잘못이 10점 만점에 3점이라면, 당신의 잘못이 10점은 아니지만 3점짜리 잘못을 저질렀다는 것을 진심으로 인정해야 한다.

당신이 책임을 져야 할 때, 스스로 적절한 후회를 느껴야 한다. 책임져야 하는 잘못에 적절한 후회가 어느 정도인지 결정한다. 책임질 일이 3점짜리 잘못된 행동이라면, 10점 만점 중 3점에 해당하는 후회가 적절하지 10점이나 4점에 해당하는 후회를 해서는 안 된다. 후회에 마음을 열어주면 후회는 몸속을 흐른다. 몸 안에 들어간 후회는 자주 소용돌이를 일으켜 마음의 표면층이 떨어져 나가고, 다음에는 더 안의 층이 그리고 가장 깊은 곳의 층이 떨어져 나간다. 후회는 스스로 용서하기 위한 일종의 공간을 만든다.

그러는 동안 최선을 다해 마음을 고쳐주고 보상해야 한다. 지금부터 가능하면 지저분한 것을 깨끗이 치우고, 더 열심히 노력하고, 성실하게 행동한다. 다른 사람이 당신의 노력을 거부하거나 진심을 의심할지도 모른다. 시간이 지나고 계속해서 선의를 보여준다면 분리된 용서 혹은 완전한 용서도 해줄 수 있다. 하지만, 중요한 것은 자신을 증명하거나 남의 인정을 받는 것이 아니다. 그것이 옳기 때문에 하는 것이다.

또한 당신 행동의 더 큰 이유를 찾아보자. 행동이 여러 가지 측면에서 삶의 역사, 문화, 건강, 기질, 부모를 비롯해 압박과 스트레스, 그 행동을 하기 직전에 일어났던 일 등의 영향을 받은 결과는 아니었는지 곰곰이 생각해보자. 마음속으로 생각하거나, 종이 위에 쓰거나, 아니면 누군가와의 대화를 통해서 볼 수 있다. 당신이 했던 일이, 원인이라는 강에 나타난 역류하는 소용돌이라고 해보자. 부모와 부모의 부모를 거슬러 올라가 수백, 수천 년 전, 혹은 그보다 훨씬 전에 원인이 있을 수도 있는 것이다. 당신이 무엇을 했든 이는 많은 힘이 작용한 결과이며, 당연히 모두 당신의 잘못이라고 할 수는 없다. 그리고 그 잘못이 아무리 크다고 하더라도 시공간이 미치는 범위에서 그것은 극히 작은 일부일 뿐이다.

할 수 있다면 용서를 구하라. 약점이 드러난 것 같고 불편할지 모르지만, 마음에서 우러나는 말은 사람의 마음을 여는 경우가 많다. 직접 용서를 구할 수 없다면 관련된 사람들에게 용서나 이해를 베풀 수 있는지 부탁한다. 친구, 친지, (살아 있거나 혹은 더 이상 곁에 없는) 다른 존재가 옆에서 당신을 용서했다고 말하는 상상을 할 수도 있다. 이것이 당신에게 의미가 있다면 신에게 부탁하여 용서를 구할 수도 있을 것이다.

마지막으로 자신을 용서한다. 마음속에서 "나는 너를 용서한다"라고 말해보자. 아니면 자신에게 용서의 편지를 쓸 수도 있다. 이런 경우에 나는 나에게 이렇게 말했다.

"릭, 네가 일을 망쳤어. 누군가에게 정말 큰 상처를 줬어. 하지만 너는 책임을 졌고, 진심으로 뉘우치고 있고, 해결할 수 있는 일은 모두 했어. 다시는 이런 일을 하지 않을 것이라는 다짐을 해야 해. 이제 너는 용서받았어. 내가 너를 용서한다. 내가 나를 용서한다."

자신만의 표현을 찾아, 자신에게 말하면 해방감과 편안함이 당신에게로 스며드는 것을 느낄 것이다. 자신에게 완전한 용서를 선물하자.

우리의 영역 넓히기

우리는 일상적으로 사람을 두 집단, 즉 자신과 비슷한 사람과 비슷하지 않은 사람으로 나눈다. 자신이 (아마도 성별이나 민족, 종교, 정치적 신념 등에 따라) 속한 '우리'와 속하지 않은 '그들'로 나누는 것이다. 연구 결과에 따르면 우리는 '우리'에게는 관대하지만, '그들'에게는 비판적이고, 적대적이며 무시하는 태도를 보인다. 우리와 그들 사이의 갈등은 가족과 학교, 직장 내 역학 관계, 공공 정책, 냉전과 무력 전쟁에서 나타난다. 우리는 무리를 지어서 사는 존재로 수백만 년 동안의 진화를 거치면서, 그들을 믿지 못하고 공격적으로 대하는 반면 우리와는 협력하게 되었다.

인생의 '그들', 그러니까 안부가 궁금하지 않은 친척, 인종이나 종교가 다른 사람, 정치적으로 반대편에 서 있는 사람을 생각해보자. 그들을 떠올릴 때 어떠한 위협이나 긴장감, 방어적인 느낌이 드는가? 개인에게 다른 사람들의 '그들-화them-ing'는 스트레스를 유발하고, 친분을 쌓거나 협력할 기회를 차단하며, 갈등에 기름을 끼얹는 일이다. 인류 전체의 입장에서 '우리'와 '그들'의 대립이 석기시대에는 효과가 있었지만, 수십억의 사람이 서로 독립적으로 함께 살아가는 지금, 그들을 다치게 하는 것은 우리를 다치게 하는 것이다. '우리'라는 원을 넓히는 것은 단지 다른 사람을 배려하는 것이 아니라 당신에게도 좋은 일이다.

우리의 영역을 확장하기 위해 먼저 당신에게 관심이 있는 누군가를 생각한 다음, 잠시 동안 누군가 당신을 이해해주고, 좋아해 주고, 아껴주는 마음을 느낀다. 다음은 고통에 시달리는 누군가를 떠올리고 연민의 마음을 품는다. 마음을 열고 사랑이 오가는 것을 느낀다.

그리고 당신이 속한 어느 집단을 생각해보자. 우리 자체의 의미에 대해 알아본다. 몸에서 우리의 의미는 어떤 느낌인가? 그리고 우리와 관련된 생각, 감정, 태도, 의도는 어떤가? 우리를 향한 동지애, 우정, 충성심은 어떤 느낌인가?

우리의 느낌이 어떤지 간직하고, 더 많은 사람과 함께하기 위해 우리의 영역을 확장하기 시작한다. 다르다고 생각했던 사람과 당신 사이의 유사점을 생각해본다. 아마도 '너도 가끔 머리가 아프구나', '너도 맛있는 음식을 잘 먹는구나', '너도 나처럼 아이를 좋아하는구나', '다른 사람처럼 우리도 언젠가 죽겠지' 등일 것이다. 유사점 한 가지를 골라서 그와 같은 유사점이 있는 전 세계 사람이 같은 우리로서 함께 서 있다고 상상해보라. 다른 유사점도 마찬가지로 시도해본다.

위협을 느끼거나 분노감이 드는 집단을 하나 선택한다. 그런 다음 그들이 어린아이라고 생각한다. 그들을 오늘날의 성인으로 만든 힘에 대해 생각해보자. 얼마나 그들의 삶이 여러 면에서 힘겨웠을지 고민해보자. 어떤 부담과 걱정에 시달렸으며, 잃은 것은 무엇인지 그리고 고통이 어떠할지 느껴보자. 그들에게 연민을 가져라. 우리가 공유한 고통이 어떻게 하나의 거대한 '우리'로 모이게 했는지 깨닫는다.

당신과 가장 가까운 사람을 포함하는 우리의 영역을 상상해보자. 그런 다음 더 많은 사람을 포함하기 위해 우리의 의미를 가족, 이웃, 친구 사이의 인맥, 직장, 도시, 국가, 대륙 등으로 확대한다. 당신과 비슷한 사람과 그렇지 않은 사람, 두려워하는 사람이나 대립하는 사람, 부자와 가난한 사람, 노인과 젊은이, 유명한 사람과 잘 알려지지 않은 사람 등 모든 사람을 포함할 수 있게 영역을 넓힌다. 영역을 더 넓혀서 모든 생물을 포함한다. 땅과 바다, 그리고 하늘에 사는 생물, 식물과 미생물, 청록색 행성에서 함께 살아가는 모든 것까지.

영역 이야기를 하면서 우리는 우리가 시작했던 곳으로 돌아왔다. 자신과 타인에 대한 연민이다. 진정한 연민은 능동적이며, 수동적이지 않다. 연민은 상처받은 마음과 돕고 싶은 마음에 이끌린다. 이러한 도움을 관대하게 베풀고 싶다면 내면에 있는 것부터 베푼다. 투지, 감사 등 우리가 함께 탐구했던 내면의 힘부터 베풀어야 한다. 성장할수록 더 많이 베풀어야 한다. 우리가 베풀면 세상은 다시 우리에게 돌려준다. 결국 회복탄력성이 훨씬 커진다.

- 인간은 선천적으로 이타주의적이다. 대부분의 관용은 돈과는 무관하다. 자신이 베푸는 것을 스스로 인정하면 계속 베풀 수 있다.

- 남의 고통에 휩쓸리지 않고 연민을 베풀려면 평정심이 필요하다. 평정심은 더 큰 맥락에서 고통을 이해하고, 최선의 조치를 하며, 당신이 과거에 무슨 일을 했는지 인지할 때 생겨난다.

- 용서하는 방법에는 두 가지가 있다. 누군가를 완전히 용서하는 방법 외에, 사람의 관점을 고려하고 의도적으로 용서하길 선택하고 악의를 버림으로써 분노와 분리되는 방법이 있다.

- 완전히 용서하기 위해서는 잘못을 저지른 사람이 여러 가지 부분으로 이루어졌으며, 마음 깊은 곳에는 선한 마음이 있는 전체적인 인간으로 생각해본다. 또한 연민의 마음을 품고, 상대가 후회하고 있음을 인지하고, 과거에 일어났던 일을 무수히 많은 원인이 존재하는 강에 나타난 소용돌이라고 이해해보자.

- 자신을 완전히 용서하려면 자신이 저지른 일에 책임을 지고, 그에 합당한 후회를 느끼며, 보상하고, 용서를 구하고, 능동적으로 자신을 용서한다.

☑ 하루에도 여러 번 우리는 사람을 두 집단으로 분류한다. 우리는 '우리'에게는 협조적이지만 '그들'은 두려워하며 공격한다. 우리의 영역을 확장하여 그들을 포함하는 것이 관용이며, 모두 함께 평화롭게 살아야 한다.

☑ 연민이나 용기 같은 내면의 힘이 성장하면서, 회복탄력성이 커진다. 그리하여 당신이 남에게 베풀 수 있는 것이 많아지고, 남은 당신에게 베풀 수 있는 것이 많아지면서 아름다운 선순환을 이룬다.

참고

자료

American Psychological Association, "The Road to Resilience" (www.apa.org/helpcenter/road-resilience.aspx)

Block, Jeanne H., and Jack Block. "The role of ego-control and ego-resiliency in the organization of behavior." In Development of cognition, affect, and social relations: The Minnesota symposia on child psychology, vol. 13, pp. 39–101. 1980.

Burton, Nicola W., Ken I. Pakenham, and Wendy J. Brown. "Feasibility and effectiveness of psychosocial resilience training: a pilot study of the READY program." Psychology, health & medicine 15, no. 3 (2010): 266–277.

Center for Compassion and Altruism Research and Education (ccare.stanford.edu)

Center for Mindfulness, UMass (https://www.umassmed.edu/cfm/)

Center for Mindful Self-Compassion (https://centerformsc.org/)

Cohn, Michael A., Barbara L. Fredrickson, Stephanie L. Brown, Joseph A. Mikels, and Anne M. Conway. "Happiness unpacked: positive emotions increase life satisfaction by building resilience." Emotion 9, no. 3 (2009): 361–368.

Collaborative for Academic, Social, and Emotional Learning (www.casel.org)

Fletcher, David, and Mustafa Sarkar. "Psychological resilience: A review and critique of definitions, concepts, and theory." European psychologist 18 (2013): 12–23.

Greater Good Science Center, University of California at Berkeley (https://greatergood.berkeley.edu)

Loprinzi, Caitlin E., Kavita Prasad, Darrell R. Schroeder, and Amit Sood. "Stress Management and Resilience Training (SMART) program to decrease stress and enhance resilience among breast cancer survivors: a pilot randomized clinical trial." Clinical breast cancer 11, no. 6 (2011): 364–368.

Luthar, Suniya S., Dante Cicchetti, and Bronwyn Becker. "The construct of resilience: A critical evaluation and guidelines for future work." Child development 71, no. 3 (2000): 543–562.

Masten, Ann S. "Ordinary magic: Resilience processes in development." American psychologist 56, no. 3 (2001): 227–238.

Miller, Christian B., R. Michael Furr, Angela Knobel, and William Fleeson, eds. Character: new directions from philosophy, psychology, and theology. Oxford University Press, 2015.

Openground (http://www.openground.com.au/)

Positive Psychology Center, University of Pennsylvania (https://ppc.sas.upenn.edu/)

Prince-Embury, Sandra. "The resiliency scales for children and adolescents, psychological symptoms, and clinical status in adolescents." Canadian journal of school psychology 23, no. 1 (2008): 41-56.

Richardson, Glenn E. "The metatheory of resilience and resiliency." Journal of clinical psychology 58, no. 3 (2002): 307-321.

Ryff, Carol D., and Burton Singer. "Psychological well-being: Meaning, measurement, and implications for psychotherapy research." Psychotherapy and psychosomatics 65, no. 1 (1996): 14-23.

Seery, Mark D., E. Alison Holman, and Roxane Cohen Silver. "Whatever does not kill us: Cumulative lifetime adversity, vulnerability, and resilience." Journal of personality and social psychology 99, no. 6 (2010): 1025-1041.

Sood, Amit, Kavita Prasad, Darrell Schroeder, and Prathibha Varkey. "Stress management and resilience training among Department of Medicine faculty: a pilot randomized clinical trial." Journal of general internal medicine 26, no. 8 (2011): 858.861.

Southwick, Steven M., George A. Bonanno, Ann S. Masten, Catherine Panter-Brick, and Rachel Yehuda. "Resilience definitions, theory, and challenges: interdisciplinary perspectives." European journal of psychotraumatology 5, no. 1 (2014): 25338.

Spirit Rock Meditation Center (https://www.spiritrock.org/)

The Penn Resilience Program and PERMA Workshops (https://ppc.sas.upenn.edu/services/penn-resilience-training)

The Wellbeing and Resilience Centre, South Australian Health and Medical Research Institute (www.wellbeingandresilience.com)

The Young Foundation (https://youngfoundation.org/)

Urry, Heather L., Jack B. Nitschke, Isa Dolski, Daren C. Jackson, Kim M. Dalton, Corrina J. Mueller, Melissa A. Rosenkranz, Carol D. Ryff, Burton H. Singer, and Richard J. Davidson. "Making a life worth living: Neural correlates of well-being." Psychological science 15, no. 6 (2004): 367.372.

법칙 1 연민 | 행복으로 가는 길은 따뜻한 마음에서 시작된다

Barnard, Laura K., and John F. Curry. "Self-compassion: Conceptualizations, correlates, & interventions." Review of general psychology 15, no. 4 (2011): 289-303.

Neff, Kristin D., Kristin L. Kirkpatrick, and Stephanie S. Rude. "Self-compassion and adaptive psychological functioning." Journal of research in personality 41, no. 1 (2007): 139-154.

Neff, Kristin D., Stephanie S. Rude, and Kristin L. Kirkpatrick. "An examination of self-compassion in relation to positive psychological functioning and personality traits." Journal of research in personality 41, no. 4 (2007): 908-916.

법칙 2 마음 챙김 | 상처받은 나와 마주하는 시간

Analayo. Satipatthana: The direct path to realization. Windhorse Publications, 2004.

Baumeister, Roy F., and Mark R. Leary. "The need to belong: desire for interpersonal attachments as a fundamental human motivation." Psychological bulletin 117, no. 3 (1995): 497-529.

Brown, Kirk Warren, and Richard M. Ryan. "The benefits of being present: mindfulness and its role in psychological well-being." Journal of personality and social psychology 84, no. 4 (2003): 822-848.

Davidson, Richard J., Jon Kabat-Zinn, Jessica Schumacher, Melissa Rosenkranz, Daniel Muller, Saki F. Santorelli, Ferris Urbanowski, Anne Harrington, Katherine Bonus, and John F. Sheridan. "Alterations in brain and immune function produced by mindfulness meditation." Psychosomatic medicine 65, no. 4 (2003): 564-570.

Holzel, Britta K., Sara W. Lazar, Tim Gard, Zev Schuman-Olivier, David R. Vago, and Ulrich Ott. "How does mindfulness meditation work? Proposing mechanisms of action from a conceptual and neural perspective." Perspectives on psychological science 6, no. 6 (2011): 537-559.

Porges, Stephen W. "Orienting in a defensive world: Mammalian modifications of our evolutionary heritage. A polyvagal theory." Psychophysiology 32, no. 4 (1995): 301-318.

Shapiro, Shauna L., Linda E. Carlson, John A. Astin, and Benedict Freedman. "Mechanisms of mindfulness." Journal of clinical psychology 62, no. 3 (2006): 373-386.

Tang, Yi-Yuan, Yinghua Ma, Junhong Wang, Yaxin Fan, Shigang Feng, Qilin Lu, Qingbao Yu, et al. "Short-term meditation training improves attention and self-regulation." Proceedings of the national academy of sciences 104, no. 43 (2007): 17152-17156.

법칙 3 배움 | 인생의 비타민 C를 찾아라

Baumeister, Roy F., Ellen Bratslavsky, Catrin Finkenauer, and Kathleen D. Vohs. "Bad is stronger than good." Review of general psychology 5, no. 4 (2001): 323-370.

Crick, Francis, and Christof Koch. "A framework for consciousness." Nature neuroscience 6, no. 2 (2003): 119-126.

Kandel, Eric R. In search of memory: The emergence of a new science of mind. W. W. Norton & Company, 2007.

Lyubomirsky, Sonja, Kennon M. Sheldon, and David Schkade. "Pursuing happiness: The architecture of sustainable change." Review of general psychology 9, no. 2 (2005): 111-131.

Nader, Karim. "Memory traces unbound." Trends in neurosciences 26, no. 2 (2003): 65-72.

Rozin, Paul, and Edward B. Royzman. "Negativity bias, negativity dominance, and contagion." Personality and social psychology review 5, no. 4 (2001): 296-320.

Wilson, Margaret. "Six views of embodied cognition." Psychonomic bulletin & review 9, no. 4 (2002): 625-636.

법칙 4 투지 | 갑작스러운 난관에도 당황하지 않는 법

Duckworth, Angela. Grit: The power of passion and perseverance. Simon and Schuster, 2016.

Duckworth, Angela, and James J. Gross. "Self-control and grit: Related but separable determinants of success." Current directions in psychological science 23, no. 5 (2014): 319-325.

Duckworth, Angela L., Christopher Peterson, Michael D. Matthews, and Dennis R. Kelly. "Grit: perseverance and passion for long-term goals." Journal of personality and social psychology 92, no. 6 (2007): 1087-1101.

Ratey, John J., and Eric Hagerman. Spark: The revolutionary new science of exercise and the brain. Little, Brown and Company, 2008.

Singh, Kamlesh, and Shalini Duggal Jha. "Positive and negative affect, and grit as predictors of happiness and life satisfaction." Journal of the Indian academy of applied psychology 34, no. 2 (2008): 40-45.

법칙 5 감사 | 일상의 즐거움을 느끼려면 노력이 필요하다

Emmons, Robert A. Thanks! How the new science of gratitude can make you happier. Houghton Mifflin, 2007.

Fredrickson, Barbara L. "Gratitude, like other positive emotions, broadens and builds." In The psychology of gratitude (2004): 145-166.

Fredrickson, Barbara L. "The broaden-and-build theory of positive emotions." Philosophical transactions of the Royal Society B: biological sciences 359, no. 1449 (2004): 1367-1378.

Lyubomirsky, Sonja, Laura King, and Ed Diener. "The benefits of frequent positive affect: does happiness lead to success?" Psychological bulletin, 131, no. 6 (2005): 803-855.

Rubin, Gretchen Craft, and Gretchen Rubin. The happiness project. HarperCollins, 2009.

Shiota, Michelle N., Belinda Campos, Christopher Oveis, Matthew J. Hertenstein, Emiliana Simon-Thomas, and Dacher Keltner. "Beyond happiness: Building a science of discrete positive emotions." American psychologist, 72, no. 7 (2017): 617-643.

법칙 6 자신감 | 자기 확신이 있어야 어떤 문제든 해결한다

Baumeister, Roy F., Jennifer D. Campbell, Joachim I. Krueger, and Kathleen D. Vohs. "Does high self-esteem cause better performance, interpersonal success, happiness, or healthier lifestyles?"

Psychological science in the public interest 4, no. 1 (2003): 1-44.

Brown, Brene. "Shame resilience theory: A grounded theory study on women and shame." Families in society: The journal of contemporary social services 87, no. 1 (2006): 43-52.

Brown, Jonathon D., Keith A. Dutton, and Kathleen E. Cook. "From the top down: Self-esteem and self-evaluation." Cognition and emotion 15, no. 5 (2001): 615-631.

Gilbert, Paul. The compassionate mind: A new approach to life's challenges. New Harbinger Publications, 2010.

Longe, Olivia, Frances A. Maratos, Paul Gilbert, Gaynor Evans, Faye Volker, Helen Rockliff, and Gina Rippon. "Having a word with yourself: Neural correlates of self-criticism and self-reassurance." NeuroImage 49, no. 2 (2010): 1849-1856.

Robins, Richard W., and Kali H. Trzesniewski. "Self-esteem development across the lifespan." Current directions in psychological science 14, no. 3 (2005): 158-162.

법칙 7 침착함 | 위험은 과대평가하고 자신은 과소평가하는 사람들

Astin, Alexander W., and James P. Keen. "Equanimity and spirituality." Religion & education 33, no. 2 (2006): 39-46.

Benson, Herbert, and Miriam Z. Klipper. The relaxation response. HarperCollins, 1992.

Desbordes, Gaelle, Tim Gard, Elizabeth A. Hoge, Britta K. Holzel, Catherine Kerr, Sara W. Lazar, Andrew Olendzki, and David R. Vago. "Moving

beyond mindfulness: defining equanimity as an outcome measure in meditation and contemplative research." Mindfulness 6, no. 2 (2015): 356-372.

Holzel, Britta K., James Carmody, Karleyton C. Evans, Elizabeth A. Hoge, Jeffery A. Dusek, Lucas Morgan, Roger K. Pitman, and Sara W. Lazar. "Stress reduction correlates with structural changes in the amygdala." Social cognitive and affective neuroscience 5, no. 1 (2009): 11-17.

Lupien, Sonia J., Francoise Maheu, Mai Tu, Alexandra Fiocco, and Tania E. Schramek. "The effects of stress and stress hormones on human cognition: Implications for the field of brain and cognition." Brain and cognition 65, no. 3 (2007): 209-237.

법칙 8 동기부여 | 적당한 보상이 있어야 무엇이든 할 수 있다

Arana, F. Sergio, John A. Parkinson, Elanor Hinton, Anthony J. Holland, Adrian M. Owen, and Angela C. Roberts. "Dissociable contributions of the human amygdala and orbitofrontal cortex to incentive motivation and goal selection." Journal of neuroscience 23, no. 29 (2003): 9632-9638.

Berridge, Kent C. " 'Liking' and 'wanting' food rewards: brain substrates and roles in eating disorders." Physiology & behavior 97, no. 5 (2009): 537-550.

Berridge, Kent C., and J. Wayne Aldridge. "Special review: Decision utility, the brain, and pursuit of hedonic goals." Social cognition 26, no. 5 (2008): 621-646.

Berridge, Kent C., Terry E. Robinson, and J. Wayne Aldridge. "Dissecting components of reward: 'liking', 'wanting', and learning." Current opinion in pharmacology 9, no. 1 (2009): 65-73.

Cunningham, William A., and Tobias Brosch. "Motivational salience: Amygdala tuning from traits, needs, values, and goals." Current directions in psychological science 21, no. 1 (2012): 54-59.

Duhigg, Charles. The power of habit: Why we do what we do in life and business. Random House, 2012.

Nix, Glen A., Richard M. Ryan, John B. Manly, and Edward L. Deci. "Revitalization through self-regulation: The effects of autonomous and controlled motivation on happiness and vitality." Journal of experimental social psychology 35, no. 3 (1999): 266-284.

Tindell, Amy J., Kyle S. Smith, Kent C. Berridge, and J. Wayne Aldridge. "Dynamic computation of incentive salience: 'Wanting' what was never 'liked'." Journal of neuroscience 29, no. 39 (2009): 12220-12228.

법칙 9 친밀감 | 우리가 서로 친해야 하는 이유

Bowlby, John. A secure base: Clinical applications of attachment theory. Vol. 393. Taylor & Francis, 2005.

Bretherton, Inge. "The origins of attachment theory: John Bowlby and Mary Ainsworth." Developmental psychology 28, no. 5 (1992): 759-775.

Eisenberger, Naomi I., Matthew D. Lieberman, and Kipling D. Williams. "Does rejection hurt? An fMRI study of social exclusion." Science 302, no. 5643 (2003): 290-292.

Feeney, Judith A., and Patricia Noller. "Attachment style as a predictor of adult romantic relationships." Journal of personality and social psychology 58, no. 2 (1990): 281-291.

House, James S. "Social isolation kills, but how and why?" Psychosomatic medicine 63, no. 2 (2001): 273-274.

Panksepp, Jaak. "Oxytocin effects on emotional processes: separation distress, social bonding, and relationships to psychiatric disorders." Annals of the New York Academy of Sciences 652, no. 1 (1992): 243-252.

Schaffer, H. Rudolph, and Peggy E. Emerson. "The development of social attachments in infancy." Monographs of the society for research in child development (1964): 1-77.

법칙 10 용기 | 지혜롭게 말하는 사람이 원하는 것을 얻는다

Altucher, James, and Claudia Azula Altucher. The power of no: Because one little word can bring health, abundance, and happiness. Hay House, 2014.

Goud, Nelson H. "Courage: Its nature and development." The journal of humanistic counseling

44, no. 1 (2005): 102-116.

Ng, Sik Hung, and James J. Bradac. Power in language: Verbal communication and social influence. Sage Publications, Inc., 1993.

Pury, Cynthia L. S., Robin M. Kowalski, and Jana Spearman. "Distinctions between general and personal courage." The journal of positive psychology 2, no. 2 (2007): 99-114.

Rosenberg, Marshall B. Nonviolent communication: A language of life (3rd ed.). Puddledancer Press, 2015.

법칙 11 열망 | 실패해도 전속력으로 달리자

Brown, Brene. Daring greatly: How the courage to be vulnerable transforms the way we live, love, parent, and lead. Gotham, 2012.

Deci, Edward L., and Richard M. Ryan. "Self-determination theory: A macrotheory of human motivation, development, and health." Canadian psychology/Psychologie canadienne 49, no. 3 (2008): 182-185.

King, Laura A. "The health benefits of writing about life goals." Personality and social psychology bulletin 27, no. 7 (2001): 798-807.

Mahone, Charles H. "Fear of failure and unrealistic vocational aspiration." The journal of abnormal and social psychology 60, no. 2 (1960): 253-261.

Yousafzai, Malala. I am Malala: The girl who stood up for education and was shot by the Taliban. Hachette UK, 2013.

법칙 12 관용 | 모든 용서는 나를 존중하는 일

Dass, Ram, and Paul Gorman. How can I help? Stories and reflections on service. Knopf, 2011.

Doty, James R. Into the magic shop: A neurosurgeon's quest to discover the mysteries of the brain and the secrets of the heart. Avery, 2015.

Eisenberg, Nancy, and Paul A. Miller. "The relation of empathy to prosocial and related behaviors." Psychological bulletin 101, no. 1 (1987): 91-119.

Fredrickson, Barbara L., Michael A. Cohn, Kimberly A. Coffey, Jolynn Pek, and Sandra M. Finkel. "Open hearts build lives: positive emotions, induced through loving-kindness meditation, build consequential personal resources." Journal of personality and social psychology 95, no. 5 (2008): 1045-1062.

Haley, Kevin J., and Daniel M. T. Fessler. "Nobody's watching? Subtle cues affect generosity in an anonymous economic game." Evolution and human behavior 26, no. 3 (2005): 245-256.

Zak, Paul J., Angela A. Stanton, and Sheila Ahmadi. "Oxytocin increases generosity in humans." PLOS one 2, no. 11 (2007): e1128.

12가지 행복의 법칙

초판 1쇄 발행   2019년 7월 20일
초판 3쇄 발행   2020년 7월 1일

지은이   릭 핸슨, 포러스트 핸슨
옮긴이   홍경탁

발행인   홍경숙
발행처   위너스북

경영총괄   안경찬
기획편집   안미성

출판등록   2008년 5월 6일 제2008-000221호
주소   서울 마포구 토정로 222, 201호 (한국출판콘텐츠센터)
주문전화   02-325-8901
팩스   02-325-8902

표지 디자인   김종민
지업사   월드페이퍼
인쇄   영신문화사

ISBN   979-11-89352-13-4 (03190)

이 도서의 국립중앙도서관 출판예정도서목록(CIP)은 서지정보유통지원시스템 홈페이지(http://seoji.nl.go.kr)와
국가자료공동목록시스템(http://www.nl.go.kr/kolisnet)에서 이용하실 수 있습니다.(CIP제어번호: CIP2019019580)